U0815311

TopBook

一个人，遇见一本书

饕书客

特典战争

015

宋毅 主编

毅品文

苏伊士运河战争

Suez Crisis

刘萌 著

陕西新华出版传媒集团
陕西人民出版社

图书在版编目（CIP）数据

苏伊士运河战争 / 刘萌著．—西安：陕西人民出版社，2019
ISBN 978-7-224-13218-2

Ⅰ．①苏… Ⅱ．①刘… Ⅲ．①第二次中东战争（1956）—史料
Ⅳ．①K411.5

中国版本图书馆CIP数据核字（2019）第093803号

出 品 人：惠西平
总 策 划：宋亚萍
出版统筹：关　宁　韩　琳
策划编辑：王　倩　张启阳
责任编辑：王　凌　晏　藜
整体设计：倡哲峰　白明娟
图文制作：朵云文化·蒲梦雅

苏伊士运河战争

主　　编　宋　毅
作　　者　刘　萌
出版发行　陕西新华出版传媒集团　陕西人民出版社
（西安北大街147号　邮编：710003）
印　　刷　陕西金和印务有限公司
开　　本　787毫米×1092毫米　16开
印　　张　18.25
字　　数　280千字
版　　次　2019年10月第1版
印　　次　2019年10月第1次印刷
书　　号　ISBN 978-7-224-13218-2
定　　价　68.00元

序

Preface

得知刘萌贤弟的新作《苏伊士运河战争》即将付梓，对我而言，可说是意外之喜。苏伊士运河战争，即第二次中东战争的相关著作在国内实属少见，我原先仅知其名，不知其详，两年前参与《空战的历史》一书的审校工作时，才了解了一些第二次中东战争的空战经过。没想到刘萌贤弟在两年之后，便精心整理撰写了这本有关第二次中东战争历史的普及读本。这对包括我在内的，想要较为深入地了解那场战争的读者朋友而言，无疑是一个福音。

我与刘萌贤弟素未谋面，平素多靠网络联系，但交情颇深。我年龄痴长几岁，入军事史写作和翻译这一行略早些，虽说已撰写过几本军事史类书籍，但说来惭愧，在拜读过刘贤弟的作品后，发现我在兵器和军事技术细节方面的修养实在无法与刘贤弟相提并论。曾听贤弟提过近期会推出新作，本以为还是一战或二战题材，没想到却是这么一个冷门却非常有意义的新题材，更没想到他竟会请我作序，个中惊喜，难以言表。

我有幸先睹为快，个人以为本书有三个特点，先与历史同好谈谈：

首先，利用一切条件，充分掌握资料，然后落笔，言必有本。为使这部 28 万字左右的著作更具价值，刘萌贤弟不仅参考了大量国内外有关苏伊士运河战争的译著，以及专业学者和颇有影响力的军事爱好者的著作和文章，还查阅了六部相关领域的英文专著。尽管受条件所限，他无法搜集第一手资料，但却尽了最大努力，对参考资料进行精心的梳理、对比和推敲，使该书内容的可信度颇高。

其次，对这场战争的大背景与特点把握准确。本书的正题为“推倒日不落帝国”，在多个参战国之中选取英国作为主线，同时兼顾以色列、埃及、法国，以及美苏两个超级大国，准确点出了苏伊士运河战争的大背景——第二次世界大战结束之后，大英殖民帝国的瓦解已不可避免，不过仍然经过了一段相当长的时间，才失去对埃及和苏伊士运河的控制。在中东失势，是殖民帝国瓦解的一个重要标志。其他诸如埃及在战前的政权更迭，以色列和埃及军队武器装备的现代化过程，西方列强在这一过程中的态度和作用等内容，在书中都有讲述。

其三，结构巧妙，宏观大局与微观细节并重，内容多而不乱。就我个人的经验而言，掌握史料之后，如何整理归纳，照应好全书的整体结构，兼顾宏观与微观叙事，尽可能满足不同读者的阅读需求，是一个不小的难题。刘贤弟的大作以苏伊士运河战争为题，需要追溯运河的前世今生，历史渊源，以及中东地区的百年沧桑，气魄宏大，却还能充分照顾到局部战斗的细节，其中不乏生动的描述，条理分明，多而不乱。

以上是我个人阅读本书的一点心得体会。这部作品篇幅虽不甚长，但内容丰富，讲述的是至今仍时常成为国际热点的中东地区，在 60 多年前发生的一场牵动全球的战争。这部非常有特色的军事史科普读物究竟达到何等水准，各位读者在阅读之后，自有明鉴，我就不在这里喋喋不休了。希望众位历史同好，通过刘萌贤弟这样的有心作者的作品，能够汲取更多的历史知识。

冬初阳序于北京寓所

目录

Contents

PART1

PART2

PART3

PART4

第四章　黄沙、海水与火焰

PART5

第五章　最后的赛跑

PART6

第六章　没有终结的战争

第一章

苏伊士运河

大英帝国的命运锁匙

SUYISHI YUNHE DAYINGDIGUO
DE MINGYUN SUOCHI

英国为了自己的伟大需要而掌握埃及，另外，埃及对于整个东方世界来说也属于中枢地位。在任何情况下，来自各个地区的物资都流入埃及。在军事上，埃及是个理想之地，因为从四面八方流向埃及的物资供应是任何海军都很难完全切断的，这就十分有益于在埃及集中力量以进行针对直布罗陀或印度的防御及进攻行动。上述供应至少可以来自两个方向：红海和地中海，在苏伊士运河投入使用后，有哪一支舰队能同时切断它们呢？

阿尔弗雷德·赛耶·马汉

第一章

苏伊士运河

大英帝国的命运锁匙

SUYISHI YUNHE DAYINGDIGUO
DE MINGYUN SUOCHI

01 苏伊士运河的历史

与尼罗河一样，全长120公里，由沙砾、尼罗河冲击土构成的苏伊士地峡，从最早的文明时代开始，就被认为是大自然馈赠给埃及的礼物。从古至今，苏伊士地峡一向被视作东方与西方的主要分界线之一：地中海以及与之毗邻的大西洋和欧洲属于西方；另一侧的红海以及与之毗邻的印度洋，乃至印度洋以东的太平洋和亚洲则被视为东方。早在4000年前，埃及中王国时代雄心勃勃的法老——塞索斯特利斯曾试图完成一项伟业，开凿一条连接红海与尼罗河支流佩罗锡克河的人工运河（这条“法老运河”开工仪式的画面，至今仍保留在卢克索的卡尔纳克神庙正面的墙壁上），将埃及在东非获得的财富（如黄金、象牙、香料等）源源不断地运送到尼罗河三角洲。但是到了公元前13世纪的拉美西斯二世时期，运河计划已经被完全废弃，一直到公元前500年，这项工程才由征服埃及的波斯王朝国王大流士一世完成。而后，这条运河在公元前250年左右被托勒密二世控制，之后被不断重建和改造，最终于公元8世纪被阿拉伯帝国阿拔斯王朝的哈里发曼苏尔所废弃。不过，这是古代的苏伊士运河，跟本书将要讲述的、在1956年引发战争的这条苏伊士运河并没有什么直接关系。

16至18世纪，随着大航海时代的到来，过去被分隔开的东方和西方由远洋航路重新连接为一个整体。但从欧洲乘船前往亚洲依旧要冒很大的风险，航海家们需要首先沿着东非海岸南下，绕过南端的好望角，随后躲过活跃于马达加斯加岛周边的海盗，再穿过缺乏补给点的印度洋中部，才有可能抵达

近代最早提出开凿苏伊士运河计划的是法国皇帝拿破仑，但随着远征舰队的覆灭，他的野心化为泡影

印度、东印度群岛和中国。尽管蒸汽机技术改善了航行条件，但往返欧亚远途航行的高昂时间成本对商业航运依然有负面影响，这成为人们寻求捷径，在苏伊士地峡开凿运河的动力。而且在当时，奥斯曼土耳其帝国的势力正在衰退，意大利沿海城市和伊比利亚半岛、荷兰都已经在竞争中退场，真正有实力争夺印度与东南亚贸易利益的只剩下英国和法国。作为殖民扩张事业的基础，重开这条横穿近东，尤其是埃及地区，进而通过地中海直达欧洲的海运航线，便成为这两个大国建立海洋霸权，最终压制对手的关键。时任法国驻埃及总领事的查尔斯·马加利翁在致函法国革命执政府外交部部长塔列朗时直言不讳地表示，“它将掐断大英帝国的印度输血管……一条复兴的苏伊士水路航线，其影响力堪比好望角航路开通后对于热那亚、威尼斯的毁灭性打击……法国如果能在开罗拥有主权，其后果就堪比一个欧洲国家当下占据了好望角”。

由此可见，在近代，最早提出开凿苏伊士运河的人是法国统治者拿破仑也就不足为奇了。1798年4月12日，拿破仑远征军在埃及亚历山大港登陆。在随军工程师、科学家与历史、考古学者的队伍中，有一位著名的建筑工程师J. M. 勒皮尔。他率领勘测队辛勤考察三个月后，提出了一个恢复“法老运河”，并将其延伸至地中海的大胆施工方案。他自信地估算：这项工程只需要1.5万名劳动力，150万英镑预算即可完成。然而就在当年8月，布吕埃斯将军指挥的法国远征舰队在尼罗河口的阿布基尔湾被纳尔逊率领的英国舰队全歼，从而断绝了 3 万法国远征军与本土的联系。1799 年 2 月，即将远征叙利亚的拿破仑曾对勒皮尔说："你的计划确实无与伦比，可惜除非确保整个埃及的安全，并摧毁英国人在地中海上的势力，否则它就绝无实施的可能。" 8 月，拿破仑抛弃了他的远征军，独自登上"缪伊朗"号三桅巡洋舰秘密返回法国，以巩固自己的政权。法兰西东方帝国和这条当时只存在于蓝图上的运河的命运就此被确定：1802 年，英法两国签订了《亚眠条约》，正式终结了拿破仑在埃及寻求领土的野心。

中东的"彼得大帝"穆罕默德·阿里，是近代阿拉伯世界开眼看世界的第一人，但他的改革最终被英国扼杀，这幅画像由法国艺术家奥古斯特·库代创作于 1799 年

此后，再次将苏伊士运河修建方案提上议事日程的是中东的"彼得大帝"穆罕默德·阿里。他利用拿破仑远征失败后埃及的权力真空期，迫使奥斯曼帝国于 1805 年承认自己为埃及总督。他无疑是阿拉伯世界中第一批认识到必须推行西方式的大规模改革，才能使自己国家免遭西方控制的统治者。通过取消早已不合时宜的包税制，阿里将税收纳入自己的控制，用出口农产品所得的盈余购置欧洲出产的机器，聘请工程技术人员，并试图发行公债来大规模兴修水利、建设道路，进而解决就业问题。担任亚历山大港改造和尼罗河堤坝修建工程师的法国人加莱斯与门格尔·贝伊在经过详细测量后，正式提出将红海和地中海用一条商用水道连通的方案。然而，阿里的改革计划最终却被英国首相帕麦斯顿用经济制裁和炮舰外交手段扼杀。首相本人的说法

是："英国更希望一个软弱而依附的土耳其苏丹，而非一个野心勃勃的阿拉伯国王盘踞在英国通往印度的必经之路上。"1839年，借口埃及出兵叙利亚，英国地中海舰队将奥斯曼土耳其军队和奥地利、英国海军陆战队运抵叙利亚，开始对埃及沿海军事设施和城镇狂轰滥炸，阿里被迫接受了1838年英国和土耳其签订的商业条约以及裁军两项条件，以换取埃及统治者的身份。目睹自己改革成果灰飞烟灭的阿里自此和前任一样，深居宫中，不理朝政，任凭英法领事和投机商人、冒险家掠夺埃及的财富，再也无心组织实施一项由外国顾问所提出的浩大工程了。

到了19世纪中叶，法国人斐迪南·玛利·维孔特·德·雷赛布（Ferdinand Maria Vicomte de Lesseps）终于将这一计划变成了现实。雷赛布于1805年出生于马赛一个殷实的外交官世家，在担任驻亚历山大港副领事期间，他成为了未来的埃及总督、阿里的幼子穆罕默德·赛义德的座上宾，还幸运地从图书馆里发现了勒皮尔当年的考察报告和施工方案，并对此产生了浓厚兴趣。1854年9月15日，已经退出外交界、赋闲在家的雷赛布接到了来自老朋友赛义德的信件。这位新近登基的埃及总督邀请他前往埃及出任自己的私人顾问，雷赛布立刻认定这是推进自己年轻时期计划的大好时机。按照他自传中的记载，决定这一计划的伟大时刻发生在1854年11月15日，他追随总督的大队人马返回开罗的途中，他的描述非常具有戏剧性："清晨，当几缕初升太阳的光芒开始照耀地中海，几片云朵突然从西方快速飞来，造就了一道从东至西横跨于海陆之上的绚丽彩虹。当时，我和帕夏（指赛义德）本人正骑马驰骋在郊野中，几位侍从正在为我们准备简单的早餐，我激动地提醒他注意天空，并兴奋地告诉他——如果他赞同这项伟大的计划，那么他的功业将在历史上永恒地发出如此耀眼的光芒。帕夏本人的脸上展现出了友善的微笑。他紧紧握住我的双手，郑重地做出了同意的允诺。"按照雷赛布的计划，工人们将在非洲与亚洲交界处的地峡上挖出一条水道，实现地中海和红海的连通。这条水道的南端毗邻苏伊士湾，因此被称为苏伊士运河。如此庞大的工程之所以能够建成，很大程度上有赖于当地丰富的劳动力，雷赛布的开创性思路和艰苦努力，还有来自埃及和欧洲的大量资金。

方案确定后，雷赛布亲自前往欧洲寻求政治和资金方面的支持，但筹措资金的过程很不顺利。当时虽然克里米亚战争使得英法之间暂时抛弃了矛盾，一起对付共同的敌人——俄国，但英国仍然对这项工程疑虑重重。在伦敦，英国时任首相帕麦斯顿和外交大臣克拉伦登都对雷赛布的造访反应冷淡。他们担心这项工程会危及英国在埃及的宗主地位，而且如果埃及再次独立或者陷入动荡，如何保卫这条新近出现的贸易命脉也是一个难题。但事情很快就出现了转机，1857 年印度大起义迫使英国开始重新考虑这条通过埃及与红海，可以用舰队迅速运送陆军至印度的通道。继英国领导层态度转变后，法国统治者拿破仑三世也对这一计划表示支持。但法国资本家们并不相信苏伊士运河能够修成，而英国资本家则担心他们的法国对手在东方的势力增大，于是竭力破坏公司股票的发行。

1854 年，雷赛布与当时尚为奥斯曼帝国属国的埃及总督赛义德帕夏签订了《关于修建和使用沟通地中海和红海的苏伊士运河及其附属建筑的租让合同》。合同规定，埃及将运河开凿权和管理权出让给雷赛布的运河公司，无偿提供工程所需的土地和石料，以及五分之四的劳动力，并负责开挖通往施工区的淡水渠；运河完工后，出租 99 年，租期

斐迪南·玛利·维孔特·德·雷赛布，1805—1894，法国外交官，“苏伊士运河之父”，因成功开凿苏伊士运河而成为法国的民族英雄，但晚节不保，酿成著名的“巴拿马运河丑闻”，差点使他面临五年的牢狱之灾，虽然法庭最终因“老迈”而裁决他无罪，但雷赛布因此深受打击，不久后去世

穆罕默德·赛义德，穆罕默德·阿里的第十个儿子，继任埃及总督，塞得港即是以他的名字命名

内埃及每年可以分享公司 15% 的净利润。1855 年 10 月 30 日，雷赛布在巴黎成立了“开凿苏伊士地峡国际委员会”，该委员会由来自伦敦、巴黎、柏林、维也纳、马德里、都灵和海牙的 13 名委员组成。委员们一面考察埃及当地的交通和人力状况，一面审议各项设计方案，最终他们选定了法国工程师南·德·贝勒丰的方案，并任命他为总工程师（阿拉伯人称他为“利南贝伊”）。1856 年 1 月，委员会向全世界宣布：他们将在埃及总督支持下，开凿一条连通红海和地中海的直达运河，并已经基本解决了技术和资金问题。

1856 年 12 月，委员会公布了长达 195 页的最终版报告书，它宣布运河的总长为 190 千米，深 8 米，水面宽 100 米，底部宽 64 米（实际建成时的宽度为水面 80 米，底部 44 米）。同时宣布运河公司资本为 2 亿法郎——按照雷赛布募集资金的方案，苏伊士运河公司将赏金额度分成 40 万股，以每股 500 法郎的价格，由各国自由认购。然而欧洲国家普遍对此反应冷淡，至 1858 年底，公司预定发行的 2 亿法郎股票，在巴黎交易所仅仅推销出去 56%，而且其中有一部分还是赛义德自己认购的。在这种情况下，雷赛布只好采取弄虚作假的办法，利用赛义德给他的签名盖章的空白支票，替赛义德认购了剩余 44% 的股票。赛义德起初拒绝支付这笔总数达 9000 万法郎的款项，但后来还是屈从了，不得不向伦敦和巴黎的银行家借贷。由于贷款条件苛刻，再加上滚雪球似的利息，使赛义德的债台越筑越高。后来，为了表达对赛义德总督开创这项“不朽业绩”的感谢之情，运河最北端通往地中海的入海口被命名为“塞得港（Port Said）”。

1859 年 4 月 25 日，在地中海古城佩卢西云集了来自欧洲的工程师、公司职员、使节代表。在他们的注视下，雷赛布亲自铲下了第一铲沙土，宣告工程正式开工。到 1869 年 11 月 17 日竣工通航为止，整个工程共花费了 11 年，耗费资金 1860 万英镑（4 亿法郎，而总工程师贝勒丰最初估计只需要不超过 400 万法郎）。策划和具体施工是由法国人负责的，而资金大部分是英国人出的，劳工则是埃及人。

工程开工后的前两年里，公司采用自由招工的办法招募劳工，但截至第二年年底，仅招募到 1700 人，工程因此进展缓慢，法国政府不得不出面干预。为了兑现提供五分之四工人的承诺，赛义德于 1861 年 8 月颁布了强征劳工的法令。从 1861 年年底到 1863 年年初，每个月强征劳工 2 万人以上，一个

表现开凿苏伊士运河劳动场景的绘画，作者为参与这项工程的英国人格兰杰

由格兰杰绘制的，反映开凿苏伊士运河劳动场景的绘画，可见当时的劳动条件非常原始

月轮换一次，这意味着每个月都有几万名壮劳力奔波在往返于工地的路上，而埃及全国的适龄服役者总共也不过 190 万人。如此大规模地征集劳工势必影响农业生产，到后来，赛义德只能把军队总数从 6 万人削减到 1 万人，让复原的 5 万人去修运河。士兵一脱下军装，就被整队赶到运河工地去。这些工人仅用简陋的铁镐和手编的筐做工具，夜以继日地从事低效的劳动。到运河通航为止，投入工程的劳工和技术人员累计超过 150 万人（其中相当一部分是童工），死亡人数高达 12 万人。如此高的死亡率是由于苏伊士运河地处沙漠腹地，常年炎热少雨，饮水匮乏造成的。地中海方向的工程开建时，运河公司定期从亚历山大派船运送淡水至塞得港，再由陆路送往工地。运河向南开凿后，贝勒丰派遣打井队从零散的沙漠深井中取水，再用骆驼运往工地。1859 年和 1860 年，在马赛采购的三台海水淡化机运抵塞得港。但这种当时的新产品经常发生故障，远远不能满足近 3 万名工人和技术人员的饮水需要，每天都有劳工死于高温引起的脱水。其实按照 1856 年的协议，工程方应当首先开凿连接尼罗河与提姆萨湖（Lake Timsah，位于塞得港与苏伊

士的正中间）的引水渠，把尼罗河的淡水引向东方，以供饮水和灌溉之用。但雷赛布急于完成北段工程，于是强行修改了方案，使得缺水和流行病成了 1859 至 1861 年的主要问题。伤寒、斑疹伤寒、天花、霍乱、回归热每隔一到两年就袭击一次工地，有时甚至同时发作，最严重的时候，因霍乱而倒毙的尸体就暴露在工地周围，无人收敛，赛义德只好派军队去押送新的劳工。后来纳赛尔总统回顾运河历史时说："这条运河是用我们的生命，我们的血汗，我们的尸骨换来的。"

1862 年，为了应付高昂的工程开支，埃及还被迫向英国举借了其近代史上的第一笔外债，总数达 329.28 万英镑，利息 7%，分 30 年还清；后来又数次发行了总额为 786.8 万英镑的国债，两项合计达 1100 余万英镑。这笔巨债成为后来埃及出售运河股份的直接原因。

当时苏伊士运河公司股票的 52% 由法国资本家分散持有，29% 归英国

苏伊士运河开凿时期的风貌，同样由格兰杰绘制

开凿中的苏伊士运河，
蒸汽挖掘机正在工作

政府，埃及政府手中仅有15%的股份。因此，在运河开通后，英法两国很快就凭借在苏伊士运河公司中占有的绝对多数股份获得了巨额利润。埃及则在很长时间里并未从运河得到什么好处，其对外贸易仍然通过亚历山大港进行，由此国力式微乃至财政破产。更严重的是，西方列强为了抢占运河展开的激烈争夺，竟导致埃及全部领土被侵占，国家遭受殖民者奴役。

建成之后，苏伊士运河的革命性优势立即凸显出来。从欧洲到亚洲原本需要绕过非洲南部海岸，而苏伊士运河将这条路线缩短了数千英里，同时使船只免遭南大西洋危险天气。于是很快，苏伊士运河就成为日不落帝国的生命线：它极大地提高了运输效率，为遥远的不列颠群岛制造了新的经济增长点。1912年，当英国政府决定将皇家海军的燃料由煤炭改为石油后，苏伊士运河对英国本土的安全更加重要。关于这一点，美国著名海军战略学家马汉在他的不朽名著《海权对历史的影响》中以无可辩驳的语气写道："英国为了自己的伟大需要而掌握埃及，另外，埃及对于整个东方世界来说也属于中枢地位。在任何情况下，来自各个地区的物资都可流入埃及。在军事上，埃及是个理想之地，因为从四面八方流向埃及的物资供应是任何海军都很难完全切断的，这就十分有益于在埃及集中力量以进行针对直布罗陀或印度的防御及进攻行动。上述供应至少可以来自两个方向：红海和地中海，在苏伊士运河投入使用后，有哪一支舰队能同时切断它们呢？"此外，马克思也把苏伊士运河称为"东方伟大的航道"。

1869年，杂志《名利场》上刊登的雷赛布漫画肖像，他的努力并没有给埃及人民带来福祉，反而使埃及加速沦为西方国家的殖民地

在运河竣工后的数十年内，英国以雄厚的资金收购了苏伊士运河公司（Suez Canal Company）大部分股权，成为最大的股东，并委托一个法国财团负责运河的日常运营和维护。值得一提的是，1875年以债务为由，英国迫使当时的埃及总督、赛义德之子伊斯梅尔帕夏把国家持有的苏伊士运河公司15%

的股份以 400 万英镑的价格全部卖给了英国，使得英国政府的股份额度跃升至 45%，也就是说在各种法律层面上，英法对苏伊士运河的所有权都是经过当时埃及政府批准和承认的。虽然早在 1888 年 10 月，英、法、德等国在君士坦丁堡共同签订了《苏伊士运河条约》，规定运河区永远保持中立，在军事冲突发生时，冲突各方的船只都可以自由利用运河进行运输。但实际上，英国保持着对这条水道的控制权。同时，英国领导人不断推行咄咄逼人的地缘战略，以保持运河的畅通无阻。为了避免运河可能被切断的意外发生，英国于 1882 年在埃及的亚历山大港（Alexandria）部署了一支远征军，并逐渐在运河区建立了其在海外最大的军事基地，直接控制了运河。此后，英国维持了对埃及长达 74 年的军事占领，并迫使后者承认其特殊地位，从而一直牢牢地控制住苏伊士运河。法国学者雅克贝克在《殖民地经济的建立》一书中如此评价 19 世纪末的埃及："埃及不过是充当公债的抵押品，底层是埃

二战期间，埃及金字塔下的英国殖民军队

及古老而贫困的人民……最上层是由英法两国金融界和外交领事分掌的中央银行权利和运河管理机构，系统地将这个国家的财富、出产与盈余通过频繁的转账、债券和苏伊士运河源源不断地转移到伦敦、巴黎、维也纳、柏林……一座牢不可破的大厦在短短几十年间，就建立起来了。”

1922 年，英国虽然承认埃及独立，但条件是埃及要保证英国对运河的绝对控制权。1936 年签订的《英埃同盟条约》进一步规定英国对运河的占领期限是 20 年，可以在运河区驻军 1 万人。但战略的成功实施却带来了政治上的隐患，独立后的埃及社会弥漫着反英的情绪，这种思潮逐渐扩散到各个阶层，并经常因此而发生暴乱。苏伊士运河危机通常被认为是埃及为摆脱英国长达数十年殖民统治斗争的最高潮。

除了埃及民族主义者以外，还有一些势力威胁着这条英国与印度之间战略通道的安全。1914 年 11 月，奥斯曼帝国决定加入同盟国，投入反对英国及其协约国盟友的战争中。8 年前，英国从奥斯曼帝国手中攫取了西奈半岛，然而，这只保障了运河东部有一片缓冲区，西部则成为危险地带。这一缺陷在 1915 年 2 月表现得尤为明显，因为土耳其和德国军队从巴勒斯坦向西攻入了苏伊士。

尽管同盟国军队最终并未如愿占领运河，甚至都未能接近它，但却给英国敲响了警钟，迫使英国在一战结束前一直在埃及维持着一支 10 万人的占领军。到 1918 年末，不止艾伦比将军重建了苏伊士运河的缓冲区（西奈半岛），连最大的威胁——奥斯曼帝国自身也遭到了致命打击。

20 年后，二战的爆发再次将苏伊士运河推到了风口浪尖。阿道夫・希特勒深知这条水道对大英帝国的战略意义，他清楚地知道，一旦切断了这条生命线，大英帝国就会陷入孤立。因此在战争进入白热化阶段后，德军一直试图切断或占领苏伊士运河。这种尝试始于 1941 年 3 月，德国空军轰炸了运河，致使全部海上交通中断了好几天。但这次令人印象深刻的空袭并未达到希特勒的期望——并没有给英国带来足够大的压力。1942 年，希特勒指挥德军两

现今的苏伊士运河

支装甲部队对苏伊士运河发动了钳形攻势，其中一支部队从北非沙漠进攻，另一支从高加索推进。指挥西路大军的是赫赫有名的德国陆军元帅“沙漠之狐”埃尔温·隆美尔（Erwin Rommel）。1942 年他率先攻入埃及阿拉曼，但随着战线的拉长，德军后勤补给渐渐崩溃，攻势难以为继，埃及西部的危机因此解除。在高加索地区，苏军不计损失、顽强抵抗德军，阻挡了后者从北部攻入埃及的脚步。可见，二战中英国一直牢牢控制着苏伊士运河，是其与盟友最终战胜轴心国的重要原因之一。战争期间，大量盟国军人涌入毗邻运河的军事基地，使该区域一跃成为世界最大的人员和物资交换中心，该地区也成为大英帝国继续维持全球霸权的关键所在。

战争结束后，大英帝国不可避免地走向解体，特别是 1947 年印度独立，一度动摇了苏伊士运河作为不列颠与南亚和东亚殖民地之间通道的战略地位。然而，20 世纪海军和工业经济基础从煤炭向石油的转变，再一次强化了这一通道的重要性。二战后百业萧条的英国要想重新振兴经济正好需要大量

美国航母“艾森豪威尔”号通过苏伊士运河

廉价的石油，如果失去这些战略资源，英国的“列强”地位就将不保。

而英国最重要的石油供给地就是中东，尤其是伊朗、伊拉克、科威特、波斯湾沿岸各苏丹国（后来成为阿曼和阿拉伯联合酋长国）。从这些地区开采的石油通过多条管道被输送到地中海的各港口，再用油轮运往英国。由于中东地区相对便捷的陆上通道随着叙利亚的动荡和以色列建国（1948 年）而陷入混乱，英国领导层更倾向于使用一条全海运的石油输送线路。显然这条最短的海运线路是穿过苏伊士运河，从波斯湾经过地中海和阿拉伯海直到大西洋。到 1950 年前后，英国三分之二的石油供给——每年超过 2000 万吨——都是依靠这条线路输送的。因为英国油轮的运力是有限的，如若通过其他路线——绕过非洲南端的好望角并经过整个非洲南部海岸——输送石油是难以满足英国国内需求的。

正是在这样的背景下，1956 年，埃及控制了苏伊士运河，英国立即做出激烈回应，甚至采取了利用武力推翻纳赛尔总统这样的极端措施。虽然本书接下来将要提到，英国反对纳赛尔还有其他理由——例如，他一直对亲英的哈希姆王朝君主怀有敌意——但最终促使英国首相艾登做出对埃及使用武力决定的还是由于苏伊士运河扮演的关键性角色，这在艾登下定决心的过程中发挥了更重要的作用。

颇具讽刺意味的是，英国的决策使运河于 1956—1957 年间关闭了整整 5 个月，对海运业产生了深远的影响，从长期来看，这使海运又慢慢过渡回以非洲南部航线为主的状态。到了 20 世纪末，只剩下一小部分中东石油还在通过苏伊士运河运输。这种转变，再加上北海石油大发现，使得苏伊士运河在今天英国的战略格局中变得微不足道。

苏伊士运河的卫星照片

02 危机的始末

埃及国王法鲁克一世，其最著名的事迹是成功窃取了英国首相丘吉尔的怀表，最后因英国政府严正抗议才将怀表交还丘吉尔。法鲁克还曾于 1944 年伊朗国王送葬队经过埃及时偷了国王尸体上的陪葬物，包含宝剑、宝带和勋章。所以被戏称为“开罗小偷”

苏伊士运河战争的根源是 1952 年 7 月 23 日埃及发生的军事政变。当时以纳赛尔为主席的埃及自由军官组织推翻了国王法鲁克一世。政变后的自由军官组织的政治机构——革命指导委员会（简称 RCC）由纳吉布担任主席，提倡泛阿拉伯民族主义，主张创建一个跨越北非、美索不达米亚和阿拉伯半岛的国家。埃及新政府还大力支持上述区域的阿拉伯游击队，推翻原宗主国的殖民统治，宗主国包括英国、法国及以色列。其中，以色列自从 1948 年建国后一直同阿拉伯邻居作战，并因阿拉伯国家的分裂而获益。1949 年以色列和埃及签订的停战协议，并未能平息双方边界上的暴力活动。法国在北非的殖民地叛乱频发，而这些阿拉伯叛乱分子的幕后指使正是埃及政府，因此法国也持反对纳赛尔的立场。1954 年纳吉布在政治斗争中失势，巩固了纳赛尔对埃及的统治，于是他开始公开鼓励北非和中东殖民地脱离欧洲宗主国。除此以外，纳赛尔还有另外两个目标：短期目标是要发展埃及的经济，扩充军备，待英法这两个老牌欧洲殖民国家完全撤出北非和中东后，埃及要成为支配这一地区的强权国家；长期目标则是建立一个东起波斯湾西至大西洋的“泛阿拉伯帝国”，并将其置于自己的领导之下。

纳赛尔的早年经历

贾迈勒·阿卜杜勒·纳赛尔，1918年生于亚历山大，祖籍是埃及艾斯尤特市郊的贝尼莫尔村。按照当时埃及农村标准衡量，纳赛尔的家境还算殷实，但并不富裕。纳赛尔自认为他属于下层中产阶级。1930—1936年，纳赛尔先后在亚历山大和开罗上中学。当时正是埃及护宪运动蓬勃开展的时期，许多中学生也卷入了这场运动，纳赛尔就曾因参加游行而被警察拘留，他的前额也因此永久性地留下了警察子弹划过的伤痕。读中学的最后一年，他担任开罗学生执委会主席，几乎把全部时间都投入了政治运动。这期间，他大量阅读了拿破仑、亚历山大大帝、恺撒、甘地、卢梭和伏尔泰等伟人和思想家的传记。18世纪法国启蒙运动思想家深邃的理性主义思想和不妥协的精神尤其令他钦佩不已，他曾在校刊上发表过文章《伏尔泰——自由的斗士》。纳赛尔也阅读过穆斯林早期反帝改革家阿卜杜勒·拉赫米·卡瓦基比的《乡村之母》和《王朝的特征》，埃及小说家陶菲克·哈基姆的著名现实主义小说《复活》，这些作品引起了他对埃及民族命运的关注。中学时代，纳赛尔曾加入青年埃及协会，但因为理念不合，在两年后退出。1937年初，纳赛尔经过多方活动才进入了陆军军官学校。次年夏天，因部队急需军官，他提前毕业，被分配到曼卡巴德兵营服役。在军校和兵营中，他与阿卜杜勒·毛希丁和安瓦尔·萨达特等青年军官结下了深厚的友谊。通过他们，又结识了更多的军校同学和青年军官，这为日后他发动革命准备了骨干力量。

第二次世界大战中，尽管都秉持反英立场，纳赛尔与他的军官朋友们却产生了分裂。他们并未形成共同的政治主张：一些人曾参与前陆军参谋长马斯里组织的亲轴心国活动，一些人则受穆斯林兄弟会和青年埃及协会的影响，甚至就是这两个组织的成员，还有少数人持左翼观点，倾向于马克思主义和共产主义。甚至还有不少军官对国王抱有幻想，试图与国王联合起来，驱逐英国人，实现民族独立。

1943年春，纳赛尔晋升上尉，担任了军校教官，开始秘密策划革命组织。受当时社会思潮的影响，他们都认为暴力革命是唯一的道路，打算暗杀法鲁克国王及其近侍，并拟订了行动计划。1948—1949年的巴勒斯坦战争中，埃及军队屡屡受挫，实际上打了败仗。纳赛尔作为前线指挥官深知这场战争的真相，对国王掩盖战败事实，愚弄百姓的行为十分气愤，并坚持认为：埃及战败的根源在于以国王为首的统治集团的腐败。而且实际上，国王的确因接受了100万埃镑的贿赂而购买了大批法国的过时武器，其他政府官员和军队领导人也有过类似的受贿劣迹。纳赛尔和他的战友们发誓要推翻这个腐败的政权。

1949年12月，为了更好地推进武装革命事业，纳赛尔和他的亲密战友们成立了秘密组织"自由军官组织"，其领导机构为执行委员会，由9人组成。在1950、1951、1952年的三次选举中，纳赛尔均当选主席。1952年革命前，自由军官的人数约为200人，除1人外，均为穆斯林，且均为30年代第一批军校学员。

执委会初步拟定于1954年发动政变，推翻法鲁克王朝。但由于随后的国内形势急转直下，举事日期提前了两年。1951年10月，当时的埃及政府为了安抚国内民众的反英情绪，单方面宣布废除1936年英埃条约。自由军官组织赞赏政府的举措，并对运河区出现的反英游击武装给予积极支持。这时候，开罗军官俱乐部选举问题成为自由军官组织和国王斗争的焦点。自由军官组织推举穆罕默德·纳吉布将军和他们自己的成员为候选人，并赢得了这次选举。但国王拒不承认选举结果，还下令解散军官俱乐部，并任命自己的内弟为国防部长。为避免自己的企图被国王察知，7月16日，即在国王解散

1952年，成功推翻国王法鲁克一世，意气风发的纳吉布（左）和纳赛尔（右），两人不久后就分道扬镳

军官俱乐部的第二天，自由军官组织执委会决定先发制人，于7月21日午夜发动政变，后因准备工作延误，政变推迟了24小时。值得一提的是，这次秘密会议纳吉布将军并未参加，他扮演的角色更类似辛亥革命中的黎元洪，自由军官们很大程度只是利用他的名望而已。

1952年7月22日11时，大约200名自由军官和3000名士兵按预定计划开始分头行动。纳赛尔的战友阿密尔率领一支部队迅速包围了陆军总司令部，逮捕了总参谋长和部分高级军官。其他部队随后占据了机场、火车站、电台、电信局、大桥和部分政府部门，数小时后，整个开罗被政变部队控制。由于担心法鲁克可能会在英国人的帮助下进行反扑，政变者决定立即废黜国王，此时国王正在亚历山大避暑。7月25日，名义上成为武装部队总司令的纳吉布连同部分执委会成员抵达亚历山大，毛希丁则亲自率领一支坦克部队向亚历山大挺进，于7月26日上午包围了国王下榻的蒂恩角宫。纳吉布向国王递交了最后通牒，勒令他于当日中午传位于王储，并于6点前离开埃及。法鲁克见大势已去，只得在退位诏书上签字画押。下午6时整，法鲁克携带家眷乘坐一艘游艇离开埃及，前往他的流亡地——意大利的拿波里城。至此，政变取得成功。

最初，纳吉布不仅是武装部队总司令，而且被推举为革命指导委员会主席，纳赛尔担任副主席。但委员会所有决定均需要经多数委员同意方能生效，因而这个最高权力机构的实际领袖是纳赛尔。1954 年 11 月 14 日，纳吉布在政治斗争中失势，被委员会免除了一切职务，纳赛尔于同年接任总理，开始执掌大权。

约翰·巴戈特·格拉布爵士，1897—1986，英籍阿拉伯军团司令，也是英国对阿拉伯殖民统治的最后象征，长期掌握约旦军队，他被解职，意味着英国在这片区域的绝对权威开始松动

为了实现“泛阿拉伯帝国”的蓝图，纳赛尔必须除去眼前妨碍他的三个主要绊脚石：一是不愿放弃北非阿尔及利亚这一块富庶殖民地的法国。当时阿尔及利亚土著阿拉伯人的独立战争正开展得如火如荼，而法国却以军事镇压，造成阿拉伯人血流成河。埃及若能将法国驱逐出阿尔及利亚，纳赛尔在阿拉伯世界的声望将会大幅提高。二是曾经殖民与支配埃及的英国。埃及虽然已经独立多年，但英国仍不放弃苏伊士运河的控制权（英国在运河区驻有军队），对纳赛尔而言，只要苏伊士运河一日不能收回，埃及就称不上是主权与领土完整的国家，也无法提升埃及在阿拉伯国家甚至国际社会上的政治地位。三是以色列。以色列是西方列强在阿拉伯世界殖民时代遗留下来的历史产物，1948 年部分流亡世界各地的犹太人在英法列强的支持下，未经过世居在巴勒斯坦地区的阿拉伯人以及周围阿拉伯国家

的同意，便硬生生地宣布在巴勒斯坦复国独立。这一举动迫使世代居住在巴勒斯坦地区的阿拉伯人流离失所。因此这个犹太人建立的国家——以色列，对于纳赛尔这个“泛阿拉伯民族主义者”而言，是最大障碍与挑战。

就在这一年，英国和埃及签订了一个条约，终结了对后者长达 72 年的军事占领，但两国之间的关系仍然悬而未决。尤其在 1955 年，罗伯特·安东尼·艾登（Robert Anthony Eden）担任英国首相后两国关系更为紧张，他十分担心一个团结的阿拉伯世界会威胁英国的关键盟友——伊拉克的哈希姆王室。因为廉价的伊拉克石油对英国经济至关重要，而这一利益的获得完全取决于哈希姆王室制定的规则。所以，英国试图颠覆一系列有着泛阿拉伯民族主义色彩的中东政权，而且每次都利用盟友伊拉克。为了重新塑造古老的哈希姆王朝在阿拉伯人心目中的地位，英国不断增强伊拉克的实力，以抵挡纳赛尔主义的冲击，但成果有限。其中一项措施是促成英国、美国、土耳其与伊拉克、伊朗、巴基斯坦之间签订协议，形成所谓的“巴格达条约组织”，并共同支持叙利亚和约旦的亲伊拉克势力，以巩固哈希姆王朝。

埃及、沙特阿拉伯和叙利亚都对哈希姆王室力量的增强表示坚决反对。三国在不久后成立了一个与之对立的组织，阿拉伯世界因此分裂为两个互相仇视的集团。随着这两大集团的敌意日增，双方都用尽全力拉拢新的成员国加入。1955 年，英国试图将约旦拉入伊拉克一方，从而引发了约旦国内严重的暴力活动，几乎造成该国的解体，而此后英国领导层对此更加深信不疑——纳赛尔必须下台。几个月后，英籍阿拉伯军团司令官约翰·巴戈特·格拉布爵士（John Bagot Glubb）突然被约旦国王侯赛因·伊本·塔拉勒解职——这明显是在埃及的怂恿下做出的决定。英国对纳赛尔的不满由此达到了极点。

随着阿拉伯世界内部局势的日趋紧张，阿以之间的冲突也在加剧。自从以色列在 1948 年独立建国以来，阿拉伯激进分子便在以色列边境从事打家劫舍，秘密破坏以及阴谋暗杀的恐怖活动，而以色列认为这些激进分子背后有阿拉伯国家的资助。虽然纳赛尔执政后一直想消灭以色列，并借此扩大

巴勒斯坦“费代因”突击队队员

他在阿拉伯世界的影响力，但是埃及军队的战力不强，贸然公然开战，胜算不高，于是纳赛尔主张对以色列实施“费代因”式的恐怖袭击（费代因，即 Fedayeen，阿拉伯文原意为“自我牺牲者”，意指对于不信仰伊斯兰教的人进行斗争。但是在这个时候埃及人用此称呼那些领埃及军饷的志愿游击队成员，志愿游击队成员大部分是从加沙走廊难民营招募来的巴勒斯坦人）。1955 年 4 月间，埃及总参谋部成立了名为“费代因”突击队的特种行动组织，“费代因”突击队被分别编成 3 个营区，成立之初兵力约 700 人，接受埃及驻加沙司令部陆军情报处指挥。纳赛尔组织“费代因”突击队显然是要将源自古老阿拉伯人的一种商业性劫掠和武装渗透的方式，用于埃及官方对以色列进行恐怖破坏的一种有组织的行动。“费代因”突击队成为埃及军事情报处所属的特种单位后，开始派遣成员经由约旦和加沙走廊，肆意攻击以色列平民和其他随机目标。令以色列不能忍受的是，每次“费代因”突击队员成功进入以色列境内展开的谋杀及秘密破坏行动成功后，埃及军方便会发给他们奖金，而且纳赛尔还对“费代因”突击队进行的恐怖暴力活动公开表示赞扬，开罗的电台也不断称颂“费代因”突击队谋杀以色列人的行动。虽然以色列就此多次向联合国提出控诉，但联合国却没有对埃及采取有效的制裁措施。

1955 年，“费代因”突击队的袭击事件迅速增加，事实上已经令 1949 年的停战协定失去效力，从加沙、埃及、约旦和叙利亚赶来的突击队员针对以色列的城镇和定居点不断发动袭击。“费代因”突击队日益猖狂的暴行严重扰乱了以色列人的生活，危及了以色列人的生命安全，尤其是以埃边境各新建的移民村落，受害最为严重。以色列政府对于“费代因”突击队自然不会坐视不理，而是逐渐扩大了他们的报复行动规模。1955 年 2 月 28 日，以色列伞兵第一次对加沙走廊一处埃及的军营进行了大规模的突袭，造成 20 名埃及官兵死亡。自此之后，以色列国防军报复的目标不再指向阿拉伯平民居住的村庄，而是以敌对阿拉伯国家的军事目标、以阿边境上的军事据点、警察碉堡和军营为对象。虽然感觉这类突袭较为困难，可是却具有更大的政治效果。因为以色列军警若对阿拉伯平民发起攻击，很容易引起国际舆论的反弹，进而损害军队的士气。

从 1955 年 2 月 28 日至 1956 年 10 月 29 日苏伊士运河战争爆发前，以色列对埃及、约旦及叙利亚的军营、警察堡垒和前哨据点，总共进行了 15 次大规模的报复性袭击。这一系列袭击的高潮是黑箭行动，即最后一次攻击，从某些方面来说，也是最重要的一次攻击：1956 年 10 月 10 日夜晚，以色列伞兵攻击了本国与约旦边境的一个乡镇——卡尔齐亚（Qalqilya）附近的约旦警察堡垒，当时距苏伊士运河战争爆发不到 3 个星期。这次突袭是以色列决定展开大规模战争的前哨战，在卡尔齐亚突袭发生后的第 5 天(即 10 月 15 日)，以色列国防军总参谋长达扬在他的日记中记载了一段话：“总部、国会中的委员会和总理的谈话中，对于将来都没有做任何明确的决定，但是我们大家都很清楚夜间报复行动（指对卡尔齐亚的突袭）已经到了最后的时刻。”

作为回应，埃及加强了对蒂朗海峡的封锁。这条封锁线从 1953 年开始建立，目的是阻止以色列人进入红海。1955 年 11 月，以色列国家的创建者之一戴维·本 – 古里安（David Ben-Gurion）再次当选总理，在他看来，纳赛尔的一系列举措已经威胁到以色列的安全。虽然有著作认为以色列入侵西奈半岛的导火索是埃及封锁了蒂朗海峡。但实际上以色列之所以发动战争是因其“基本安全”遭到了严重的威胁。最严重的危害便来自埃及支持的“费代因”突击队展开的突袭和恐怖行动。虽然以色列国防军对“费代因”突击队及资助它的阿拉伯国家进行了多次报复反击，但依旧无法遏制“费代因”突击队对以色列的恐怖袭击。

1955—1956 年以色列对埃及的军事打击也并未遭到联合国的有效阻止，于是纳赛尔不再相信联合国安理会的决议，而是转而建设军队及扩张军备。因为此时埃及的军队虽然号称有 10 万人，但武器装备陈旧，空军更是仅有 6 架飞机可以作战，坦克的弹药只能打一个小时的仗。为此埃及只好向西方国家寻求军事援助。但英美两国以埃及必须加入“巴格达条约组织”作为提供武器的先决条件，而法国则要求埃及放弃支持阿尔及利亚的独立运动。对于英美法等西方国家提出的苛刻的不平等军事援助附带条件，纳赛尔感到十分愤慨，所以转而向苏联求助。此时，正值苏联与以色列交恶，而埃及反对“巴格达条约组织”围堵苏联

戴维·本 – 古里安，1886—1973，以色列政治家、第一任总理，“以色列国父”，出生于波兰一个富裕的犹太家庭，在 20 岁时来到当时尚为奥斯曼土耳其属地的巴勒斯坦从事犹太复国事业，1949 年，他策划“魔毯行动”，动用上百架次的飞机，把近 5 万名犹太人从也门接回以色列。1950 年，策划“以斯拉一尼希米行动”将 12 万犹太人从伊拉克运回以色列。使得在建国初期的 4 年时间里，以色列的人口增加了一倍。本 – 古里安曾于 1953—1955 年去职，但他实际上仍然掌控着以色列的大政方针，并于 1955 年再次当选总理

的立场，使得苏联愿意给埃及提供军事援助。9月，为了避人耳目，苏联通过附庸国捷克斯洛伐克与埃及签订了价值高达8000万美元的武器供应协定（又被称为“捷克斯洛伐克密约”）。按照协定，苏联向埃及提供大量现代化武器，包括T–34型坦克、伊留申伊尔–28型轰炸机、米高扬米格–15型战斗机及其他武器装备，而埃及无须用现金支付，可以用棉花和大米延期付款。除了军事援助外，苏联甚至还愿意对埃及进行经济援助，帮助埃及兴建尼罗河的阿斯旺大坝。

纳赛尔在获得苏联的军事援助和经济援助后，声望大幅上扬，成了众望所归的偶像。1955年10月19日，埃及与叙利亚组成“联合军事指挥部”加强了军事合作。第二年（1956）10月间，约旦也成了这个军事同盟的伙伴。埃及、叙利亚和约旦三国的军事同盟，让以色列在国家安全方面倍感压力。获得苏联大量军援后，埃及拥有了现代化的武器装备，军力大幅提升。让以色列感到恐惧的是，苏联援助埃及的坦克、装甲车与飞机，在质量与数量上都比以色列国防军的同类装备要好，而以色列获得现代化武器装备的努力却遭受了挫折。事实上，埃及已经破坏了中东地区原本的区域军事平衡，使以色列容易遭受相邻阿拉伯国家（主要是埃及）的攻击，因而加速了以色列人战争心理的形成。以色列认为埃及只要有足够的时间，便会完成新装备的换装训练，一旦军力提升，纳赛尔便会将消灭以色列的构想付诸行动。对此，以色列国内的行动派（鹰派）要求政府立即进行预防性的战争，务必在埃及军队完成换装训练之前先行将其击溃。不过这个主张遭到了以色列外交部部长摩西·夏里特（Moshe Sharett）的强烈反对，夏里特为此与以色列内阁官员争辩，但是他的影响力相当有限，经常遭到总理兼国防部部长本–古里安的驳斥。1956年7月，夏里特被迫辞职，本–古里安任命行动派梅厄夫人出任外交部部长，至此以色列内阁中再也没有反战的阁员。果然，四个月后苏伊士运河战争便爆发了。

埃及阿斯旺大坝

1952年革命后不久，埃及政府为了改变国家的经济落后状况，决定在埃及阿斯旺附近的尼罗河峡谷修筑一座高坝。大坝长约4千米，高约110米，围成一个约550千米的，当时世界上最大的人工湖。这项巨大的工程预计将耗资13亿美元，工期将超过10年，完成后将扩大灌溉面积6000万亩，每年发电100亿度，能使埃及国民收入增加四分之一。

实现这一宏伟计划的最大困难是资金问题。自1953年起，埃及政府就开始与世界银行讨论国际资金援助问题，同时争取英美等国的资助。但世界

阿斯旺大坝，其对埃及的重要性远超苏伊士运河

约翰·福斯特·杜勒斯，1883—1959，出生于美国华盛顿的政客世家，外祖父和姑父都曾经担任过美国国务卿，杜勒斯本人也于 1953—1959 年间担任国务卿，是冷战初期美国外交政策的主要制定者，著名的鹰派人物和反共人士

银行以埃及政治不稳定为由不愿意考虑贷款问题，而英美则未予理会。1955 年 9 月，埃及与捷克斯洛伐克（实际是与苏联）签订了一笔价值 8000 万美元的武器购买协定。接着苏联又表示愿意向埃及提供 1 亿英镑的贷款，并为建造大坝提供材料和技术人员。这使得英美政府深感不安。为了防止埃及倒向苏联一边，1955 年 12 月，两国表示，在大坝工程第一阶段，愿向埃及赠款 7000 万美元，其中英国出资 1400 万美元，美国出资 5600 万美元，以后再在适当时间提供 1.2 亿美元的贷款。世界银行也提出向埃及提供2亿美元贷款，但这笔贷款附有若干条件，其中之一是世界银行的贷款以英美两国履行其承诺的赠款义务为前提。

苏伊士运河危机的直接诱因是纳赛尔掌控埃及后，长期与英、法、以色列三国的交恶与敌对，这成了引发战争的直接导火索。如上文所述，埃及人为了开凿苏伊士运河共献出了 12 万条生命，但是运河通航后，却被英国与法国控制。对埃及人而言，这条运河给他们带来的并非是幸福与繁荣，而是灾难与耻辱。因此对埃及总统纳赛尔来说，收回苏伊士运河主权，让其国有化，可以证明他不畏列强，勇于向西方列强挑战的一种宣示，也有利于提升他在国内及阿拉伯世界的声望。但起初纳赛尔不想诉

1956 年 7 月 26 日，纳赛尔宣布将苏伊士运河收归国有后，在离开亚历山大港的途中受到了民众的夹道欢迎，一场危机开始了

诸武力，1956 年 6 月，他通过外交谈判，迫使英军撤离了苏伊士运河区，但运河的航运和资产却仍由英法两国控制。另一方面，1955 年 9 月，纳赛尔与苏联交好，让英美法等西方国家认为纳赛尔要把埃及引入国际共产主义的轨道，把苏联的势力引进中东。第二年（1956）5 月 30 日，埃及与中国建交。6 月中旬，苏联外长访问埃及，并表示愿意对其提供更多的援助。同年 6 月 19 日，纳赛尔宣布将与苏联进行全面合作。至此，纳赛尔认为埃及在军事与外交上已经有了援军，收回苏伊士运河主权的时机已经成熟。于是在 1956 年 7 月 26 日，正当亚历山大庆祝革命四周年之际，纳赛尔突然发表了长达 2 小时 40 分钟的长篇演讲。他详尽讲述了有关阿斯旺大坝贷款谈判的过程，断定西方大国和世界银行提出的贷款条件是“一个要控制我们经济独立的阴谋”，撤回贷款援助意味着其在“惩罚埃及，因为埃及拒绝支持其军事集团”，强调了埃及是一个自由独立的国家，“不会仰人鼻息”，还回顾了埃及人民开凿苏伊士运河的血泪史，以及运河开通后埃及人民遭受的灾难和屈辱。他坚定地表示，历史不容“背信弃义和欺诈蒙骗”重演，埃及将把苏伊士运河

公司收归国有，用运河收入建造大坝。最后纳赛尔宣读了运河公司国有化法令——苏伊士运河公司的全部财产、资产和债务将一并移交给埃及政府，原公司的一切机构和委员会全部解散。同时纳赛尔派兵占领设在塞得港、伊斯梅利亚（Ismailia）和苏伊士的各苏伊士运河管理机构，随即纳赛尔将“苏伊士运河国有化”的决定公之于世。这份声明杜绝了总部位于巴黎的苏伊士运河公司对于运河控制做出任何让步的可能。

实际上，除了苏伊士运河的股东英国和法国外，美国也对纳赛尔的冒失与亲苏政策感到不高兴。1956 年，美国和英国领导人共同启动了“欧米茄”计划——一份旨在颠覆纳赛尔政权的方案。根据“欧米茄”计划的安排，1956 年 7 月 14 日，美国国务卿约翰·福斯特·杜勒斯（John Foster Dulles）照会埃及大使艾哈迈德·侯赛因（Ahmed Hussein），宣布美国决定不再为埃及正在修建的阿斯旺尼罗河大坝提供资金。7 月 29 日，美国宣布撤回对埃及兴建阿斯旺大坝的全部经济援助。纳赛尔愤怒地谴责了美国的卑劣行径，他说：“如果华盛顿无视国际关系准则，无耻而毫无根据地想让世人怀疑埃及的经济能力，那么我要对它说‘你们去气死吧，因为你们将永远无法对我们指手画脚，也无法主宰我们的生活’。”24 小时后，英国也宣布撤回对埃及的全部经济援助。除了撤回经济援助外，英国和法国更不惜一切代价要以武力推翻纳赛尔政权。但是美国国务卿杜勒斯却为了不得罪阿拉伯国家，想以外交手段尽力平息危机，其结果却反而使美国跟英法之间愈加疏离。英法两国决定，即使没有美国的支持，也要出兵推翻纳赛尔，恢复对苏伊士运河的控制权。

与此同时，英、法、美三国还首先向埃及提出抗议，称埃及收回运河为“非法”，随之冻结了埃及在三国的存款和资产。8 月 2 日，三国外长在伦敦开会，会后发表的联合声明称运河公司是一家“始终具有国际性质”的国际机构，埃及无权将它收归国有。三国要求建立一个在“国际监督”之下的管理机构，来保障运河航行自由，并建议在伦敦召开君士坦丁堡公约缔约国和使用国际会议来解决苏伊士运河问题。埃及政府批判了三国声明，拒绝参加伦敦会议。8月16日，英、法、美三国单方面召开22国伦敦会议，以多数票通过了杜勒斯提出的建立“苏伊士运河委员会”的计划。会后，投赞成票的18国代表赴开罗兜售该计划，结果碰壁。9月23日，英法在联合国安理会上再次要求对运河实施“国际管制”，但安理会否决了英法的提案。

在一系列外交活动失败后，9月，法国开始和以色列多次接触，要求以色列配合法军攻占苏伊士运河区，全面进攻西奈半岛。这时的以色列在经历了几年的外交孤立后，总算有了重大的突破。当时以色列正急于与西方大国建立联盟关系，因为以色列总理本－古里安和他手下的军事高层正准备对埃及开战，以彻底摧毁埃及资助的“费代因”突击队，将埃及军队赶出加沙走廊，清除埃及在西奈半岛北部的基地，及确保对以色列进入亚喀巴湾要道的西奈半岛南部沿岸地带的控制。以色列急欲打开亚喀巴湾的企图已经酝酿多时，想利用亚喀巴湾通往红海的这条水路来发展和远东的经贸。因为以色列自然资源并不丰富，在它所拥有的少数几种矿产当中，蕴藏最丰富的是碳酸钾和磷酸盐，这两种矿产的主要外销对象是远东各国。而埃及对以色列在红海航运的封锁，是以色列最急需解决的政治问题，它对于以色列造成的损失甚至远远超过“费代因”突击队对以色列境内的破坏。以色列认为埃及对自己的航运封锁显然已经违反了国际法，这种行为违背了1888年在君士坦丁堡签署的《苏伊士运河协定》。虽然以色列就此事向联合国安理会提出了仲裁申请，并对埃及施压，但由于苏联在安理会动用了否决权，因而未能成功。因此为了经济发展的长远考虑，以色列将不惜一战来打破埃及对亚喀巴湾的封锁。

以色列与英法将对埃及发动战争的企图，不久后被美国侦悉。10月15日，美国高层已经发觉以色列有入侵埃及的意图。艾森豪威尔总统在他的日记中写到“我相信本－古里安即将对埃及发动侵略，这已经十分明显，由下列几点引发：（一）以色列欲利用约旦内部逐渐恶化的形势，并准备占领约旦的一部分领土，进而提出领土的要求；（二）埃及和西方国家全神贯注于苏伊士运河问题，将降低埃及立刻与以色列交战的可能性，同时也会妨害英国增援约旦的能力；（三）本－古里安相信当前美国的政治活动（总统大选），使美国政府不能对其他国家发动任何侵略，或采取强硬的立场。不过美国仍只是采取观望的态度，并未对以色列及英法采取积极劝阻的应对政策。”10月22日至24日，以色列总理本－古里安、总参谋长达扬、法国总理居依·摩勒（Guy Mollet）和英国首相安东尼·艾登（Anthony Eden）派出的代表等三国重要官员们在法国塞夫勒进行密谈，就三国攻击埃及进行战前的协商与入侵计划的制订——战争的车轮终于开始启动了。

苏伊士运河战争的发生，是以色列和阿拉伯邻国之间政治和安全冲突的尖锐化，再加上英法两国不愿放弃其在中东的利益，甚至欲以武力继续控制苏伊士运河决策的结果。假如没有英法两国的联合军事行动，则以色列未必就会单独发起这场战争。即使以色列单独出兵西奈半岛，那战争的军事和政治性质，也必将截然不同。而假设埃及总统纳赛尔若不对以色列采取敌对的激进政策，即使英法两国为了“苏伊士运河危机”而与埃及发生了军事冲突，以色列也未必会对埃及诉诸武力。

第二章

针锋相对

交战双方的战斗力、组织和领导

ZHENFENGXIANGDUI
JIAOZHAN SHUANGFANG
DE ZHANDOULI ZUZHI HE LINGDAO

对我们来说，事情很清楚，英国不可能在三四个月内采取军事行动。

贾迈勒·阿卜杜勒·纳赛尔

第二章

针锋相对

交战双方的战斗力、组织和领导

ZHENFENG XIANGDUI
JIAOZHAN SHUANGFANG
DE ZHANDOULI ZUZHI HE LINGDAO

01 英 国

二战期间，英国组建了强大的军事力量。但是在战后10年里，由于财政危机和经济萧条，英军在一些关键性领域，例如整备率、输送能力和装备技术等方面逐渐落后于世界先进水平。尽管总体状况在不断恶化，但第16独立空降旅仍然是英军手中的一张王牌，可以随时把力量投送到距离本土十分遥远的热点地区——例如埃及。然而，这支王牌部队虽然有钢铁般的纪律和高昂的士气，但也存在无法回避的问题，那就是训练和武器装备的不足。塞浦路斯危机中，第16独立空降旅被部署在乡村之间镇压叛军，与“埃奥卡”（EOKA，希腊语“为塞浦路斯而斗争全国组织”，主张塞浦路斯与希腊合

塞浦路斯的民族主义叛军“埃奥卡”游击队队员，他们神出鬼没，给英军带来了不少麻烦

“埃奥卡”成员在克鲁克监狱策划了一次越狱行动，图为英军和行动中被破坏的建筑物合影

并）游击队作战。在一系列行动中，第16独立空降旅表现出缺乏敌后空降（本应是该旅的老本行）能力等缺陷。而清剿“埃奥卡”游击队的行动也使该旅更注重普通的地面战斗，而忽视了对空降技战术的训练。

英国传统的军事优势领域——皇家海军仍然保留着航空母舰和战列舰，可以进行远距离作战。对英军来说，从海上发起进攻是唯一可行的路线，因此两栖作战和滨海作战能力尤为重要。然而，事实证明1956年的英国皇家海军两栖作战力量不足。皇家海军最缺少履带式两栖装甲车和登陆艇，而这些高度专业化的装备是一次成功的入侵所必需的。它们可以在抢滩登陆的时候快速运送士兵并为他们提供防护。

英国皇家空军（RAF）在当时增添了两种远程轰炸机，装备两台涡轮喷气发动机的英国电气公司的“堪培拉”轰炸机和包括四台涡轮喷气发动机的维克斯公司的“勇士”轰炸机。“勇士”是一种后掠翼飞机，也是著名的英国“V型轰炸机”中的第一型。因为当时喷气式轰炸机对皇家空军来说还是新鲜事物，所以在“勇士”正式服役之前，皇家空军在盖登空军基地专门成立了第232换装部队（OCU）。第一个装备了“勇士”的作战中队——第138中队正是在盖登完成的换装，后来才转到威特林空军基地。1955年7月，第138中队形成了战斗力。此后，“勇士”又先后装备了皇家空军第543、214、207、49、148和7中队。这些作战飞机可以挂装核弹，也可以携带大量常规炸弹，后者更适合在苏伊士运河危机这样的局部战争中使用。苏伊士运河危机发生时，“堪培拉”和“勇士”轰炸机刚入役不久，这意味着皇家空军尚未完全掌握相关战术。在中东这种陌生的战斗环境中，轰炸机缺乏可靠的雷达信标和目标识别能力，而且在苏伊士运河危机期间，皇家空军大部分时间都是在夜间执行轰炸任务。黑暗中，机组人员只能依靠仪器而非目视攻击目标，这进一步降低了命中率。尽管如此，苏伊士运河危机期间的英法联军总司令查尔斯·凯特利（Charles Keightley）将军还是认为只靠这些轰炸机就能打赢战争。凯特利将军的观点很大程度上受到当时装备技术与军事学说革新的影响，结合个人感受，他认为：空中力量代表着一种能以较低政治代价获得胜利的捷径。虽然凯特利将军青睐战略轰炸，他的下属，联

英国电气公司“堪培拉”轰炸机，载弹量4500千克

维克斯公司“勇士”轰炸机，载弹量9525千克

苏伊士运河战争期间的英法联军总司令查尔斯·凯特利将军（右）和联军地面特遣部队司令指挥官休·斯托克韦尔将军（左）

军地面特遣部队司令指挥官休·斯托克韦尔（Hugh Stockwell）将军则首选更成熟的武器系统，如装甲部队等。斯托克韦尔有在中东服役的经历，他参与了10年前英军在巴勒斯坦的撤军行动，是军事上的保守派。为尽可能避免风险，他在仔细分析各方面情报后才做出决策。

斯托克韦尔对装甲部队的信任部分归功于英军当时的装备、令人印象深刻的主战坦克——“百夫长”。这种坦克源自第二次世界大战，重达50吨，它的105毫米重炮和厚重的装甲可以在激烈的战斗中发挥强大的威力。但这些特性也同时使得它缓慢而笨拙。

“百夫长”坦克的设计名称为“A41巡洋坦克”，首批军用编号为“百夫长”MK1，生产任务被分配给英国皇家军械厂，后来又转交给维克斯—阿姆斯特朗公司和英国皇家军械厂利兹工厂等生产。1947年，“百夫长”坦克最终投入现役，从此开始了它长达半个多世纪的服役生涯。“百夫长”坦克家族共诞生出13种衍生型号，MK5之后的型号在保留总体构造的前提下，更换了较多的内部设备，动力和武器系统，实际上是一种全新的坦克。

“百夫长”系列坦克的船形车体均为焊接结构，看起来棱角分明，各部位装甲厚度不等，前部倾斜装甲的倾斜角恰到好处，效果与苏联的T-34/85坦克的倾斜装甲类似。车体内部用两块横隔板分成前中后三部分，前部左侧是储存舱，内装弹药和器材箱，右侧为驾驶舱，车体中后部依次为战斗舱、动力舱，属于典型的传统布置。驾驶员有一个向左右开启的双扇舱盖，每扇舱盖有一个潜望镜。“百夫长”MK3采用圆锥形铸造炮塔，并焊接有装甲顶板，炮塔和火炮总重达13吨，炮塔直径2300毫米。车长指挥塔在炮塔顶装甲右侧，

"百夫长"坦克，这种坦克以重装甲、重火力但机动性较差而闻名

左侧是装填手出入舱口，但这个舱口和补弹口严重破坏了炮塔的密封性和防护能力，因此这种设计在50年代以后被摒弃。炮塔两侧外部带有装甲储物箱，后部有一个储物架。车长指挥塔可以由车长手摇机构操控进行360度旋转，其上部有个双开式舱盖、一个带弹道分划的潜望瞄准镜和7个潜望观察镜，车长位置处可以安装一个红外探照灯。装填手舱口处有一个前后对开的双扇舱盖和一个潜望式观察镜。

"百夫长"坦克采用双轮连锁式螺旋弹簧平衡悬挂装置。车体每侧有6个负重轮，每两个负重轮构成一组，每组有一套同心螺旋弹簧，前后两组悬挂装置带有液压减震器，挂胶负重轮彼此可以互换。诱导轮前置，带有履带调整器，主动轮后置。每侧上支履带由6个托带轮支撑，中间4个托带轮为双轮缘式，前后两个托带轮为单轮缘式，仅支撑履带内半边。每条履带有

108 块履带板，由锰钢铸造，为齿孔啮合式全金属结构。“百夫长”MK1/2 型坦克装有一门 17 磅炮（口径为 76.2 毫米），这显然是以攻击二战时期的坦克为标准配置的。随着时代发展，从 MK3 型开始改为一门带抽气装置的 L/64 型 20 磅炮（口径为 83.4 毫米），载弹量为 65 发，可发射初速为每秒 914 米的榴霰弹、初速为每秒 1.4324 米的曳光脱壳穿甲弹和初速每秒 601 米的榴弹，火力大大增强。从 MK5 型坦克开始，又正式换装著名的 L7 型 105 毫米线膛炮，这种坦克炮非常著名，几乎垄断了 20 世纪 60—70 年代的西方主流坦克炮市场，也成了英国陆军主战坦克坚持使用线膛炮的开端。L7 坦克炮可以发射 L28A1 曳光脱壳穿甲弹，L52A1 曳光脱壳穿甲弹、L64 脱壳稳定翼穿甲弹。

初期制造的“百夫长”坦克火控设备简单，直到 20 世纪 60 年代，许多英国“百夫长”坦克才补装了红外驾驶灯，在火炮左侧安装主动红外探照灯，车长和炮长位置还装有红外瞄准镜。至于机动性能，“百夫长”坦克一直装备罗·罗公司生产的“流星”12 缸汽油发动机，采用强制冷却水循环冷却，干曲轴箱，最大输出功率 650 马力。但“百夫长”坦克全重高达 40 吨以上，导致坦克的最高时速很难超过每小时 35 千米，而且随车携带的 460 升油箱只允许坦克行驶 160 千米。在无可奈何的情况下，英国厂家甚至研发出一种可拖在坦克后面的单轮拖车，这种拖车可以载油 910 升。到 20 世纪 60 年代，“百夫长”的最终型号——MK13 问世时，其战斗全重已经跃升到 52 吨，坦克内油箱储量则增加到 1000 升，动力系统也换成更安全经济的柴油机，但坦克最大行程仍然没有超过 190 千米。

1945—1962 年之间，英国共计生产“百夫长”坦克 4423 辆，其中 MK1 型 100 辆、MK2 型 2833 辆、MK7 型 221 辆、MK8 型 108 辆、MK9 型 1 辆、MK10 型 155 辆，其中有 2500 辆出口到其他国家。

值得一提的是，塞得港这座港口城市为“百夫长”坦克提供了一个理想的作战环境，而港口南部相对较为开阔的地形则适合更快速、更灵活的坦克。

02 法　国

从某种程度上来说，苏伊士运河危机造成了法国在军事上的过度扩张。二战结束后，法国仍在为了维持遥远的殖民地而徒劳的战斗。在这些殖民地当中，东南亚和北非的民族主义运动如火如荼，令法国焦头烂额。在越南奠边府，法国付出了成千上万人员伤亡的代价并消耗了大量物资，但其在亚洲的殖民统治仍然被终结了。阿尔及利亚的情况则截然不同，在那里，寻求推翻法国统治的穆斯林民族主义军队——阿尔及利亚民族解放军（简称 ALN）与殖民当局之间爆发了旷日持久的战争。由于双方的信念是针尖对麦芒：阿尔及利亚寻求彻底的独立，而法国则认为所有阿尔及利亚人天生就是法国人。因此在 50 年代中期双方的斗争愈演愈烈。截至 1956 年，已经有成千上万的法军部队被部署于北非。

苏伊士运河危机对法国来说，既是一种挑战也是一个机遇。在埃及境内作战，虽然分散了阿尔及利亚的驻军，但也提供了一个摧毁纳赛尔政权的机会——纳赛尔一直不遗余力的支持阿尔及利亚独立运动，让法国头痛。要入侵埃及，法军在某些方面足以胜任，在另外一些方面则存在较大不足。法国海军可以执行远距离攻击任务，使用航母舰载机攻击内陆目标，但像英军一样，其两栖作战能力有限。这种限制主要体现在武器装备的欠缺上，而非人员素质。法国海军陆战队的官兵们训练充足有完善的单兵装备，若有合适的登陆艇，足可进行抢滩登陆。但法军也像英军一样缺乏滨海作战能力，这意味着远程兵力投送的任务将主要由精锐的法军伞兵部队承担，包括外籍军团

在东南亚进行空降作战的法军伞兵，长期残酷战斗的磨炼使他们骁勇善战，但也留下了残忍嗜杀的名声

伞兵团和殖民地伞兵团（RPC）。亚洲热带丛林和其他战场上的激烈战斗磨砺了这些伞兵，使他们的装备和战术更贴近实际，而且多年的战斗使他们认可一种宿命论，这增强了他们的勇气。伞兵们知道如何在运动战中对付一个捉摸不定的敌人。他们残酷无情地执行“先开枪，后问话”的战场铁律，而艰苦的训练使得他们可以在最少的后勤支援下长时间转战。在战场上，伞兵装备着精悍有效的武器，既能保持火力，又能维持机动性。他们可以在密林中短促开火，这是他们的英国同行没有的技能，而这种技能在敌军控制区非常有用。

除了这些精锐部队外，法军的普通地面部队也有一定作战能力，但并不突出。

当时的法国军事学说倡导机动性，甚至不惜以削弱火力作为代价。在这样的指导思想下，法军装备了AMX-13坦克，这是一种十分敏捷，但装甲单薄、火力贫弱的坦克，其性能正好跟英国同行的“百夫长”坦克相反。

AMX-13坦克于1948—1949年间完成了第一辆样车，1952年通过法国陆军定型试验后在罗昂兵工厂投入生产，一直生产到60年代初期。此后，生产任务转交给了索恩河畔的克勒佐—卢瓦尔工厂，因为罗昂兵工厂正在为生产 AMX-30 主战坦克安装机器设备。从 1953 年起，AMX-13 坦克开始出口国外，先后装备了十多个国家的装甲部队，到 1982 年停产时，总产量达到了 3000 辆。

从战后坦克的发展历史来看，AMX-13 轻型坦克占据着极其重要的地位，因为它采用的发动机前置和自动装弹机技术在那个年代显得非常前卫，而且由于采用后置摇摆式炮塔，外形非常古怪。实际上，AMX-13 本来是作为轻型的坦克歼击车和装甲侦察车来设计的，后来法军对其性能非常满意，才将其作为空降部队和陆军轻装部队的制式火力支援武器使用，但它实际履行的是轻型坦克的职能。

这些设计初衷决定了 AMX-13 的尺寸较小，而以当时的工业水平，难以将大功率的发动机小型化，因此安装到 AMX-13 上的发动机只能是尺寸较小、功率也只有 260 马力的汽油发动机。AMX-13 坦克采用全焊接装甲结构，装甲最大厚度仅为 25 毫米（炮塔前装甲）。AMX-13 坦克最显著的特点是采用独特的 FL-10 摇摆式炮塔。这种炮塔将旋转运动和火炮的俯仰运动做了分别处理，这样就可以将炮塔的座圈做得很小，有利于整车减重。炮塔位于车体后部，原理是将传统的炮塔"一分为二"，将火炮刚性地安装于炮塔上，两者成一体绕着火炮耳轴将炮口抬高或降低。上塔体靠耳轴支撑在下塔体上，而下塔体则在炮塔座圈上做旋转运动。出于平衡重量的考虑，火炮耳轴的位置较为偏后，这样，当火炮炮口仰角较高时，炮尾就不至于下降到座圈之下。这种摇摆炮塔的优点是可以降低炮塔高度，在一定程度上可以弥补为机动性而放弃的防护力；还可以缩小炮塔座圈直径，AMX-13 坦克的炮塔座圈直径为 1475 毫米，这样一来，也就相应减小了坦克的车宽，火炮与上炮塔刚性连接则无须常规炮塔上的防盾，这些设计都可以有效减轻整车重量。

采用这些措施后，AMX-13 坦克净重只有 13 吨（这也是它编号的由来），战斗全重 15 吨，安装一台雷诺 SOFAM8Gxb 8 缸水冷汽油机，最大公路时速

安德烈·博弗尔将军，1902—1975，图为其回忆录封面，苏伊士运河战争中联军的作战计划主要是由他制订的

为每小时20千米，公路最大行程350—400千米，战术机动性非常出色，而较轻的重量也方便运输机进行空运，具有优秀的战略机动性。AMX-13轻型坦克还装备了世界上第一种实用的自动装填系统。这种系统与摇摆式炮塔相配套，因为摇摆式炮塔的火炮与上塔体刚性连接，所以只要将炮弹布置在上塔体的适当位置，就可以方便地将炮弹推入炮膛。而传统炮塔自动装弹机的输弹过程是一个极其复杂的运动过程，以法国当时的科研能力根本无法实现。AMX-13轻型坦克的火炮由两个回转式弹仓装填，每个弹仓有6发炮弹，空药筒从炮塔后方的抛壳窗自动抛出车外。12发待发炮弹发射完毕后，需要从炮塔外面给弹仓补充弹药。

1953—1954年装备法国陆军的第一批AMX-13轻型坦克装有1门75毫米炮，它可以发射榴弹或者破甲弹，后者在2千米距离上的破甲厚度为170毫米。火炮配有穿甲弹和榴弹，弹药基数为37发，而后期生产的车辆又增加到44发。辅助武器为1挺7.5毫米或7.62毫米并列机枪，机枪弹3600发。炮塔两侧各装有2具烟幕弹发射器。70年代，AMX-13换装了90毫米炮，破甲深度提高了一倍，达到了351毫米，80年代继续改进，更换为105毫米坦克炮。但法国制造的这三种坦克炮均不能发射穿甲弹，能使用的弹种只有破甲弹、高爆榴弹和发烟弹，这是因为法国当时的制造技术水平不过关。不能发射穿甲弹显然在很大程度上制约了 AMX-13 坦克的火力，从这一点来看，它并不太适合与敌人坦克对抗，而比较适合作为装甲侦察车使用。

AMX-13 从前部到后部分别是驾驶员舱、发动机舱和战斗舱。该坦克车体为钢板焊接结构，前上部装甲板有 2 个舱口，左面是驾驶员舱口，右面是动力传动装置检查舱口。驾驶员舱盖安装了 3 个潜望镜，中间 1 个可以换成红外或微光驾驶仪。动力传动部分在车体前部右侧呈倒“L”形布置，因而车高才 2.3 米。传动装置采用 5 挡机械式变速箱和“克利夫兰”型差速式转向机。悬挂为独立扭杆式，有 5 对挂胶负重轮，主动轮在前、诱导轮在后。钢制履带板必要时可安装橡胶衬垫。AMX-13 坦克没有三防装置，也不能跋

AMX-13 坦克，其装备有独特的摇摆式炮塔

皮埃尔·巴尔若海军上将，1899—1960，一开始就主张将以色列拉入战争

涉深水，没有安装夜视仪，因而许多国家在购买 AMX-13 之后又增添了炮手红外瞄准镜和红外探照灯等。后期生产的该型坦克安装有被动式夜间瞄准镜和夜间驾驶仪，TCV-29 激光测距仪和战场瞄准自动显示器等。

当时，法军装甲部队指挥官更倾向于以运动战包围敌人，而不与敌人的主战坦克交火。这个军事学说的创立者是安德烈·博弗尔（Andre Beaufre）将军，他也是苏伊士运河战争期间法军最杰出的指挥官。作为斯托克韦尔的副手，博弗尔将军为英法联军制订了一份目标清晰、战术得当的作战计划。相比之下，凯特利的副手皮埃尔·巴尔若（Pierre Barjot）海军上将则似乎迷失在苏伊士运河危机错综复杂的政治角力中。举例来说，巴尔若一有机会就主张以色列军队直接参与法军的作战行动，他显然没有意识到，以军的参与只是达到目标的一种手段，而非目标本身。

03 以色列

虽然在 1956 年以色列拥有中东最强大的军事力量，但这支名为“以色列国防军（简称 IDF）”的军队仍然有很多不足，包括军事学说不成熟，后勤补给存在隐患，缺乏技术装备等。这些问题有的是由外部因素造成，但更多问题源自以色列国防军内部。像法军一样，以色列国防军强调机动性，在总参谋长摩西·达扬（Mose Dayan）少将的悉心培养下，以军领导层普遍具有创造力、主动性和进取精神。但他忽视了机动部队的一些基本要素：后勤与装甲武器。

摩西·达扬，1915—1981，以色列军事领导人，军事学家，出生于巴勒斯坦，父母皆为来自俄国的犹太移民，早年于耶路撒冷的希伯来大学和坎伯利参谋学院学习军事学，曾在第二次世界大战期间参加英军并失去左眼，之后人称“独眼将军”。1959—1964 年任以色列农业部部长；1967—1974 年任国防部长；1977—1979 年任外交部部长

达扬在 1953 年 12 月被派往以色列国防军总部担任总参谋长。随后他对国防军的编制进行了重大革新，他规定国防军中年龄在 40 岁以上的军官必须退役，让出位置给年轻人。其次，达扬对国防军内部的预算分配进行了重大改革。例如删减了国防军的人事费用，包括预备役军人集训时，必须自备大衣，部队不再给予补给。达扬

还裁撤了国防军中的烘烤面包、洗衣和罐头制造等部队勤务机构，甚至解散了国防军中的骑兵与信鸽单位。其他诸如建筑、行政和所有与作战无关的事项，其预算也被删减至最低限度。在教育训练方面，达扬减少了派至国外军事学校受训的军官名额。把节省下来的军费用来采购更多、更好的武器。此外，达扬还成立了特种侦察分遣队去搜集周边各国的地形与各种情报，这种做法获得了不错的效果。在 1956 年 10 月苏伊士运河战争爆发前，以色列对西奈半岛的了解比世居在那里的埃及阿拉伯人要多得多。

但达扬对绝大多数以军部队的燃料、零部件以及其他必需品的供给都没有制订详细的计划。这种状况不会影响以军发动边境突袭和其他有限的作战行动，但长期的战争需要一个更有条理的补给体系。1956 年以军在入侵西奈半岛的时候认识到了这一点。在 1948 年独立战争中，由于国防军的装甲

美制 M-4 谢尔曼坦克，是二战时美军的主力坦克，到 1956 年时已经显得落后

部队表现不佳，而装备了半履带输送车、吉普车和装甲车快速机动的机械化步兵营却表现出色，造成日后以色列总参谋部热衷于发展机械化步兵，以致1956年苏伊士运河战争爆发前，以色列装甲兵的发展十分缓慢。后来担任总参谋长、当时担任装甲部队主管的哈依姆·拉斯科夫准将，曾经在1952年和1953年两度进行大演习，企图向达扬证明坦克部队的作用，但达扬丝毫不为所动。达扬的服役经历使他更青睐步兵部队，而且当时以达扬为代表的以色列国防军大部分军官对坦克了解不多，认为其主要作用是充当“机动步兵”，觉得坦克昂贵、笨重，而且容易发生故障。因此，在苏伊士运河战争之前、达扬主政国防军的这段时期，装甲部队一直屈居次要地位。或者由于他对步兵的偏爱，或者因当时以色列国内工业产生尚不成熟，在战争中达扬更推崇人的能动性而非技术能力。除了以色列高层不重视装甲兵外，获取坦

M-50 超级谢尔曼坦克

克比较困难也是一大原因。当时世界上仅有少数国家有能力制造坦克，而且没有一个国家愿意得罪阿拉伯国家，将其制造的坦克出售给以色列。虽然如此，以色列仍然在1949年以进口废旧钢铁的名义从美国进口了一批报废的谢尔曼坦克，经过以色列军工部门的整修，这一批谢尔曼坦克勉强堪用。

1950年美、英、法三国宣布对中东国家实施武器禁运政策，这对以色列原本就阻力重重的外购新型坦克计划而言无疑是雪上加霜。不过到了1955年事情出现了转机。在1955年，以色列国防军从一支处于二战时期水平的军队一跃成为一支现代化武装力量，这其中埃及带来的危机感功不可没。该年苏联打破了西方国家对阿拉伯国家武器垄断的局面，援助给埃及500辆以上新款的坦克及装甲车，其中包括200辆以上的T-34/85中型坦克。与此同时，法国因为纳赛尔插手阿尔及利亚独立战争，资助阿拉伯土著对抗法国而感到十分愤怒，而且为了维持地区军力平衡，也同意出售坦克给以色列，包括AMX-13坦克和谢尔曼坦克。其中，AMX-13坦克有两个主要特点：高速和75毫米炮，但薄弱的装甲防护抵消了这些优势。法国提供以色列的美制谢尔曼坦克则不能与苏联支援埃及的T-34/85坦克相匹敌。

1954年，法国把一个营，约有40辆M-4 A1坦克和全套物资廉价卖给以色列，坦克被直接从越南的岘港海运到以色列的特拉维夫。同时，法国还同意与以色列进行更大规模的武器交易，其中包括在整个50年代向以色列提供近200辆谢尔曼坦克（主要是M-4 A1型）和约100辆AMX-13轻型坦克、60辆AMX-13/105自行榴弹炮和150辆M-3半履带装甲人员输送车，还有大量数量不明的大批配件（这批配件以M-4 A4为主，实际上也可以组装出一定数量的整车，但并不包括QF 17磅炮或者M2/3 75毫米炮）。为了避免阿拉伯国家的过激反应，法国和以色列达成秘密协议，1953—1954年用浅吃水货船分批将M-1超级谢尔曼坦克（以M-4 A1坦克安装76.2毫米炮而得名，以色列命名为M-1“超级谢尔曼”）运抵以色列。整个秘密行动共持续了数周，货船没有在港口卸货，而是停泊在以色列近海，让M-1超级谢尔曼坦克直接开上海滩。

为了对付埃及的新型 T-34/85 坦克，1954 年以色列技术专家去法国布尔日兵工厂（Bourges Arsenal）求援，为其谢尔曼坦克设计了一种可安装法国 75 毫米 CN 75-50 式坦克炮（就是法国版的 75 毫米口径德国 KwK 42 L/70，但是法国人改进了弹药，并使用了更短的药筒）的炮塔，并造出 2 个炮塔样品。其中一个炮塔装在 M-4 A2 车体上，另一个装在 M-10 坦克歼击车车体上。改装工作包括弹药抛壳系统、用含铅的铸造平衡重块代替装在炮塔后边的焊制钢质配重箱、专门改制的望远式瞄准镜和新型供弹系统。1955 年制成预生产型 M-50 MK1 超级谢尔曼坦克，第一批坦克是用 M-4 A4 坦克车体改制的，装有法国提供、在以色列铸造的炮塔。为了增强军队的实力，1956 年 7 月在海法（Haifa）附近地区，以色列又接收了从法国运来的 100 辆各型谢尔曼坦克和 200 辆半履带车。其中就包括少量 M-50 超级谢尔曼坦克。在 1956 年的苏伊士运河战争中，唯一一支装备这种新型坦克的以色列部队是第 37 机械化旅的一个装甲营。

法国援助的这批新式坦克一直到苏伊士运河战争爆发前夕才运抵以色列，因此截至 1956 年 10 月以及随后的苏伊士运河战争期间，以军共拥有 100 辆 AMX-13 坦克、250 辆各型 M-4 谢尔曼（装备 75 毫米炮）和超级谢尔曼（装备 76.2 毫米炮或高速 75 毫米炮）坦克，还有 M-3 半履带输送车。其中，超级谢尔曼坦克装备一台柴油发动机，不会像汽油发动机那样起火爆炸。然而不论是谢尔曼坦克还是 AMX-13 坦克都比不上埃及陆军使用的 T-34/85 坦克，后者在装甲防护、火力和机动性方面都超越了以军装备的坦克，而且以色列的谢尔曼坦克中只有 180 辆可以战斗。以军装甲部队的主力包括第 7 装甲旅、第 27 和第 37 机械化旅。

此外，为了增强以军的战斗力，法国还向以色列出口了当时最先进的达索“神秘”IV A 和“暴风”单座多用途战斗机。以色列在 1948 年的独立战争期间，只有一支名为“汉格纳”的空勤队（希伯来文为 Sherut Aviri）。空

以色列空军装备的达索“暴风”单座喷气式战斗机，主要用于对地攻击

勤队内没有战斗机，以致它仅有的 9 架轻型飞机在面对埃及和伊拉克的优势空军力量时，显得毫无招架之力。然而这种劣势到了 1948 年年底便完全被扭转过来。由本－古里安主持策划的秘密采购网络，将外购的 205 架飞机运至以色列，至此以色列空军开始迅速成长。其次，有鉴于以色列建国初期，空军大部分的飞行员、部队参谋人员和技术人员都是外国的志愿军。因此以色列空军开始积极培育专业人才，尽力提高飞行员的素质，改进飞机保养的速度和可靠性，并鼓励设立民间技术学校培训空军所需要的电子和机械技能方面的人才。为了汰旧换新，以色列空军自 1953 年起分别向英国及比利时购买“流星”喷气式战斗机。不过以色列想从美国购买 F-86“佩刀”喷气式战斗机的努力却失败了，因为美国不想得罪阿拉伯国家。于是以色列便转向法国采购，此时法国在阿拉伯国家中已经失去了原有的影响力，相对来说不会太顾忌阿拉伯国家的感受。果然法国在 1955 年年初及年底分两批出售了

24 架法制的“暴风”单座喷气式战斗机给以色列。

达索公司的“暴风”单座喷气式战斗机是一种设计简单、性能可靠的轻型次音速战斗机，相当于苏制米格 -15 战斗机，它有一个固定的炮座，还可以携带少量炸弹。“暴风”的原型机编号为 MD450（MD 是马赛·达索的缩写）。其研制工作在 1947 年 12 月正式展开，1948 年 4 月开始制造原型机。1948 年 6 月法国政府才和达索公司签订了制造 3 架飞机的合同。第一架原型机于 1949 年 2 月底试飞，并取名为“暴风”。“暴风”借鉴美国飞机的设计风格，所以和美国共和公司的 F-84 飞机一样具有机头进气、下单翼、前三点起落架等特点。但“暴风”比 F-84 更小一些、轻一些。“暴风”的机翼也更薄，类似洛克希德公司的 F-80。“暴风”原型机的动力采用罗·罗公司的“尼奈”102 离心涡轮喷气式发动机，推力为 2270 千克。

在制造了 3 架原型机后，法国政府又订购了 15 架预生产型飞机，后来减为 12 架。这批飞机安装了不同的发动机和武器以供评估，包括火箭巢、侦察吊舱和夜战雷达等设备。其中的夜战试验机称为“MD350-30-L”，把进气道移到机身两侧，腾出机头空间安装了搜索雷达和两门 30 毫米“德发”机炮。名称中的“L”表示两侧进气，“30”表示 30 毫米机炮。预生产型飞机通过了法国政府的评估，法国政府在 1950 年 8 月底和达索公司签订了购买 150 架“暴风”的协议，但先前预计的订购量高达 850 架。第一架生产型的“暴风”在 1952 年交付使用，取代了法国空军原来的“吸血鬼”战斗机。第一批 50 架“暴风”是装备了“尼奈”102 发动机的 MD450A 型，以后的 100 架则是装备“尼奈”104B 发动机的 MD450B 型。两种“暴风”都配备了翼稍副油箱。生产型“暴风”的武器是进气道下的 4 门 20 毫米机炮，机翼下还可以携带各种武器，典型的配置是 2 枚 450 千克炸弹，或者 16 枚 105 毫米 T-10 火箭弹，或者 8 枚火箭和 2 枚 460 升容量的凝固汽油炸弹。

“暴风”战斗机的飞行品质优良。法国飞行员对“暴风”的评价很高，称赞它是一个非常稳定的火炮和火箭弹发射平台。法国的“三色箭”飞行表演队也曾使用过“暴风”作为表演机。若干“暴风”被改装以适应粗糙的简易跑道，其单主轮被改装成了双轮，减震器也得到了加强，还安装了减速伞。“暴风”在法国空军服役的时间并不长。达索的“神秘”IV型战斗机从1955年春天就开始取代“暴风”，但直到20世纪60年代初期仍有一些“暴风”被作为教练机使用。然而，“暴风”真正的价值是在以色列空军中得到体现的。

在完成了“暴风”的生产任务后，达索公司开始在“暴风”战斗机的基础上研制更先进的飞机，这就是1951年初完成的MD452“神秘”I型战斗机。“神秘”的第一架原型机在“暴风”的基础上安装后掠角30度的后掠翼，并修改了尾翼的位置。随后制造的两架原型机换装了罗·罗公司的“泰”250离心涡轮喷气式发动机。“泰”250是“尼奈”型发动机的改进型，推力增加到2850千克。这两架原型机被称为“神秘”II A，安装的是4门20毫米机炮。随后又生产了4架“神秘”II B，安装的是两门30毫米转管机炮。1951年10月28日，一架“神秘”II A完成了法国历史上第一次可控制的超音速俯冲飞行。“神秘”II C是11架预生产型飞机，其中9架安装了推力为2500千克的“阿塔”101C轴流涡轮喷气式发动机，另外两架安装的是推力为3800千克的“阿塔”101F发动机。

法国空军订购了150架“神秘”II C，第一架生产型的飞机在1954年6月首飞，并于同年10月交付使用。生产型飞机的特点是安装了两门30毫米“德发”机炮和推力3000千克的“阿塔”101D发动机，并修改了尾翼，进气口和内油箱。最后一架“神秘”II C在1957年交付法国空军使用，尽管当时“神秘”的任务已经降级为高级教练机，这架“神秘”II C在1963年退役。“神秘”II C没有国外用户，只有以色列曾经计划购买24架，但后来转为购买“神秘”IV。“神秘”III只有一架，也被称为“神秘”III N。这是一架夜间战斗机的验证机，其进气道被移动到机身侧面以腾出机头安装雷达。“神秘”III于1952年7月试飞。随后公司又计划制造另外两架“神秘”III，但后来改为在“神秘”IV的基础上改装夜间战斗机，所以“神秘”III仅制造了一架，之后在 1953 年 12 月其制造计划便被放弃。这架独一无二的“神秘”III 在后来被作为弹射座椅的实验平台使用。

“神秘”IV 则完全是一种新设计的飞机。第一架也是唯一的一架“神秘”IV 的原型机于 1952 年 12 月首飞。该机的动力系统还是采用“神秘”II A 上的“泰”250 涡轮喷气式发动机。“神秘”IV 改装了更粗壮的机身、更薄的机翼和新的水平尾翼，武器是两门 30 毫米“德发”机炮。法国空军共装备了 225 架“神秘”IV。有趣的是，这批飞机是因北约组织的军事合作计划由美国出资为法国购买的。第一架生产型的“神秘”IV A 于 1954 年 5 月首飞，并于次年交付使用。第一批 50 架“神秘”IV A 安装的是“泰”250 发动机，后期型号则全部安装推力 3500 千克的“泰”350 发动机。法国空军主要把“神秘”IV 作为截击机使用，但也偶尔让其执行对地攻击任务。“神秘”IV 有 4 个翼下挂架，总共可以携带 900 千克的外挂。在对地攻击时，“神秘”IV 一般可以在两个挂架上各挂一个副油箱，在另外两个挂架上挂装炸弹或者 68 毫米火箭发射巢。“神秘”IV 作为法国的一线截击机使用到 1960 年，作为对地攻击机使用到了 1975 年，作为教练机使用到了 1980 年。1956 年，

以色列空军拉马特·大卫基地第 109 中队装备的神秘 IV A 战斗机，编号为第 47 号

60 架原来被法国空军订购的“神秘”Ⅳ 被卖给了以色列。第一批共 24 架于 1956 年 4 月飞抵以色列。1956 年 10 月 30 日，也就是西奈半岛战役的第二天，这批飞机首次参战，并取得了在中东地区第一次击落米格飞机的战绩。

1956 年 10 月苏伊士运河战争爆发前夕，以色列空军（IAF）共有 136 架战斗机，但只有 53 架是喷气式战斗机。其中主力阵容是 16 架“神秘”Ⅳ A 和 22 架“暴风”战机。在空中缠斗中，“神秘”战机的性能要优于埃及装备的新型米格战斗机。“暴风”则更擅长执行地面近距离支援等空对地任务，以色列空军的作战理论主张将这些新锐战机与达扬强调的、人的战斗意志相结合。以色列空军飞行员都是精挑细选出来的，军队对其进行了近乎苛刻的实战训练，而且非常重视培养他们的创造力，这使得以色列空军飞行员的技战术总能高于他们的对手，特别是在空战当中。但在苏伊士运河战争中，以色列新型战斗机的飞行员大部分是新手，没有实战经验，甚至连基本训练还没有全部完成。因为当时以色列性能最佳的“神秘”Ⅳ A 喷气式战斗机在 1956 年 8 月才抵达以色列，距离苏伊士运河战争的爆发不过两个月，没有足够的时间对飞行员进行系统训练。

按照传统的国防战略标准来看，以色列国小民寡、资源匮乏，需要依靠海运进口物资。而且以色列海岸线绵长，又缺乏陆上进出通道，因此特别容易受到海上攻击，必须保有一支强大的海军。但是一直到 1955 年为止，以色列海军的规模始终是微不足道的。在这一年中以色列接收了两艘第二次世界大战中英制的老旧“Z”级驱逐舰，除此之外，仅有几艘小型的驱潜快艇和巡逻艇。即使购买了两艘老旧驱逐舰，以色列的海军除了防卫该国海岸线之外，很难再有其他的作为，更加不具备对外打击能力。苏伊士运河战争爆发前以色列海军的构想是：假设战争是速战速决的，那么保护海上通道的重要性就会相应下降。即便如此，仍需要向外国购买更多战舰，但却没有适合的类型。可供选择的要么是价格低廉而效率不高的鱼雷艇，要么是能在外洋航行的昂贵战舰，但后者如果使用的数量过多，则将毫无价值，这种思维在战后甚至到了 1960 年，以色列采用导弹武装巡逻艇之前一直没有变动过。因此在苏伊士运河战争爆发前，以色列海军一直是被忽视的军种。以色列领导人和国防军总参谋部始终认为：敌人不可能长期对以色列进行海上封锁，所以海军不需要过多的兵力与舰船。为了弥补海军不能防卫以色列航运这一弱点，重要补给品都要储存一定数量，以防止意外的海上封锁。这种建军思维造成的结果是，以色列愿意耗费巨资购买成打的喷气式战斗机或数以百计的坦克，却只肯为海军买几艘舰艇装点门面，以至于以色列海军无法达到其所需要的起码规模，确保它在任何一段时间内可供作战的舰艇数目，足以作为海上战争至关重要的互相支援之用。

进行战争总动员时，以色列召集了大约 10 万名现役和预备役军人。其中，有一小半部队将会参加针对埃及的军事行动。以色列的地理位置决定了其在各个方向都有虎视眈眈的阿拉伯敌人，这迫使以色列不得不将部分兵力留在后方作为国土防御军。尽管人口稀少，以色列却要维持一支庞大的武装力量。其中，预备役部队占了很大一部分。为执行西奈半岛攻略计划，达扬将一部分预备役部队转入现役。其中一些原预备役部队，如第 9 步兵旅，尽管面对艰苦的作战环境，仍然表现十分突出。相比之下，其他一些原预备役部队，如第 10 步兵旅，则表现不佳。由于装备差、训练不足，在实战中这些预备役部队将会面对很大困难，造成这种状况的罪魁祸首是达扬，因为他制订了漫无目的的动员方案。

04 埃 及

阿卜杜勒·哈基姆·阿密尔元帅，1919—1967，埃及副总统、武装部队最高副统帅。1939 年毕业于埃及皇家军事学院，参加过第二次世界大战。1948 年毕业于开罗军事参谋学院。后参加巴勒斯坦战争。曾和纳赛尔创建自由军官组织，并领导和参加“七二三”革命。推翻法鲁克王朝。1953 年埃及共和国成立后任武装部队总司令，1954 年兼任国防部长。1958 年埃叙合并建立阿拉伯联合共和国，任副总统兼武装部队最高副统帅、国防委员会副主席。1967 年在第三次中东战争中负责指挥埃及军队作战，战争失败后精神崩溃自杀

苏伊士运河危机之前，埃及在军事方面频繁地遭受挫折。20 世纪 40 年代，埃及相继败给英国和以色列，这直接导致了国王法鲁克的下台和君主制政体的崩溃。像除约旦以外的其他所有阿拉伯国家一样，埃及军队在 1948—1949 年的以色列独立战争中表现不佳。埃军领导层普遍缺乏想象力与积极性，这种糟糕的状况注定了 1948 年埃军入侵以色列行动的失败。1952 年政变之后，埃及的军事领导层略有改善。但不论是在皇家军队还是在共和国军队当中，决定一名军官是否能够晋升都要看他在政治上是否可靠，而非他的能力和战绩，那些政治背景更深厚的军官掌握着更大的权力。可以预见的是，这种安排会导致权力体系的不均衡：一些军官能掌握实权，但大多数人根本没有权力。埃军在苏伊士运河危机以及随后的六日战争中的总司令、埃及国防部长阿卜杜勒·哈基姆·阿密尔（Abdel Hakim Amer）元帅在很大程度上要为这种状况负责。阿密尔得到这个重要职位并非因为他的智慧、个人魅力或者奉

苏制 T-34/85 坦克，其火力、装甲和机动性达到了完美的平衡

埃军装备的 SU-100 坦克歼击车，是埃军当时火力最强大的陆战武器之一

献精神，而是由于他同纳赛尔的亲密关系。然而，滥用药物影响了阿密尔的判断力，自我膨胀的倾向则最终损害了他与纳赛尔的友谊。

1956 年，在西奈半岛的战事中，阿密尔的这些缺陷暴露无遗。同时，他还忽视了埃及军队的组织和训练。在某种程度上，来自东欧集团的先进武器装备并未能改善这些不足，部分原因是埃及军队换装这些综合性的复杂武器系统非常缓慢。尽管“捷克军火”陆续抵达埃及，但埃军并没有做好使用这些武器的准备。按照当时中东国家的标准，苏联援助埃及的武器都是最先进的，其数量之多更是前所未有。在 1956 年 10 月苏伊士运河战争爆发前夕，苏联军援给埃及陆军的武器包括：330 辆 T-34/85 坦克、SU-100 自行反坦克炮、200 辆装甲输送车（BTR-152 型）、各型火炮 500 门以及自动牵引火炮 100 门，埃及陆军的规模成了中东国家之冠。不仅埃及陆军整个换装，其教育训练方式与作战准则也同时效仿苏联改进，大批官兵被派到苏联受训。不过整个陆军换装规模过于庞大，以致官兵需要较长时间才能完成训练，而埃及士兵的素质普遍很低下，因此直到苏伊士运河战争爆发时，许多部队尚未完成训练。这种情况成了埃及陆军在这场战争中惨败的重要原因。

新型战机飞行员的培训尤其费时费力。实战证明，埃及空军并没有充分利用手头的装备。在1956年10月苏伊士运河战场爆发前夕，埃及空军共拥有80架米格-15战斗机、12架米格-17战斗机、45架伊留申 伊尔-28轰炸机、57架“吸血鬼”战斗机及200架训练机、运输机和其他飞机。埃及空军共编成8个喷气式战斗机中队，包括4个米格-15/17战斗机中队，4个“流星”战斗机和4个“吸血鬼”战斗机中队，还有2个轰炸机中队，不过埃及空军飞行员素质不高，再加上过去是由英国人对其进行训练的，因此换装训练时间过长，在苏伊士运河战争爆发前夕，大多数埃及飞行员都尚未完成换装训练，以致在苏伊士运河战争期间，未能有所发挥，甚至遭到英法联军空军致命的摧毁。

埃及空军装备的米格-15战斗机

埃及空军装备的米格-15战斗机侧面图，注意其采用的还是老式徽标

埃及空军装备的伊留申 伊尔 –28 轰炸机，这种轰炸机曾令本 – 古里安寝食难安，并在塞夫勒会议上专门讨论了摧毁它们的问题

埃及海军在 1955 年获得苏联军事援助前，主要的舰艇均由英国赠予，或是向英国购买，都是第二次世界大战时期的老旧军舰，像“河川（River）”级、“黑天鹅（Black Swan）”级、“狩猎（Hunt）”级等驱逐舰或者巡逻舰以及一些小型炮艇。埃及与苏联交好后，从苏联获得了两艘“斯科理（Skory）”级驱逐舰和 12 艘鱼雷艇。不过埃及海军所受到的忽视与以色列海军是一样的，埃及海军的经费预算居三军之末，再加上埃及海军内部腐败，官兵素质不高，士气低落，军纪也很差，甚至有埃及海军舰艇官兵走私及强行勒索航经红海商船的传闻。

埃及军队像 18 世纪的欧洲军队那样，严格区分了委任军官和非委任军官。埃军中大部分军官来自中产阶级和上流社会，他们通常有一个漫长的服役期。相比之下，应征入伍的义务兵则来自社会最底层。这样明显的分层导致军官和士兵互相不信任，甚至互相仇视，在各个方面削弱了埃及军队的战斗力，使埃军几乎不可能发动一次像样的进攻作战。要让士兵们离开掩蔽部发动主

战前，手持新型捷克步枪进行训练的埃及军队，训练的不足以及换装过于缓慢导致他们在战争中的表现乏善可陈

动攻击，甚至暴露在敌军的火网中，这需要官兵关系融洽以及高效的基层指挥官，但苏伊士运河危机爆发的时候，埃及武装部队的基层指挥官们没有表现出上述两种优点。处于守势的时候，埃军尚可一战，但若是发起反攻或机动作战则鲜有成功的例子。当埃军部队离开他们的防御工事并暴露在开阔地的时候，就会行动迟缓而且犹豫不决。意识到这点的埃军领导层只能强调阵地战。但西奈半岛和其他地方的埃军阵地只是固定的防御据点，缺乏强有力的领导、高昂的士气和新军事理论的指导。这种状况导致一旦敌人绕过这些固定的防御阵地，从意想不到的方向发动攻击，就会造成埃军的崩溃。

截至 1956 年夏季，埃军共有 15 万名官兵处于备战状态。纳赛尔将其中三分之一——几乎全是步兵——派往西奈半岛。其余部队，包括大部分装甲部队，则被他派往埃及北部。在苏伊士运河区和地中海沿岸，主要是在沿尼罗河三角洲，纳赛尔同样部署了大量兵力，以抵御英军和法军的入侵。部署于本土的部队同样接受了来自东欧集团的新型武器的使用训练。

第三章

一个“国际阴谋”的诞生

YI GE GUOJI YINMOU
DE DANSHENG

除了全能的上帝以外，只有英国人会把事情搞得这样复杂。

摩西·达扬

第三章

一个“国际阴谋”的诞生

YI GE GUOJI YINMOU
DE DANSHENG

01 从绥靖到磨刀霍霍

英国与纳赛尔的积怨由来已久，但也经过了一个从安抚到兵戎相见的过程。早在丘吉尔第二次担任首相期间（1951—1955 年），英国政府就在埃及问题上产生了很大争论。1882 年以来，英国军队一直驻扎在埃及，一方面是为了保证苏伊士运河的通航安全，另一方面是为了维护英国在中东的其他利益。二战后，英国军队在 1947 年从开罗撤出，1948 年从巴勒斯坦撤出。在 1952 年埃及自由军官发动革命之后，英国认可了 1954 年的英埃条约，同意从运河区撤出。但在阿拉伯联盟的任何一个成员国或土耳其遭到攻击时，原则上英国依然可以重返伊斯梅利亚这个基地，但来自以色列的攻击却不受此条款约束。同时这次撤退，也不像他们原先计划的那样，事先成立一个新的中东防御组织，而只是在运河区爆发了反对英军的恐怖活动，以及 1952 年在著名的开罗抗议之夜发生了反英暴动和屠杀之后才达成的协议。尽管丘吉尔勉强支持这次从埃及“仓皇逃跑”的决策，却并不甘心。当艾登接任首相时，头几批从埃及撤退的军队正在开拔。

英国内部有一个“苏伊士集团”，这个集团以沃特豪斯为领袖，艾默里为秘书。在他们看来，英国在中东地位的下降，始于从巴勒斯坦撤军。1966 年，一名该集团的成员回顾道：“我们本来应当抓住海法和圣地不放，并保证以色列和阿拉伯国家的边界。放弃了巴勒斯坦，就迫使我们不得不在埃及加强力量。后来我们放弃了阿巴丹，给帕夏们指出了道路。其后一次撤退，即从埃及的撤退，导致大英联邦这个旧概念的瓦解。难道我们从印度的撤退

罗伯特·安东尼·艾登，1897—1977，英国保守党政治家，第二次世界大战时作为丘吉尔的副手担任外相，后来在20世纪50年代出任英国首相。由于他相貌英俊，在第二次世界大战前持强烈的反绥靖主张，而深得英国民心，但在1956年的苏伊士运河危机中企图再次强硬地对待埃及纳赛尔的时候，却招致一片反对声浪，最终辞职下台

不是建立在我们将待在埃及不走这个假定的基础之上吗？”在1956年时，持有这种意见的人并不是少数，甚至连丘吉尔的观点也与此相似。

英军撤离埃及，固有自身实力不济的原因，但美国的影响也是不可忽视的。美国希望有一个包括埃及的全面的中东防务协定，但这一计划只能在英国人撤走后再推进，以免沾上“殖民主义”的任何污点。无疑他们曾对英国人施加过压力，而在英国撤离以后，美国立即向纳赛尔提出签订一项赠款援助协定的建议，使纳赛尔得以购买美制武器，其拉拢后者的用意不言而喻。但纳赛尔拒绝了这项建议，因为他怕被人指责“把他的国家出卖给另一个大国（美国），甚至在英国人还没有撤走之前”。但美国随后也在加紧推行他们的区域性防务计划，并希望巴基斯坦、土耳其、伊拉克等国家也加入进来。英国则抓住这些计划，将其作为延长自己在伊拉克即将期满的权利的工具，正是这一政策触怒了埃及和美国。

1955年2月，纳赛尔在开罗向艾登本人说明，安全不能靠军事基地而只能靠经济与社会的进步才能取得。由于土耳其已经承认以色列，埃及认为这个联盟是违反阿拉伯国家利益的。艾登与纳赛尔之间的这次对话，事出偶然。艾登在前往远东时路过开罗，他把已经当了总理的纳赛尔叫到英国大使馆，并给他“上了一堂外交政策课”，但并没有给他多少说话的机会。纳赛尔感到艾登是把他当作“一个不能指望懂得政治的低级官员”来对待的，而纳赛尔留给艾登的印象则是“一个体格很好的人”。当艾登回到伦敦时，他对保守党委员会说：“虽然纳赛尔看起来并不理想，但他是埃及人中的头等角色，比过去的帕夏们要强得多。”就在此时，纳赛尔和他的自由军官组织决定采取与苏东集团和西方都“不结盟”的外交政策。

莫里斯·哈罗德·麦克米伦，1894—1986，英国政治家、首相，保守党成员，教育家、作家。从1955年4月到12月，他在安东尼·艾登的政府出任外交大臣。在财政大臣任内，他开始发挥其在政坛上的影响力；在苏伊士运河危机中，麦克米伦可谓是“第一个策划，第一个脱身”（First In, First Out，语出哈罗德·威尔逊），因为他是第一个强烈鼓吹做入侵决定的人，但当英国后来陷入财政困境后，他的态度却发生了180度的转变，成为迫使艾登辞职的关键人物

1955年4月，埃及总参谋部在加沙地带设立了一个专门机构，隶属于该部的情报处，专门负责在以色列境内开展破坏和恐怖活动，名为“费代因”突击队。这些“费代因”突击队员约有700人左右，为了武装他们，在英国正式加入巴格达条约的同一个月，纳赛尔曾在万隆会议上向周恩来探询，想知道中国能否出售军火给埃及。5月间，埃及获悉苏联愿意不限数量地向它出售军火。因此，在下一个月，纳赛尔向英国和美国提出最后呼吁，并且直截了当地威胁说，如果买不成，他就要向苏联购买。但对这一威胁显然两国未加理睬。

1955年5月，艾登参加大选，并以比上届更多的票数获胜。7月，他同艾森豪威尔、布尔加宁和赫鲁晓夫以及法国总理在日内瓦会晤。值得注意的是，这次会晤中没有一个参会国携有任何认真准备的新计划提交讨论。大部分国家仅仅在最后一分钟才想出了一些哗众取宠的主意。结果，这次会议除了营造出了统称为“日内瓦精神”的短暂的安全感之外，什么成果都没有。英国外交国务大臣哈罗

德·麦克米伦回到伦敦时做了乐观的评论——“战争打不起来了”。但他的希望很快就因中东局势的突变而破灭。

这时候，英国、美国甚至法国，在一段时间内仍然希望通过与纳赛尔和解的政策来达到他们在中东的目的。尽管埃及已经从捷克购买了军火，但和解政策对美国而言是最容易接受的，因为美国政府依旧认为纳赛尔是一个真正的阿拉伯民族主义的代表人物。英国人虽然担心“让苏联人进入中东”，并由此进入非洲，但他们认为至少在目前，可以用出价超过共产党人的办法来达到这个目的。至于法国，直到1955年下半年还在小心翼翼对纳赛尔采取姑息政策，提出只要纳赛尔的广播电台“阿拉伯人之声”停止对法国的阿尔及利亚政策进行攻击，法国甚至同意向埃及出售更多的军火。11月，艾登在伦敦市政厅的一次演说中，把姑息政策又稍稍向前推进了一步，他提出了一个含糊其词的建议：“假如以色列人和阿拉伯人能就他们的边界问题达成协议，英国，或许还有美国，将予以保证。”艾登在他的回忆录中承认这次演说是“不明智的”，并且他当时也没有注意到以色列人会把他的话看作是对自己边界的一种威胁，以色列人怀疑，可能由于某项秘密条约，内格夫地区将从他们手中被夺走。

1955年12月，各国对纳赛尔的安抚政策达到了顶点。英国和美国提出愿为纳赛尔在尼罗河上游阿斯旺北面建立新水坝的宏伟计划提供外汇资金。虽然英国对这项工程计划的经济价值是怀疑的，并知道这将给它和苏丹（定于1956年1月1日独立）的外交关系带来麻烦，但是英国对此还是表示同意。正如艾登在他的回忆录中所说的“要将苏联排斥在非洲之外”，因为在此之前，苏联曾经暗示其打算为水坝提供资金。杜勒斯根据自己在拉丁美洲的经验，认为充当这样规模的债权国家是不可取的，但出于和英国人相同的动机，即为了遏制苏联在中东扩张，他最后还是同意出资。在英美两国背书的情况下，世界银行也愿意提供帮助。实际上，早在1953年4月，在艾森豪威尔总统的一项备忘录中就设想过，对阿斯旺水坝进行援助，但前提是埃及必须支持西方国家在这一地区的政策。纳赛尔对这一带有附加条件的提议显得并不十分热心。他的工程技术人员也许更愿意使用西方的机器设备，但他和他的财政顾问们却不愿意接受西方对预算的控制，而这却是世界银行提供贷款的一个条件。也就是说，如果埃及接受西方国家为水坝提供的资金，那么埃及的经济将在很大程度上受到华盛顿的控制。但此后，在埃及驻美大使艾哈迈德·侯赛因的劝说下，尽管纳赛尔仍然对接受西方的资金援助心存疑虑，但最终还是同意了。

1956 年秋，艾森豪威尔总统（左）和杜勒斯国务卿（右），苏伊士运河危机期间，两人的时间大部分都花在了竞选连任上，因此均强烈反对英法对埃及动武

与此同时，英国人正在为他们的巴格达条约而奋斗。10 月初，伊朗加入了这个条约，但约旦却不愿意跟着加入。由于受到开罗反英电台的鼓动，安曼发生了暴乱，接连三届政府都垮了台。约旦新首相保证，不把这个国家置于巴格达条约之内。这标志着纳赛尔的胜利。当时伊拉克是阿拉伯国家中唯一一个参加巴格达条约的国家，开罗电台也因此加强了对它的攻击。

1956 年 3 月，英国外交国务大臣赛尔温·劳埃德和法国外长克里思吉安·比诺访问中东，拜会了纳赛尔。正当劳埃德同纳赛尔会餐时，约旦国王侯赛因解除了格拉布将军（劳伦斯的继承者，阿拉伯军团司令）的职务。格拉布将军是英国在中东实行的古老的家长式统治的最后象征，而当初那个“骆驼与身披大氅的淳朴牧民的世界”显然是纳赛尔深深引以为耻的。纳赛尔在回家时听到了这一消息，他认为这是英国的明智之举，因此在第二天上午向劳埃德表示了祝贺，劳埃德却认为他在存心开玩笑。劳埃德这次中东之行还遭遇了诸多挑战，包括反对巴林统治者的英国顾问查尔斯·贝尔格雷夫爵士的游行示威。此时，埃及的电台“阿拉伯之声”正在不断地攻击英国，劳埃德显然注意到了其中的关联。

1956年3月以后，艾登逐渐认识到他对纳赛尔采取的姑息政策已经失败。1956年年初，英国的决策层中可能产生过一种想法，想策划一次不太费力的反纳赛尔政变，就像在伊朗发生的摩萨台事件一样，虽然那次政变是在美国支持下才取得成功的。因为英国政府担心在6月份最终撤退后，苏伊士运河会出现问题。4月，布尔加宁和赫鲁晓夫访问伦敦，艾登谈到了这个问题，他在回忆录中讲到，他曾告诉苏联人：“源源不断的石油供应，对我们的经济简直是个生死攸关的问题。对于我们的利益，他们表示理解，并且表示愿意予以满足。我说，我觉得我必须绝对直率地谈到石油问题，因为我们将为此而战。”

此后，英国政府对埃及的担心有增无减，因为在他们看来，埃及的特务遍布中东，所以英国政府很容易把自己和阿拉伯民族主义之间的一切麻烦归咎于这些捣乱分子。叙利亚即将成为苏联的一个卫星国，亲英的伊拉克首相努里·赛义德与纳赛尔之间的冲突也日益激化。对阿斯旺大坝这个迄今为止中东花钱最多的发展计划，英国所提供的资金援助越来越令埃及不满。在英国国内，对阿斯旺大坝的批评主要集中在其技术和水文学方面。6月下旬，劳埃德同美国国务院接触后，发现美国同英国一样“担心阿斯旺计划的前途”。

美国的触角显然已经深入中东，利用石油公司，美国向沙特国王提供了巨额贷款，而沙特却用其中一部分来动摇英国在波斯湾的地位。特别是在布赖米绿洲战争中，美国曾公开支持沙特。但在撤销对水坝的贷款方面，美国政府准备同英国同行，正如在资助颠覆叙利亚政府这个问题上，他们看来也准备和伊拉克一起同英国合作。

虽然早在1955年，杜勒斯在一次记者招待会中承认：由于纳赛尔与苏东集团之间的军火交易，他曾考虑过先撤销对埃及的借款，以威慑其他“脚踩两只船”的国家。但最早做出这个决策的其实是英国。艾登在他的回忆录中写道：“7月中旬……政府终于得出结论，他们不能对这样一个可能在财政上带来日益沉重负担而又无法顺利执行的计划再继续进行下去。”这一决定是由艾登、劳埃德和转任财政大臣的麦克米伦做出的，但是这个决定在当时并没有被公之于众。《泰晤士报》嗅到了这个风声，在7月14日透露“通过与埃及合作以稳定中东局势的尝试现在已经成为过去了”。

7月19日上午，杜勒斯有点突然地做出决定，在埃及大使侯赛因当天晚些时候访问他时，他通知后者，要取消对阿斯旺水坝的全部借款。他在这次会见前一个小时才通知英国大使罗杰·梅金斯爵士，而且几乎是在同一时间才同艾森豪威尔商量。助理国务卿墨菲后来回忆当时的场景：“埃及大使通知国务卿，如果美国不保证支付阿斯旺的几乎全部款项，苏联将会负担。杜勒斯以明确的语言对他说，美国不会屈服于讹诈，并说我们提供援助的建议已经撤销。杜勒斯接着客气地说，他希望两国之间的关系能有改善，从而使这件事在将来某一时期能够重新加以研究。侯赛因则为埃及的立场巧妙地进行了辩解。他说，关于从苏东集团购买军火的数量，报道得夸大了，同时声称纳赛尔迫切希望与美国达成协议，但是杜勒斯重申美国的决定是坚定不移的。”

两天后，英国人也宣布撤销他们提供援助的决定，而世界银行的援助是靠两国政府背书才得以生效的，因此也被取消。随着杜勒斯决定的生效，一项新闻公报被发布，它成为埃及政府获悉这项决定的最早的消息——这也是西方国家第一次公开将其对发展中国家的援助作为执行外交政策的工具。

显然，杜勒斯的决定激怒了纳赛尔，他当时正在南斯拉夫的布里俄尼同尼赫鲁和铁托会晤。他和尼赫鲁一起回到了开罗（毫无疑问，他俩是商量过的），并且在24日对美国进行了猛烈的抨击。他的恼火事出有因，苏联外长谢皮洛夫在22日漫不经心地否认他曾做过任何关于帮助建设水坝的明确建议。事实上，后来苏联人在同意付款之前，的确曾拖延了长达两年时间。当时如果没有谢皮洛夫这一番话，纳赛尔很可能不会在当时把运河公司收归国有，战争也就不会爆发了，尽管他以前曾经明确地说过，“无论如何，我们终会采取类似的行动”。

7月26日，纳赛尔在亚历山大港发表的一次长达3个小时的演讲中，宣布了将苏伊士运河国有化的决定并表示这是为水坝募集资金的一种手段。当天，在亚历山大港的解放广场挤满了激动的群众，纳赛尔总统首先发表了纪念埃及“七月革命”四周年的演讲。在演讲的最后部分，纳赛尔宣布《共和国总统关于苏伊士运河公司国有化的命令》。奇怪的是，在宣布命令过程中纳赛尔一再重复“德·雷赛布”一词，令在场的人们疑惑不解。然而正是这个词，最终引发了一场导致战争的苏伊士运河危机，而这场战争也因此有了一个名字——“苏伊士运河战争”。尽管大部分人对“德·雷赛布”这个词感到疑惑，可有人却心领神会。原来，纳赛尔事先与负责接收运河公司的埃及官员尤尼斯约定，演说一提到苏伊士运河的开创者德·雷赛布的名字，运河区的有关人员就动手接管。尤尼斯事先即做好了部署，以便采取行动时让运河公司的外国官员措手不及。纳赛尔担心尤尼斯听漏，所以在演讲时竟重复了“德·雷赛布”10次。其实，尤尼斯在纳赛尔第一次提到“德·雷赛布”后就已不再听演讲，而开始行动了。他派兵接管了公司在埃及的办事处，在运河区实施戒严，并禁止所有公司职工包括外国人在内离开他们的工作岗位。但运河公司股票持有人将按7月26日的股票市价获得补偿。纳赛尔在演讲中，痛斥帝国主义的一切同盟以及巴格达条约，英国和美国被骂得狗血淋头，英国被他说成“只是美国的一个卫星国”。

实际上，纳赛尔对阿斯旺大坝的关心远超过苏伊士运河。对埃及这个可耕种土地面积狭小（只有尼罗河三角洲及附近平原）的国家来说，水坝具有极其特殊的意义。埃及2400万人口中的绝大部分都在大约600万英亩的可耕种土地上谋生，这个区域有着世界上最大的农村人口密度——每平方英里3000人，而且人口还在迅速增长。当时埃及的大多数人都在挨饿，人均寿命只有35岁，每人每年平均收入为25英镑。阿斯旺水坝是世世代代统治者为了改进埃及农业条件而提出的许多计划中最新的一个，它的落实已经成为埃及新政权的主要愿望，它是一项“比伟大的金字塔还要大十七倍”的丰功伟业。对时年38岁的贾迈勒·阿卜杜勒·纳赛尔中校来说，水坝是国家复兴，甚至是国家存在的象征。他决心兴建水坝，不管资金来自何处。7月26日，纳赛尔在演讲中把水坝和运河联系了起来，他说从一方得到的收入将用于另一方的支出。但是他所做出的按现行市价补偿股票持有人损失的诺言给他带来了7000万英镑的新债务——目前每年3500万英镑的运河通行费无疑必须提高。

在一次正式宴会中，艾登获悉了7月26日纳赛尔准备将苏伊士运河国有化的消息。这次宴会招待的是英国在中东的主要朋友——来自伊拉克的费萨尔国王和努里·赛义德首相。努里对英国人说了一些怂恿他们采取强硬行动的话。他说：“揍他，狠狠地揍他，现在就揍他。”艾登首相送走客人后，召开了一次内阁会议，三军参谋长(其中空军参谋长原本就参加了这次宴会)，法国大使肖维尔和美国代办安德鲁·福斯特也参加了这次会议。艾登说：“埃及人把他们的大拇指掐到我们的气管上来了。”他看起来十分恼火。

3个月后，纳赛尔将苏伊士运河国有化的政策最终引发了战争，与埃及开战的决策是伦敦、巴黎和特拉维夫分别做出的。埃及宣布苏伊士运河国有化之后，英国、法国和以色列就立即对军事选项进行了评估。在这种背景下，英国和法国组成“同盟”，并做出了非正式的决定：合作推翻纳赛尔政权。几周后，两国达成了一项正式协议：同意设立一个联合指挥机构。

不论在公开场合还是在私下，英国首相艾登都表现出了对苏伊士运河国有化的忧虑，因为英国是受影响最大的国家。英国政府在公司中拥有控股权（占有45%的股份），英国进口物资中经过运河而来的约占四分之一，在通过运河的船只中，有三分之一是英国的。最严重的情况是艾登认为英国在7月份至多有6个星期的石油储备。虽然在这件事上，他得到的情报是错误的，但自从丘吉尔于1911年在海军中改用石油作为主要燃料以来，英国政治家们对于石油断供的担忧似乎如同害怕受到阉割一样严重。当时的状况是，英国根据1954年的条约，已经从埃及撤出了其8万名驻军的最后一批。但是伊斯梅利亚的庞大基地，连同英国技术人员和价值高达4000万到5000万英镑的补给物资仍然留在那里，而且每年约有6万英国军队经过运河。此外，埃及对英国竟然如此轻蔑，这是不能漠然置之的。因为英国在整个阿拉伯世界的地位是凭借着它的威望而维持的，一旦受到挑衅，就会全面动摇。

在国内的支持下，艾登动员了成千上万的军人，派遣了3艘航空母舰（“阿尔比翁”号、“忒修斯”号和“海洋”号）去支援业已抵达地中海的航母“鹰（Eagle）”号，并主张对埃及立即用兵。他最初的计划是使用第16独立空降旅下辖一个营突袭并占领苏伊士运河，并在必要时投入更多部队以实现更广泛的战略目标。

艾登要求“立即行动”的理由有很多，包括迅猛的攻击可以避免留给埃及军队强化的时间，同时能保持国内的凝聚力，使军民能够“团结在国旗下”。而且因为要求他立即采取强硬行动的压力是非常大的，这种压力不仅来自保守党的右翼和老的苏伊士集团，还来自法国总理摩勒——为了阿尔及利亚，他已经放弃了同任何阿拉伯国家保持良好关系的愿望，并且成了在使用武力方面对艾登影响最大和态度最坚决的人。伊拉克首相努里也是对使用武力产生了重要影响的人。丘吉尔也在7月30日会见了艾登，他“非常生气”，认为“我们不能容许这只可恶的猪猡坐在我们的交通线上”，并对艾登说：“我要我们的人用少数军队去占领运河上的某一重要据点，然后对纳赛尔说‘当你对运河问题头脑清醒的时候，我们将会撤走’。”值得一提的是，艾登的新夫人正是丘吉尔的侄女。

7月27日上午，英国首相艾登在下议院表示，英国决心在必要时将单独以武力保卫自己在这一地区的利益，得到反对党和舆论的普遍支持，只有外交大臣劳埃德坚决反对使用武力。为了控制局势，一个包括艾登在内的内阁委员会，即“苏伊士委员会”在当天于伦敦正式成立。艾登的战争班底由皇家空军总参谋长、空军元帅威廉·迪克森（William Dickson）爵士，第一海务大臣、海军总参谋长蒙巴顿伯爵（Earl Mountbatten）以及陆军总参谋长杰拉尔德·坦普勒（Gerald Templer）将军组成。他们马上就遇到了两个问题，这两个问题也支配着随后发生的战争。第一，缺少一个离埃及十分近且可以容纳大型船只和登陆舰艇的基地；第二，英国的防务是按照同苏联打一场全面核战争或者在殖民地发动反暴乱战争来部署的，几乎未准备局部有限战争或者旧式传统战争的措施。再加上保守党从 1951 年重新执政以来，国防部的人事变动频繁，始终未能形成一个统一的国防政策。

居伊·摩勒，1905—1975，法国社会党政治家，于 1956 年 1 月至 1957 年 5 月担任法国总理，任职期间与阿尔及利亚起义者的谈判破裂，并执意联合英国对埃及发动进攻，夺取苏伊士运河。此后，由于右翼指责他因入侵苏伊士运河使得国家预算严重亏空时仍然推行社会改革，导致他的政府垮台

首先，参谋长们讨论了将当时英国在中东的所有军队派往运河区的可行性。马耳他的 1 艘航空母舰（“鹰”号），塞得港和红海的两艘巡洋舰都是无法单独行动的。驻扎在利比亚的第 10 装甲师和驻约旦的第 10 轻骑兵师看来是不可能用来对付另一个阿拉伯国家的。皇家禁卫骑兵、8 个步兵营、皇家海军陆战队第 3 突击旅和 3 个营的伞兵都驻扎在塞浦路斯，但是

那里的步兵正忙于对付"埃奥卡"游击队，伞兵在近期又没有进行过训练。而且英军缺乏两栖作战部队，在塞浦路斯的运输机又只能运载一个营的军队，尤其是没有经过专门训练的飞行员——这是进行空降作战不可或缺的条件。使用伞兵但不能确保其在 24 小时内得到地面部队的支援是兵家大忌，这也是从二战的市场花园作战得到的教训。尽管英军获得的关于埃及军队战斗力的情报是夸大的，但从他们的武器数量来看，仍留给人深刻的印象——至少有 100 架米格飞机、100 辆 T-34/85 坦克、30 架伊留申喷气式轰炸机。埃及军队的步枪甚至比英国的还要好——其装备了捷克生产的半自动步枪，而英军当时装备的仍是二战中的老式栓动步枪，且英军的伞兵营没有装备反坦克炮。更令英军高层担心的是谁也不知道正在帮助训练埃及人的苏军技术人员会不会亲自操纵他们的武器。埃及人的高射炮完全可以击落飞行较慢的运载伞兵的飞机，因为高射炮就是由英国人训练的士兵操纵的。可见，纳赛尔领导下的埃及与 1882 年阿拉比帕夏领导下的埃及已截然不同。

参谋长们都认识到了上述问题。按照艾登提出的方案，假如伞兵能够立即在运河区降落，他们有可能占领英军原先的基地以及可补给 8 万名士兵的军需仓库，并有可能只遭遇零星的抵抗。但是这种鲁莽的行动更可能导致可怕的灾难，因为伞兵们无法坚持 10 天之久。参谋长们暗示，如果内阁坚持立即使用伞兵部队，他们将马上提出辞职。艾登没有否决参谋长们的意见，毫无疑问，任何一位英国首相都会这么做的。纳赛尔对英国不可能迅速反击的状况做出了准确判断："对我们来说，事情很清楚，英国不可能在三四个月之内采取军事行动。"

作为替代，参谋长们提出了新作战方案，但新作战方案的实施要求参战部队必须经过充分的训练，拥有实地作战经验和适宜的武器装备。新方案被称为"应急计划"，要点是夺取制海权和攻占塞得港。

这一作战计划设想将驻扎在塞浦路斯和马耳他岛的皇家海军陆战队第 3 突击旅海运至地中海东部，由这支部队迅速攻占塞得港，并占领关键的机场和桥梁。随后，将另一支部队空运到运河区。紧接着，将海运的3个陆军师投入战区，皇家海军陆战队作为他们的前锋率先登陆，这些陆军部队将充当占领军。

尽管艾登的方案和参谋长们的“应急计划”不尽相同，但都存在一个关键性缺陷：双方战术的共同点在于都将重点放在了运河区。而推翻纳赛尔政权本应是将战术上的成功和战略上更广泛的愿景相结合的关键，然而却只是这两份计划的附带目标。此外，不论是艾登还是他的参谋长们都没有描述出兵的具体理由，他们都暗自确信：埃及将苏伊士运河国有化的行为本身就足以充当开战借口。

或许由于上述缺陷，“应急计划”在8月初得到了改进。改进后的方案在更大程度上立足于政治方面的考量，并增大了空中力量在作战中扮演的角色分量。此外，英国高层寻求对埃及纳赛尔政府进行心理层面的打击，以减轻地面战争带来的压力，这一点在新计划中表现为对战略轰炸的极端重视。在修改后的“应急计划”中，英军轰炸机将对埃及的经济、交通以及通信目标进行全面打击。在理想状态下，战略轰炸将使进一步的军事行动——例如两栖登陆变得没有必要。此外，修改后的“应急计划”还为第16独立空降旅增添了一个角色，这有点类似艾登最初的计划。如果纳塞尔经受住了战略轰炸，英国军事领导层实际是直接攻击运河区。届时，伞兵和皇家海军陆战队将会占领塞得港；陆军增援部队将会从海上抵达这座港口，消灭任何敢于继续抵抗的埃军残余部队，并占领运河区大部。

尽管“应急计划”得到了改进，但仍然存在缺陷。因为对一个半工业化国家进行战略轰炸是非常困难的，况且英国在制订作战计划时并未对埃及的基础设施、政治体制和民心士气进行综合考量。计划的重中之重——占领塞得港也困难重重，在这个封闭区域内作战将无法发挥英军的机动性优势。此外，塞得港还缺乏基础设施——诸如码头、机场等等，难以支撑大规模军事行动。

02 英军作战计划的发展：“火枪手行动”的起源和概念

几天后，联军地面特遣部队司令——休·斯托克韦尔将军、连同丹尼斯·巴内特（Denis Barnett）空军中将和D. F. 邓福德·斯莱特（D. F. Durnford Slater）海军上将否决了“应急计划”，他们提出了自己的新方案“火枪手行动（Operation Musketeer）”。最初，这次行动方案按照一位迦太基统帅的名字被命名为“哈米尔卡（Hamilcar，其子即为迦太基传奇将领汉尼拔）”，但英国人不久后发现这一名字的法语拼写是“阿密尔加（Amilcar）”，出于防空识别的需要（双方要将行动代号的首字母喷涂到车辆上），这个计划被重新命名为“火枪手行动（法语 Mousquetaires）”，以保证两种语言中该用的首字母一样。

“火枪手行动”与斯托克韦尔将军的战术思想相匹配，其设想就是进行一场大规模的、精心排兵布阵的传统战役，而非依靠新的、相对缺乏经验的战术，诸如战略轰炸和心理战。尽管两个作战计划都包含空降和两栖突击作战，但与“应急计划”相比，在“火枪手行动”中，这两种作战方式的目的仅仅是为了确保步兵和装甲部队登陆区的安全。在空中力量的运用方面，“火枪手行动”主要从战术角度进行考虑，例如空中近距离支援和封锁。法国博弗尔将军主张进行为期两天的空中战役，以夺取制空权。这样一来，英国皇家空军和法国空军就可以将焦点放在亚历山大港——这个新作战方案的核心区。

放弃占领塞得港是“火枪手行动”与“应急计划”最大的区别之一。前者将重点放在了亚历山大港，这是一座大型港口，相比塞得港，其地形限制较小。这座港口吸引人的另外一个原因在于：它的设施比较完备，对登陆艇和其他两栖作战专用设备的需求较少。“火枪手行动”旨在于开罗北部通过地面战斗歼灭埃及军队，而不是尝试使用空中力量炸垮埃及或者依靠两栖部队在埃及沿海小打小闹。“火枪手行动”预计将使用一些伞兵，但由于英国只有陈旧的运输机而且数量不足，因此大部分部队须从海上运往埃及。空降部队将不会起很大的作用，实际上其只有在海军炮击后才进行空降。

“火枪手行动”设想：一是向埃及递交一份最后通牒，而埃及将予以拒绝；二是在埃及拒绝最后通牒的同时，联军舰队已经起航，同时从塞浦路斯和航空母舰上起飞的战机将进行为期36个小时的轰炸，以彻底摧毁埃及空军；三是联军的总司令部设在塞浦路斯；四是舰队抵达时，英法的伞兵部队随即在亚历山大以南空降，在此之前，舰队将从海上对亚历山大进行炮击；五是海军陆战队将在海滩登陆；六是联军占领亚历山大后，进行几天休整，待英国陆军第3师从南安普顿赶来之后，联军沿着沙漠公路挺进，歼灭埃军主力部队，并占领开罗。

不论是“应急计划”还是“火枪手行动”的政治目标都是相同的——推翻纳赛尔政权，但两份计划对埃及权力中心的判断各不相同。“火枪手行动”认为纳赛尔的根本力量在于他手中的军队，“应急计划”则认为纳赛尔在政坛的影响力才是他最宝贵的财富。由于将目标锁定在摧毁埃及军事力量上，实施“火枪手行动”必然需要大量的地面部队。对英军来说，充足的战场经验、良好的训练和先进的军事思想都是他们力量的倍增器。但如果同纳赛尔的军队打一场全面的传统战争，英国仍然需要将成千上万的部队派往埃及，这样才有取胜的把握。

英国三军参谋长极不情愿地认为这场大会战的组织问题比1944年登陆诺曼底的“霸王行动”计划还要艰难。从它设想的作战和短期效应来看，两栖作战的协调计划似乎很合理。但这项计划仍然有一个基本问题没有解决，那就是从未明确指出它的政治目的是什么？而这是有些军官苦思冥想也没有搞明白的问题。是不是要重新占领埃及？是不是要在开罗成立一个新的政府？看来，政治家们设想，在联军抵达开罗之前，纳赛尔或许就已经垮台了。因此直接进入首都看上去没有必要，那时的开罗将会是一个友好政府的所在地了。

需要大量地面部队这一事实促使英国高层开始更认真地考虑早先与法国定下的初步协议，这份协议的核心内容就是合作推翻纳赛尔政权。得到纳赛尔将苏伊士运河国有化的消息后，法国的反应甚至比英国更为强烈。7 月 28 日法国国民议会通过了支持政府对埃及推行强硬政策的决议。30 日，国民议会休会 10 分钟表示“要求对埃及采取强烈行动”的坚决态度，并质问政府是否口头上勇敢，实际上认输。报纸更是纷纷鼓噪道：“运河国有化已经 4 天了，我们还不打进埃及！”

英国认为法国可以补充一部分军力，使“火枪手行动”变得可行。法国总理居伊·摩勒承诺，将派遣 3 万名官兵，包括 1 个空降师和 1 个机械化师，助英军一臂之力。这些法军和 5 万名英军并肩作战，将使联军的总兵力与埃军持平。但实际上，还是英国人出力更多，英军出动的军舰超过 100 艘，而法国只有 30 艘，英军还有数以百计的登陆艇与近 80 艘运载军需物资的商船。联军共集结了 7 艘航母，其中 5 艘是英军的，还有 2 万辆各型汽车。

8 月 8 日，计划准备就绪，10 日，计划被艾登采纳，后来又得到了法国总理居伊·摩勒的认可。总登陆预定在 9 月 15 日和 16 日进行，舰队将于 9 日和 10 日驶离马耳他。

8 月 11 日，英法经过协商，指定陆军上将凯特利（一位骑兵军官，时任中东英军地面部队总司令）担任“火枪手行动”总指挥，若贝尔海军上将担任他的副手，还负责指挥所有法军部队。下属的军官也以相同的方式做了安排：驻德国第 1 军的指挥官陆军上将休·斯托克韦尔爵士将担任地面特遣部队司令官，由安德烈·博弗尔将军担任他的副手，博弗尔在 8 月份之前是阿尔及利亚—突尼斯的边防司令。海军特遣部队司令将是海军上将马克斯韦尔·里奇蒙，由海军少将朗斯洛为副手；空军特遣部队司令官是空军元帅丹尼斯·巴内特，他的副手是布罗翁将军。他们在塞浦路斯组建了总司令部——一个理所当然的选择，因为此地不仅靠近埃及，而且它的3个机场很适合作为行动基地，只是没有足以供规模如此庞大的舰队集结用的码头。

整个8月，联军都在进行磋商，精心制订着将部队、装备和补给从欧洲转运至地中海的计划。尽管各项准备工作都在有条不紊地进行，但联军仍然面临着严峻的挑战。由于地中海没有大潮，海况比较平稳，容纳坦克的大型登陆舰可以直接在亚历山大港实施登陆，但登陆舰艇和运输机却一直不敷使用。联军舰队的基地设在马耳他和阿尔及尔，但直到战争前夕还有一些船只没有驶离英国，这就使得任何大规模的作战计划都将受到束缚。英法双方的装备不能通用，更不用说给养了，英国的通信兵懂得法语的也寥寥无几。征用的船只数量不足，后备兵员需要训练，军用卡车缺乏，只能征用大量民用车辆，但民用车辆的速度要慢很多，而且大规模征用遭到了国内工会的抵制。食品、燃料和人员宿舍都要在马耳他和塞浦路斯当地筹措，这也给“埃奥卡”游击队留下了盗窃军需物资和武器的绝佳机会。

此外，英法之间还存在着分歧。法国人，尤其是若贝尔上将，非常热衷拉拢以色列加入，但艾登并没有这个打算，他认为与以色列合作将会惹恼阿拉伯人，对英国在中东的地位构成严重威胁。两国另一个争论的焦点是“火枪手行动”该如何预演，法国领导层主张备战公开透明，但艾登更倾向于保守秘密，表面上，他的谨小慎微或许是因为美国，但深层原因是英国在二战后军事和经济力量尚未完全恢复，无力马上对埃及采取军事行动，而只能先对其施加外交和经济压力，和法国一起指令本国商船在通过运河时拒绝向埃及缴付通航费。

美国则呼吁和平解决苏伊士运河危机。相比巴黎，美国对伦敦施加了更多外交压力。实际上，艾森豪威尔和杜勒斯并不喜欢纳赛尔，更不用说他还和苏东集团打得火热，而且纳赛尔单方国有化的命令还可能影响巴拿马运河。

因此，美国高层希望纳赛尔下台，越快越好。但他们同时也认为军事行动的负面影响远大于收益，尤其会影响美国在阿拉伯世界的形象（跟美国正致力于扩大在那里的影响背道而驰）。艾森豪威尔建议留给“欧米茄” 计划更多的时间。此外，这位美国总统正在为 11 月的连任竞选造势，时年已经 66 岁的他从 1955 年发作的心脏病和同年 6 月间的一次肠部手术中恢复了健康，正在以救世主的姿态参加竞选。因此不希望这场中东战争干扰自己。况且美国进口的石油中只有 15% 是通过苏伊士运河运输的。从波斯湾到欧洲的航程，经由好望角要远三分之二，而到美国只远五分之二。而且美国在运河公司的投资是微不足道的，关于阿斯旺水坝的争论也已经解决，因此美国坚定地反对英法对埃及动武的计划。艾森豪威尔认为英国人对埃及使用武力缺乏法律依据，他曾经在 7 月 31 日致艾登的一封信中写道：“本人深信，我的同事也深信，在当前这个时刻，甚至考虑使用武力也是不明智的。”美国海军参谋长伯克海军上将则更进一步表示：“如果运河被占领，那会发生什么样的情况呢？要不要在那里无限期地保留驻军？这难道不就是意味着回到英国占领运河区最后几年那种流血和暴乱的状况吗？而那种状态毕竟只是在上个月才结束的。”实际上，随着大选活动的开场，艾森豪威尔和杜勒斯两人已经

唐宁街，亲切握手的艾登和杜勒斯，很快局势的发展就令两人的私人关系破裂

决定：除非运河变得无法使用，美国绝不会在苏伊士问题上使用武力。

8 月 1 日，杜勒斯来到伦敦。他在前往唐宁街会见艾登的途中受到热烈欢迎，因为英国人认为美国会帮助英国以武力对付纳赛尔。但实际上，由于艾森豪威尔正面临大选，他此时考虑的是如何高唱和平进而再次当选总统，不愿被英法拖入战争，因此指示杜勒斯既不与英法闹僵，又避免卷入争端。

美国的影响导致“火枪手行动”出现了一个令人头疼的问题（这个问题最终导致战争失败），那就是外交协调时间表与一份复杂的军事计划之间的矛盾。在英国和法国决定入侵埃及而还未能正式展开行动的时候，时间正在一分一秒流逝，长时间的拖延让取胜的希望逐渐变得渺茫。协助制订“火枪手行动”计划的博弗尔将军最初估计这个延迟期为 3 周，后来缩短了 1 周，但仍让英国和法国领导人感到焦虑。因此，英法只能暂时同意美国的意见，先举行谈判，并于 8 月 2 日晚间发表联合公报，宣称苏伊士运河是国际水道。

但无论如何，“火枪手计划”的准备工作仍在进行，甚至得到了美国的帮助——驻法美军将新型反坦克炮和输氧器械等物资交给了法军。新型的 U-2 高空战略侦察机拍摄的运河照片也给英国人看过。意大利无疑已经得到了美国的赞同，准许法军飞机（甚至是飞往以色列的）在布林迪西加油。法国外籍军团（由许多所谓的“护士”陪伴）已经获准在塞浦路斯登陆，以在“假使有情况发生的时候”，“保护”埃及的法侨，这个部署是极具威胁性的。

艾登最担心的是时间表，他希望寻求（至少在表面上）每一条可能和平解决危机的路线，因此，他召开了有 18 个国家参加的“伦敦会议”，并通过了一项所谓的“18 国宣言”，要求将苏伊士运河交给国际控制。但就在外交谈判期间，一支杀气腾腾的皇家海军舰队穿越了地中海，这削弱了他谈判的诚意。英法两国打算把事情提交给联合国，觉得“如果我们能成功地通过一项强制性决议，纳赛尔将不得不听命，如果（几乎可以肯定）苏联动用否决权，那么就有了使用武力的正当理由”。凯特利的大舰队就可以按计划出动，不过进攻日期已经确定从 4 日推迟到了 19 日，接着又推迟到 26 日。

然而，留给艾登的时间并不充裕，因为地中海的天气通常在深秋变得恶劣，届时两栖登陆和海军作战都会非常困难。重重阻力——包括外交决策上的延迟与气象条件带来的紧迫性——将艾登困在了“时间的胡桃夹子”中间，令他无法挣脱。

9月初，问题已经清楚地摆在了艾登和摩勒的面前。9月3日，以澳大利亚总理孟席斯为首的五国代表团到达埃及，把伦敦会议18国宣言交给纳赛尔。9日，纳赛尔明确拒绝伦敦会议宣言所提出的国际控制决议，孟席斯使团无功而返。

于是，联军高层面临抉择，要不要命令大舰队于9月15日至16日出发（于26日到达）？因为在8月份整整一个月里所设想的局面，现在已经到来了——纳赛尔已经拒绝了西方的建议，舰队整装待发，联军司令凯特利在伦敦，7艘运输舰正停靠在南安普顿的码头。议会于12日召开会议来批准这一行动。艾登夫妇于9月8日至9日的周末飞往巴尔莫勒尔，英国女王无疑已经得知战事可能迫在眉睫。同时法国也做好了准备，法国国防部长布尔热·莫努里后来回忆说：“从9月1日起，法军就已经准备就绪了。”

但就在此时，杜勒斯提出成立“苏伊士运河使用国协会”的消息突然通过长电报传了过来，这份方案是杜勒斯在安大略的鸭岛（他时常到那里钓鱼）度假期间设计出来的。“苏伊士运河使用国协会”是一个国际组织，其将在运河两端备有船只，以处理运河通航的一切问题。艾登觉得如果纳赛尔不接受这个方案，英法美三国就可以联合起来堂堂正正地高举起旗帜由炮舰簇拥着直下运河。艾登本人认为“这是一个荒诞的想法，不过如果它能把美国人带进来，我也可以奉陪”。另外还有两个情况：第一，拨给这次行动的坦克登陆舰尚未全部到达马耳他，至少有些军官认为这是推迟行动的主要原因；第二，塞浦路斯仍然没有合适的机场，阿克罗蒂里要到9月末期才能部署好。因此，不顾将军们的反对，艾登和摩勒先后再次推迟了“火枪手行动”。

03 替换“火枪手”——一份新的作战计划

有趣的是，一份新的解决方案也已在英吉利海峡的对岸酝酿形成。在纳赛尔宣布运河国有化的当晚，法国国防部部长布尔热·莫努里，同英国的三军参谋长一样，认为采取行动需要时间准备。由于阿尔及利亚战争，法国可以立即投入的兵力比英国更少，“乔治·莱格”号航空母舰尚在船坞，“阿罗芒什”号航母正在修理，“让·巴尔”号战列舰只有一座炮塔可用。但法国却立即开始着手准备，所有法国妇孺都已经奉命撤离埃及。这同英国劝告侨民撤离相比，是一种更为强硬的姿态。

法国海军“让·巴尔”号战列舰

1956 年 8 月 1 日，开罗，宣布将苏伊士运河收归国有后，被欢呼雀跃的民众簇拥的纳赛尔总理

8 月下旬，法国海军上将巴尔若提出放弃亚历山大港，重新以塞得港作为登陆地点的提议。尽管这一提议减小了军事行动的范围，从而使作战准备时间缩短，但英国领导层甚至连巴尔若的下属博弗尔都第一时间对他的想法表示不屑。巴尔若提出这样一份激进方案的确切理由不得而知，但可以肯定，他对将以色列拉入同盟怀有强烈的兴趣。就在 1956 年，法以之间的军事合作显得越发的紧密，而在塞得港登陆远比在亚历山大港登陆更容易吸引以色列参战。此外，与英国和其他法国领导人相比，巴尔若对推翻纳赛尔政权兴趣不大，他更倾向于获取有限的目标，然后以此作为外交谈判的筹码。

这个想法激怒了博弗尔，他担心将政治和军事联系在一起会对这次远征产生不利的影响。对博弗尔而言，巴尔若的提议带来了一系列困扰：一旦开战，战争什么时候能够停止？部队在运河区能维持多久？如果战后外交谈判未能产生预期的结果，那该怎么办？此外，与大多数参与战略规划的人不同，博弗尔深刻地认识，英法比埃及更需要苏伊士运河。这意味着两国与埃及对等的谈判地位时刻受到运河被切断的威胁，而入侵塞得港的行动就存在切断运河的风险，因此，对博弗尔来说，巴尔若的计划似乎只会适得其反。

在联军高层中，斯托克韦尔支持博弗尔对于新方案的意见，但凯特利却很快对这一想法产生了兴趣。9 月初，凯特利建议修改“火枪手行动”，将早期的“应急计划”和巴尔若的新方案进行融合——作战目标定为塞得港。尽管修改前后的方案目标是相同的——推翻纳赛尔政权，但实现这个目标的手段却不相同。新方案以战略轰炸取代了对亚历山大港的两栖攻击，随后英法联军将在开罗以陆上战役摧毁纳赛尔政权。凯特利提出的新方案（被称为“火枪手行动修正计划”）可概括为以下阶段：

第一阶段，英国和法国取得制空权；

第二阶段，展开一场为期 10 天的“空中心理战”，对埃及的交通运输、通信以及经济中心进行猛烈空袭，同时对埃及军民的士气进行打击，旨在推翻纳赛尔政权；

第三阶段，在纳赛尔政权摇摇欲坠的时候，英法联军以伞兵和两栖部队攻占运河区。

与修正之前相比，这一计划毒辣至极，它把特别的重任交给了空军特遣部队司令巴内特元帅。他是新西兰人，在第二次世界大战中担任轰炸机部队司令，直到 1956 年初，他还是驻埃及的皇家空军司令。这一计划设想通过 48 个小时的轰炸，把埃及空军全部歼灭，同时用 8—10 天的时间进行空中心理战术——空投小册子和广播来“瓦解埃及人的战斗意志”，并对埃军部队和防御工事进行打击，这样就可以征服埃及。在此之后，联军舰队就能不费一枪一弹，安然把陆军送到塞得港登陆。实际上，他们大概要等到总司令传达了“没有反抗了”或者“所有的反抗都可以不管”这样神奇的命令以后才会登陆。

9月8日，英法两国领导人批准了修改后的新方案。尽管斯托克韦尔和博弗尔对这一开放式的计划不屑一顾，但艾登和其他英国高层却认为改进后的计划优于修正之前的“火枪手行动”：实施该计划的话，平民伤亡更少、战斗规模更小、成本更低、更灵活，还可以给政治领导人进行外交谈判和军事准备时留出更多的选择余地。法国人接受这一计划，可能恰恰是因为它满足了英、法、以联合进攻的要求，而这种联合是其国内一些官员们期待已久的。对“火枪手行动”准备工作情报泄露的担心是另一个有利于新方案的因素。这些考量使得两国高层不顾军事指挥官们的反对（博弗尔将军就曾反对新方案，他指出“当前的世界政治形势不可能允许这样长时间的空中宣传和轰炸”）而坚持新方案。

9月10日，埃及向各国发出照会，建议成立苏伊士运河使用国谈判机构，修改1888年公约，以解决运河问题。17日，与此相关的多个国家分别发表声明，支持埃及的建议。英法经过斟酌，于11日接受杜勒斯成立“苏伊士运河使用国协会”的新方案。谁知就在英国内阁决定接受美国新计划的当天，有人在白宫记者招待会上提问：如果英法用兵，美国是否支持。艾森豪威尔则回答道：“在我任总统期间，美国不会打仗，除非国会开会宣战。”

9月12日，摩勒和艾登都收到了布尔加宁一封很不合时宜的信，布尔加宁在信中说，苏联已经获悉英法在塞浦路斯驻扎了军队（这不是什么秘密），信中还威胁说，如果两国入侵埃及，苏联不会袖手旁观“小战有变为大战”的危险。第二天，不利的消息再次传来，杜勒斯在记者招待会上讲道，他“从来没有考虑过‘苏伊士运河使用国协会’要靠枪炮打通运河”。杜勒斯说：“也许我们有权这样做，但是我们不打算这样做……如果我们遭到武力阻挠而我们只能用枪炮来克服，我们还是不打算使用枪炮。那时候我们只打算让我们的船只绕道好望角。”艾登听到这个表态后深信那个他称之为“坏家伙”的杜勒斯有意欺骗了他。杜勒斯和艾登两人本来就互相厌恶，从此以后，两人简直就不再理睬对方了。这时，英法已经看出美国为阻止自己动武，新花样还会层出不穷。因此，他们急于找到新借口。

9月12日，英法以“苏伊士运河使用国协会”将雇用新领航员为由，通知埃及将会调离非埃及籍的领航员。14日，西方的领航员撤离，而英法故意让大批船只通过运河。幸好，纳赛尔从8月上旬已开始招募新的领航员，此外，在此期间有些船只为了安全或接到本国政府命令，已绕道好望角。因此，在西方领航员撤离第二天，埃及领航员领着由13艘船组成的船队顺利通过了运河。

此种状况下，讨论建立“苏伊士运河使用国协会”的会议仍然照常召开，但苏联人认为这是“帝国主义分子的一个阴谋”而拒绝参加，而且由于美国和英法的分歧，会议并没有取得什么成果。艾登在他的回忆录里严厉地批评美国对“苏伊士运河使用国协会”的概念，“变得特别快，以至它即将成为替纳赛尔收取通行费的代办处了”。在埃及毫不退缩、运河畅通无阻、绕道好望角费用昂贵的局面下，9月19—21日，英法召集18个国家在伦敦召开第二次会议，着重讨论建立“苏伊士运河使用国协会”的问题，并通过了使用国协会章程草案。

9月份的最后几天，关于战争的流言蜚语逐渐减少，报纸发文要求解散已经被动员起来的预备役部队。在塞浦路斯和马耳他，预备役和其他部队的人都焦躁不安，而皇家海军陆战队又回去追击塞浦路斯人，和平的曙光似乎重新出现了。

但这一切都是幻象。10月1—3日，有关国家又在伦敦举行第三次会议，宣布正式成立“苏伊士运河使用国协会”。两天后，联合国安理会开会讨论苏伊士运河危机问题。会上，英法要求埃及承认“国际管理制度”和“苏伊士运河使用国协会”特权，但该提议遭到苏联和南斯拉夫代表否决，从而使18国方案和“苏伊士运河使用国协会”均告破产。至此，苏伊士运河危机爆发已两个多月，经过三国外长谈判，三次伦敦会议和安理会的讨论，英法一再遭到挫败，逐渐陷于孤立。特别是美国的表现使艾登认为英国“除使用武力或默认纳赛尔胜利外，没有第三条道路可走”。法国比英国更热衷于以武力解决问题，认为谈判陷入僵局更有利于联合以色列进攻埃及。

在放弃“火枪手行动”后，英法两国立即按新方案修改了时间表，最初的时间表跟修正之前的“火枪手行动”类似，以10月1日为D日，但政治上的需要迫使这个日期不断延后，最后定在10月8日。英国国内的强硬势力毫不动摇，就在“苏伊士运河使用国协会”开会期间，哈罗德·麦克米伦在美国大使馆对杜勒斯说，他宁肯“把国家艺术馆收藏的名画抵押掉，也不愿受到纳赛尔的侮辱”。而且英国大部分舆论都在支持他。法国政府中的强硬人物是国防部长布尔热·莫努里，他是莫努里元帅的侄孙，1944年时曾作为戴高乐的代表参加过抵抗运动。布尔热及其参谋人员是一群坚定的爱国者，也是法国参战的主要推动力量。

法国对伤亡问题也不大放在心上，法军第10空降师师长马苏将军的口气很大，说他准备承受百分之三十到百分之四十的伤亡率。而海军方面由于始终都赞成在亚历山大港登陆，指出新方案有可能迫使埃及封锁运河。经过讨论后，巴尔若海军上将提出的“新方案”，即“火枪手行动修正计划”被“火枪手行动修正计划甲”代替了。后者要求伞兵部队在塞浦路斯待命，以便在联军两栖部队登陆的同时发动空降作战，占领运河区。

1956年9月，法国除了英国外还拉拢了一个盟友——以色列。法国空军副司令布罗翁名义上虽在空军元帅巴内特之下，实际上却成为法国同以色列协同作战的最高长官——他成功地瞒着他的战友们展开行动。他请假去巴黎，而实际上是向东飞往特拉维夫讨论作战方案。在新的讨论中，空中心理战的时间减少为6天，借以配合从马耳他开出的最慢的船所需要的最短时间。如果好天气能够持续，登陆日期将为11月6日，而不是10月8日或者11日。所以最后联军实行的，正如博弗尔所形容的那样，是“火枪手修正计划乙再加上计划甲的一些成分”。为表述方便，下文将联军最终执行的作战计划统称为“火枪手计划（修订版）”。新修改的特定目的是占领运河区域。

04 以色列的计划——“卡代什行动”

早在苏伊士运河危机爆发之前，以色列就已经单独制订了针对埃及的战争计划，这是事出有因的。埃及在英国军队还驻扎在运河区时，就已经禁止驶往或来自以色列的船只使用苏伊士运河。埃及声称它与以色列仍处于战争状态。1951 年下半年，联合国通过决议，要求埃及取消禁令，但埃及并没有照办。由于埃及在亚喀巴湾口的两个小岛上设防，以色列也无法利用西奈半岛的另外一边（以色列在那里有个名为埃拉特的小港口，当时还只是一个村落）。阿以之间的紧张局势引起了世界其他地方的不安。1950 年，英、法、美三国曾发表过一项声明，称它们将使流入双方的军火保持平衡，并在任何一方越过 1948 年下半年的停火线（名义上由联合国的一个观察小组监视着）时，将进行共同磋商。尽管有关政府屡次宣称“三国声明”是它们对中东政策的基石，但这一声明并不具有约束力。

自从以色列和阿拉伯人之间的公开战争结束以来，后者就一直在谋求有朝一日抹掉以色列这个国家。在埃及支持下，“费代因”突击队在以色列境内展开袭击行动。以色列对此也进行了以牙还牙的回击。由 1955 年 2 月 28 日以色列报复性的空袭（在巴格达条约订立 6 个星期之后）所引起的中东危机，又一次成了国际性的危机，局势变得陡然紧张起来。

与此同时，同法国内务部（与阿尔及利亚有关）和国防部已经建立起相当密切的友好关系的以色列，从法国获得了若干新型坦克和其他武器。1955 年 6 月底，苏埃军火谈判开始。7 月，以色列新的大选使得那些准备采取强

正在接受军事训练的“费代因”突击队员

硬行动的议员占到了议会多数。7月26日，军火开始从布拉格秘密运往开罗。9月，以色列又一次对埃及的一个边境哨所进行了猛烈的反击。埃及则立即加强了对亚喀巴湾的控制，防止以色列的民用飞机飞越。直到这个时候，埃及武装部队装备的还只是陈旧的英国武器，从那时起它才开始订购T-34/85坦克、米格与伊留申喷气式飞机，还有捷克步枪。据估计，订购合同总额达1200万英镑以上，有人甚至推测这一数值接近3000万英镑，财政紧张的埃及政府用棉花支付这笔巨款。美国政府派出中东专家乔治·艾伦，试图阻止这批来自捷克的军火被卖到埃及，但是他失败了。军火买卖协定在9月27日正式公布。10月间，杜勒斯在日内瓦外长会议上对莫洛托夫说，捷克军火的交付使中东爆发战争的可能性大幅度上升了。以色列的反应则是向美国要求更多的武器，但是艾森豪威尔说“在经过周密考虑之后……我们决定予以拒绝”。

以色列人的忧虑与日俱增，他们不知道埃及正在购买的是些什么武器，数量有多少。就飞机而言，当时以色列只有30架过时的喷气式战斗机。时任以色列总理的摩西·夏里特总理飞往巴黎寻求援助，他在那里专门与各大国的外长进行长谈，后来在日内瓦也是如此。但只有法国总理埃德加·富尔向其伸出了援助之手，他答应马上送去更新的“神秘”IV战斗机。但法国外交部却更倾向于安抚埃及而不是与之为敌，以图限制纳赛尔对阿尔及利亚叛乱分子的援助。10月10日，埃及—叙利亚联合军事司令部的成立使以色列更为震惊。

这些事情不但破坏了日内瓦的国际政治气氛，而且使以色列决心对埃及发动一场先发制人的战争。尽管英法的“火枪手行动（修订版）”当时仍然将以色列排除在外，但实际上，在苏伊士运河危机爆发之前好几个月，以色列就已经制订了入侵埃及的计划。而且其中的关键人物——以色列的国父本-古里安在赛特博克沙漠待了几个月后，已经回到内阁担任国防部长。

以方的准备工作始于1955年，当时，军方派出一支小型巡逻队执行代号为“雅康（Yarkon）”的侦察行动。巡逻队探索了通往沙姆沙伊赫的道路，评估了机械化部队从西奈半岛东部通过的可能性。当年9月，纳赛尔宣布从东欧购买军火并加强对蒂朗海峡的封锁后，以色列升级了入侵计划。这一系列事件促使很多以色列高层主张对埃及发动先发制人的打击。10月23日，当夏里特总理还在欧洲时，本-古里安指示以军总参谋长摩西·达扬说“除了别的事情之外……要准备占领蒂朗海峡……以确保通过亚喀巴湾和红海的航行自由”。10天以后，本-古里安再一次成为总理，他说“以色列人绝不会让自己像牲口一样人任人宰割”，并立即提出了大胆的、向西突入埃及的建议。但以色列内阁显然对此缺乏信心，他们否决了这一意见，并忐忑不安地着手进行外交谈判，以避免战争。达扬在12月5日写信给本-古里安说，他认为以色列应“在一个月内”占领蒂朗海峡。

1956年1月，法国大选使一个新政府上了台，那就是得到激进派支持的社会党人居伊·摩勒的政府。由于意识形态上的原因，这个政府从一开始就决心援助以色列。2月初，摩勒自己又同阿尔及尔的法国移民发生了冲突，从此他就决定采取与阿尔及利亚叛乱分子作战到底的政策。2月，法国拒绝将一大批军火出售给埃及，其理由是这些军火可能在阿尔及利亚出现。这意味着虽然和埃及一样反对巴格达条约，但法国转向了支持以色列。到了5月份，法国国防部长布尔热·莫努里的助理路易·芒让上校对里昂退伍军人组织的热情听众说："纳赛尔是新的希特勒，必须要像对待纳粹德国那样予以坚决的抵抗。"这是他第一次使用这个著名的比喻。在苏伊士运河危机发生之前，以色列和法国就已经结成了联盟，他们的友谊是建立在对伊斯兰教共同敌视的基础之上的。许多法国人认为，苏伊士运河的国有化虽说是一场灾难，却也是对纳赛尔使用武力的一个机会。对摩勒来说，最大的目标是打赢阿尔及利亚战争。摩勒相信支持阿尔及利亚叛乱分子的金钱、武器和斗志都是从开罗来的。但实际上，这是错误的想象，叛乱分子手中的武器多半是从法军那里偷来甚至是买来的。

苏伊士运河危机爆发后，纳赛尔针对英法可能发动的进攻重新调整了军事部署——将驻扎在西奈半岛的部队转移到尼罗河三角洲和苏伊士运河区。这次重新部署给以色列创造了一次绝佳的机会，使其重启了早先针对埃及的进攻计划。经过改进后，新作战方案被命名为"卡代什行动"，达扬在方案中谨慎地阐述了以军的作战思想，强调了空中优势、机动性和包围战，而非消耗战。达扬设想，在战役之初，以色列战机将在地面上摧毁埃及空军，然后再完成空中近距离支援任务。

一旦地面战斗开始，达扬预计只需一场"连续的战役"就能导致战况发生有利变化，从而为以色列赢得最终胜利铺平道路。在战场上，以军的主动性和优良的训练将是他们战胜埃军的法宝。达扬将"战术重点"作为"卡代什行动" 的核心，并确定了行动的目标，包括征服西奈半岛以及4个附带的小目标。其中最重要的是，打通蒂朗海峡，解除亚喀巴湾（Aqaba Gulf）的封锁，攻占埃军位于沙姆沙伊赫和纳斯拉尼角（Ras Nasrani）的重要基地。此外，达扬还将目标锁定在了阿里什镇（Al-Arish）和阿布奥格拉（Abu Agheila），两地分别位于西奈半岛的北部和中部，均建有军事基地，攻占两地是为了防止埃军从这里对以色列本土发动袭击。最后，以色列还计划占领加沙地带，并摧毁这片区域内为“费代因”突击队提供军事训练和后勤补给的营地。

达扬对包围战的执着促使他准备采用一种“由外向内”的战术来实现战役目标。他计划首先攻占那些距离本土较远的地区，然后再转向距离较近的目标。因此，达扬指定第202空降旅，在阿里尔·沙龙（Ariel Sharon）上校的带领下于西奈半岛的西北部率先进行空降，从而启动“卡代什行动”并切断埃及军队的补给线，使随后以军对阿里什镇和阿布奥格拉的进攻更加顺利。达扬还计划在亚喀巴湾附近再进行一次空降，目标是沙姆沙伊赫和纳斯拉尼角。最后，以军将攻占加沙地带——这个距以色列本土最近的目标。

如何就“卡代什行动”展开动员困扰着达扬，如何安排行动的时间表也存在诸多挑战。提前动员虽然能简化以军的备战工作，但也向敌人表明了意图。因此，达扬选择了拖延，他决定在“卡代什行动”开始前的几天再动员以色列国防军。

05 塞夫勒的合谋

到了10月中旬，达扬征服西奈半岛的计划已经日趋成熟。然而，不久后，来自法国的消息［法国将“火枪手行动（修订版）”的细节甚至开战日期都透漏给了以色列］迫使他开始重新考虑整个行动。法国一直主张将以色列拉入反纳赛尔同盟，艾登则一直表示反对，但2个月后，或许是迫于无奈，他的态度终于松动了。艾登急需一个合理的借口来推动对埃及的进攻，与以色列进行秘密合作或许是他短期内唯一的选择。而且，冬季的临近和装备的不足使得英军发动战争的窗口期日益缩短。如果等待第二年春天再发起进攻，局势的发展将使胜利的希望变得更加渺茫。实际上，英国的三军参谋长对可能在埃及手下“吃败仗”感到非常焦虑，所以认为以色列同时进攻是一种额外的保险，有好处。

10月1日，在出席毫无希望的“苏伊士运河使用国协会”开幕大会后，英国内阁的“苏伊士运河委员会”召开会议，联军总司令凯特利将军列席。为了将美国拉入战争，艾登做了最后一搏，他根据来自以色列的情报，改用一种新的策略打电报给艾森豪威尔说：“苏联武器已有大批运往西奈。”企图刺激美国总统的反共情绪，电报中说：“纳赛尔……现在实际上已经落入苏联人手中，正像当年墨索里尼落入希特勒手中一样。现在为了安抚纳赛尔而对他示弱，正像当年对墨索里尼示弱一样，不起什么作用……我肯定认为目前你在言论和行动方面对纳赛尔表示强硬态度，使苏联人暂时歇一下，对和平将是有利的。”与此同时，艾登收到了布尔加宁对他进行严重威胁的信件。

10月2日，杜勒斯毫不留情地否认了英法两国在苏伊士危机时期所采取的整个措施跟他有任何关系，并拒绝和“殖民国家”打成一片。这使得艾登简直要将他和纳赛尔一样都当成自己的私敌了。麦克米伦访问美国后带来的消息也是“直到大选结束，艾森豪威尔都将蛰伏不动”。

10月3日，以色列表示希望把开战日定到20日。“火枪手行动（修订版）”本身的开战日期从10月8日又一次被无限期拖延了，而且谁也不知道以色列的进攻是否肯定会进行。

10月6日，在马耳他和塞浦路斯待命的联军特遣部队接到凯特利的新指示：为“火枪手行动（修订版）”制订一个“冬季计划”，无限期地保持战备状态，采取行动的决定将于10天前通知。

10月14日，英法的提案在安理会再次遭到否决，最后一次和平解决苏伊士运河危机的努力失败了。16日，艾登和劳埃德飞到巴黎与法国总理摩勒会谈。艾登向法国人明确许诺：以色列进攻埃及时英国要介入。法国则把会谈的结果告诉了以色列，要点是：埃以开战，英法将要求埃以均撤离运河区，如一方拒绝，英法为保证运河畅通将进行干涉。

10月16日至21日之间，虽然有电报和指示往来，但是对于“火枪手行动（修订版）”和“卡代什行动”之间协同作战的总计划，即使那些主要人物也还弄不清楚。以色列对英法仍然拿不准。

10月19日，距离开战只剩下13天了，但是“最后行动命令”直到10月24日才下达。虽然根据斯托克韦尔将军回忆，“到10月20日，事情开始迅速发展起来”，但开始行动的确切日期仍不清楚。法国舰队从10月21日起已经做好了战时编制，大约在19日，有一位司令和凯特利谈话后对作战参谋长们说：“除非我有幻觉，那些鹰钩鼻子家伙（指以色列犹太人）要被带进来了。”博弗尔后来评论道：“由于英国人想在表面上避免同以色列合作，所以他们虽然同我们一样，知道进攻日期，但在以色列开始进攻之前拒绝把弹药装上军舰，因此我们又迟了10天才出发。”

这时候，有两件凑巧的事帮了英国和法国的忙。先是波兰事件，接着是10月22日至23日匈牙利事件的爆发，这些事件都使民众和国际社会转移了对中东的关注方向。不过杜勒斯猜想英法两国可能会在美国大选后发动战争，因为他们希望美国到时候会参加。

10月22日，本－古里安、达扬和佩雷斯坐上了由芒让上校驾驶的DC–4座机飞往巴黎，值得一提的是，这架飞机是战后由杜鲁门送给戴高乐的。飞机在库布莱镇的军用机场降落后，这一行人又乘坐了一两英里路的汽车才抵达巴黎郊外塞夫勒的一栋别墅。后来布尔热·莫努里和摩勒也都来了。

会议是秘密进行的。会议中，法国和以色列分配了在即将到来的军事行动中的具体任务。法国要求以色列为进攻埃及提供借口，以符合新作战方案。以色列担心埃军的伊尔–28"小猎犬"轰炸机对其本土发动报复性空袭，反过来要求法国必须摧毁这些轰炸机。法方代表对这个要求表示同意，因为在新作战方案的第一阶段中已经制订了摧毁埃及空军的计划，自然也包括摧毁所有埃军轰炸机。经过磋商，两国达成一致，制订了一份计划：

10月29日，以色列进攻埃及，突进到苏伊士运河附近；

10月30日，英国和法国下达要求以色列和埃及同时从苏伊士运河撤军的最后通牒；

10月31日，最后通牒于当天早上过期，英法将执行第一阶段作战方案。

会后，本－古里安要求必须拟订一个书面协议，由三国签署，而且最后一次讨论时，必须有一位负责的英国大臣出席。本－古里安之所以对英国怀有戒心，不但因为英国有亲阿拉伯的传统（公开与以色列站在一起，英国在中东的众多侨民有生命危险），还因为大家都知道艾登还在犹豫不决。

10月23日，摩勒和本－古里安在塞夫勒确认了法、以方面的合作计划，例如，由法国海军舰艇沿以色列海岸做海上包围，由法军战斗机组成"保护伞"保卫以色列城市；以塞浦路斯为基地的法军飞机向进军中的以色列人空投食物、武器和卡车。关于法国对以色列提供的直接援助英国究竟知道多少，还弄不清楚。那天晚上，“负责的英国大臣”和一位“英国官员”秘密飞往巴黎。一位法国部长把这位大臣称作“英国代表”。英国表示只肯在以色列发动进攻72小时之后才能开始轰炸埃及机场，法国则主张立即开始轰炸——虽然它的轰炸机并不承担主攻任务。双方最后达成的折中办法是36小时。不过从一开始英国就将对埃及机场进行空中监视。英国还争论说，以色列进攻绝不能使人看起来如同本-古里安向约旦发动的进攻那样，只是一次边界袭击，而是要搞一场全面战争，才能说得上威胁到了运河，也才能证明这个大阴谋是站得住脚的，差一点儿都不行。英国的态度主要是基于这样一个愿望——即使在进攻埃及后，英国还能够和整个阿拉伯世界保持友好。英国这种既要运用权术又要装作心地善良的打算，最终造成了整个计划中的主要错误。这个计划使得英法两国束手束脚，而到了紧要关头，双方都会变得无能为力，而且显得更像背信弃义。英国在开始轰炸和军队登陆之间间隔时间过长，达扬提出质问时，英国人却对这种怀疑一笑置之，说马耳他距离埃及有五六天的路程，事情只能这样。

为了应对这些新变化，达扬对“卡代什行动”做出了修改。他得通过威胁苏伊士运河来促成英法两国的介入。尽管在先前制订的“卡代什行动”中，达扬曾经将攻势对准了西奈半岛西北部——这无意中满足了英法的要求，但在修改计划时，他却将目标转移到了西奈半岛中西部的米特拉隘口。或许达扬想向埃及传达这样一个信息，即以色列的行动仅仅是一次突袭，而非一次全面的入侵。

同时，达扬对计划的时间表进行了修改。在塞夫勒会议召开之前制订的“卡代什行动”中，以色列军队将倾其所能进攻埃及，但在塞夫勒会议后，全力进攻将不再符合以色列的利益，相反，伪装意图变得至关重要。达扬试图将以军的动员描述为进攻约旦所做的准备。他命令以色列军队，特别是装甲部队，甚至包括第202空降旅在作战的第一阶段开始之前，都要减少在西奈半岛行动。除了米特拉隘口外，以军在战争初期只进攻西奈半岛的东部要隘——包括尼扎纳（Nizzana）、阿尔 - 库赛马（al-Qusaymah）和阿尔 - 卡西拉（al-Kuntillah）及纳布角（Ras an-Naqb）。如果英国和法国违背了他们的承诺，这些预防措施可以保证以色列放弃西奈半岛。

最后，达扬改变了以色列空军在作战中扮演的角色，由于英法的加入，以军不用再负责夺取制空权。以色列空军从执行战略任务转为战术任务，包括空中掩护、空中近距离支援和封锁西奈半岛。在西奈半岛以西执行空中任务可能会刺激埃及轰炸以色列的城市，因此达扬禁止空军在此区域作战，除非以色列本土遭到埃军伊尔轰炸机的空袭。

为了执行“卡代什行动”，达扬组建了 4 个战术集群，并将其分别部署在相应的地理区域。北线，以阿里什镇为中心，毗邻地中海，连接着坎塔拉（al-Qantarah）和加沙地带，由哈伊姆·拉斯科夫将军（Haim Lascov）的北部集群（师级规模）负责，下辖 3 个旅（2 个步兵旅和 1 个机械化旅），代号第 77 集群。犹大·沃拉赫（Yehudah Wallach）上校指挥第 38 集群，该集群同样是师级规模，负责从中线进攻，从凯特锡特（Ketziot）直到伊斯梅利亚（Al-Ismailiyah），横跨西奈半岛。这支部队也是以军在西奈半岛最强大的作战力量，下辖 4 个旅，包括 2 个步兵旅，1 个装甲旅和 1 个机械化旅。

南线，从 1949 年停火线附近的埃军边境哨所经过米特拉隘口向西 322 千米直到苏伊士城，仅由埃军第 2 机动边防营防守，达扬预计这条战线遭遇的阻力最小。他深刻理解针对这些目标的攻势仅具纯粹的政治意义，因此只部署了一个旅，即 202 空降旅。他唯一的目标是以最低的代价威胁苏伊士运河。尽管位于西奈半岛的亚喀巴湾地区非常重要，但埃及部署在这里的兵力却很少。因此达扬将攻占这一地区的任务交给了 1 个预备役步兵旅。

就时间先后而言，以色列的第一个战略目标是对苏伊士运河形成一种威胁的态势，作为英法以保护苏伊士运河的航运安全出兵运河区的借口，这项目标任务由空降在米特拉隘口附近的以色列伞兵适时完成。米特拉隘口是直接通往苏伊士运河的战略要地，按照英法两国的联合作战计划，在对埃及与以色列发出最后通牒命令双方部队撤退至运河附近之后的12小时，英法联军开始轰炸埃及机场。以色列的主攻只在英法空军摧毁埃及空军之后才能开始，也就是说深入敌境远在西奈米特拉隘口的以色列伞兵要等待四五天后，才能与总攻的以色列主力部队会师，这样危险甚大，从而必须在埃及一线部队崩溃之前设法完成会师。因此以色列第202空降旅主力将在沙龙旅长的率领下，乘坐卡车和半履带输送车急行军，与先前空降在米特拉隘口附近的伞兵会师。

以色列第2阶段的战略与战术则是沿着横贯西奈的主要道路进行独立的攻击行动。一部沿着西奈北部海岸，由拉法经阿里什至坎塔拉的道路挺进；另一部沿着阿布奥格拉交叉路至伊斯梅利亚再至通往苏伊士运河的中轴线展开行动。1支由两个旅组成的特遣部队使用北方轴线，1个包括4个旅的师级部队在中央进行攻击。上述的主攻部队都是独立作战。其次，加沙地带也被选作单独的作战目标，以色列派1个加强步兵旅来肃清该地区的埃军部队，并夺取该城。西奈半岛最南端的沙姆沙伊赫则是最后的攻击目标，攻击时间安排在埃及驻西奈的部队被击溃之后。此外，还有1个旅级大小的独立特遣部队将沿西奈半岛东部崎岖的海岸南下攻击沙姆沙伊赫。

如果依照传统的进攻方式，以色列国防军将从夺取最近的目标——加沙地带开始，主攻部队继续在北部对拉法，在中央对阿布奥格拉，这两条向西通至苏伊士运河的交叉路进行攻击。但按照达扬指定的作战计划，加沙反而留到最后才攻击，并且在沙龙的军队再向西前进时，先对交叉路实施攻击。为求达到“最低伤亡”的目的，这个作战计划将目标的合理顺序加以颠倒以欺骗敌人，使埃及无法知道以色列攻击的范围和方向。为了达到全线实施奇袭的效果，这个作战计划从未做过适当的预演。

传统的战争目标是歼灭敌人的部队和占领他人的国家领土，但依照1956年苏伊士运河战争战前达扬所制定的战略指示，以色列对上述两者都毫无企图，甚至也没有向开罗挺近的计划。达扬在对埃及作战的计划中所叙述的目标很巧妙，甚至到了含糊的程度，其实，达扬发动战争的目的仅是为了击溃并瓦解埃及驻扎在西奈地区的部队，而不是要歼灭整个埃及的部队。为了歼灭在坚固野战阵地中掘壕据守及武器精良的埃及部队，就必须要打硬仗和忍受惨重的伤亡，即使敌人像埃及军队所表现出的那样软弱和指挥欠佳也得如此。但是以色列国防军并不准备付出这种代价，达扬决定要避免费力的消耗战，尤其是他认为杀伤敌人的士兵并没有多大益处。达扬认为以色列应该尽量设法缴获埃及的武器和装备，而尽量不要杀伤埃及人，因为埃及军队即使遭受惨重的伤亡，但由于其人口众多很快便会补充足兵源。

达扬倾向于采用大规模的突击行动来配合正面的攻势，因为明显不能单凭突击就将埃及军队从他们的据点中逐出，但达扬相信可以用谋略使敌人退出他们的工事。换言之，以色列国防军将不直接攻击埃及军队坚固的工事与其防御阵地，因为达扬认为一旦以色列国防军深入西奈，切断埃及的交通线，整个埃及军队的部署即会瓦解。

达扬速战速决的战术与以色列的政治目标紧密结合。以色列想要击败埃及军队，开放蒂朗海峡的航运，快速击溃敌人是最好的选择。因为美国或苏联可能在任何时间介入，强迫以埃双方停火。至于以色列开启战争的确切时间，则要按英法两国夺取苏伊士运河区的军事计划来决定。英国因顾及阿拉伯国家的反应，对以色列的态度非常冷淡，而法国和以色列之间的关系却很密切。这种状况决定了以色列和英法两国间的军事协定是有限度的。达扬曾对他的总参谋部说：“我们应当像骑自行车上山的人那样行事，在碰巧有一辆卡车驶过时就紧抓把手。”以色列发动战争一方面是为了将埃及军队吸引到西奈半岛，另一方面可以为英法两国出兵苏伊士运河提供一个正当理由，法国答应以色列，一旦以埃战争爆发，法国空军将给予以色列空中掩护并援助以色列军事装备。10月25日，达扬对“卡代什行动”的“意图”描述如下：一是夺取苏伊士运河附近地区的目标，对苏伊士运河造成一种军事威胁；二是夺取蒂朗海峡；三是打乱西奈埃及军队的组织，促使其崩溃。因此，“卡代什行动”的首要目标已经是一个国际阴谋的组成部分，并不是要夺取苏伊士运河，而仅仅是对其形成一种威胁，其他两个目标则是一年多以来本－古里安一直追求的。

那位“英国代表”没有在塞夫勒待太久，可能总共只待了一个半小时，虽然他在这段时间里留下一位“英国官员”继续起草文件，但法以两方还是对英国是否会承担责任不大放心。因此，法国外长比诺在那天夜里又飞往伦敦给艾登和劳埃德打气。

塞夫勒三方会议结束时，参会的领导人宣誓谁也不得在其他人还活着的时候把他们目击的事情向外界透露。当时“英国官员”已经准备好三国文件，一式三份，每个参加国一份。“英国官员”代表英国签字，本－古里安代表以色列签字，摩勒代表法国签字。但是本－古里安拒绝由这位“英国官员”签字，于是文件被送往伦敦，由一个更重要的人签了字。这份文件在 10 月 26 日星期五的上午被交给了摩勒。此时战争已经成为定局。对艾登来说，25 日是一个要他做出决定的艰难日子。对于这一天，他在回忆录中说：“接到了以色列即将动员的报告……我当时认为，现在仍然认为，以色列人的行动是有正当理由的……我们不能袖手旁观，坐观事态的发展……对我们的主要危险不在于发生冲突而在于其他阿拉伯国家出面干涉，使冲突扩大。制止扩大的上策莫过于我们自己进行干涉。”于是在当天上午，艾登要求内阁遵循他们在 18 日所做的决定：英法两国将向埃及发出最后通牒，一旦被拒绝，就将“火枪手计划（修订版）”付诸实施，名义上是“使交战双方隔离”。

10 月 27 日，海军特遣部队司令将联军司令部设在他位于塞浦路斯近海的旗舰上；由于法方的坚持，英国同意让速度最慢的舰艇在 10 月 28 日晚上离开马耳他——以“进行演习”的借口——而不是像过去主张的那样，只能在英法的最后通牒发出后才离开。有些舰艇装载弹药的工作已经于 10 月 27 日在马耳他开始。

10 月 28 日清晨，“要做好像临战那样的大规模装载弹药演习”的总命令下达。由海军上将曼利·鲍尔指挥的英法航母编队于27日黎明开始从马耳他向东驶去。但是，驻塞浦路斯的英军伞兵部队，原本以为他们将要上山区搜捕“埃奥卡”游击队，但直到最后一分钟才接到通知，可谓措手不及。20个中队的“堪培拉”轰炸机和“勇士”轰炸机也已经在10月29日离开英国本土东部，飞往塞浦路斯。此时，艾森豪威尔还完全被蒙在鼓里——即便中情局和杜勒斯已经知晓了英法的部分计划，这位美国总统还在打电话给本-古里安，试图制止他当时仍然认为的、其对约旦发动的一次进攻。

10月28日（星期日）上午10点，以色列内阁批准了向埃及进攻的计划。24小时后，大约在10月29日下午4点，以色列发动了进攻，战争开始了。

目标阿密尔元帅——以色列空军的“雄鸡行动”

1956年10月下旬，就在英、法、以三国军队摩拳擦掌，准备对埃及发动大规模战争的前夕。以色列情报组织摩萨德通过线人得知了一条重要情报：埃及国防部长阿卜杜勒·哈基姆·阿密尔元帅即将结束对叙利亚的访问，将与陆海空三军的高级官员同乘一架苏制伊尔-14型运输机于夜间经地中海空域返回埃及。这意味着，如果以色列空军能击落这架运输机，埃及军队的“大脑”就会陷入瘫痪，英、法、以三国军队即将在西奈半岛和苏伊士运河区展开的军事行动就会更加顺利。

确定目标后，以色列空军迅速拟订了一份作战计划，并将其命名为“雄鸡行动”，其要点是在夜间执行拦截作战。为执行这项任务，首先必须找到合适的人选，以色列空军找来了当时正在英国参加“流星”NF.13型夜间战斗机训练的飞行员约许·齐登少校和雷达操作员伊利亚希夫·布罗什。两人都是以色列空军中的佼佼者，齐登少校更是“以色列空军夜间战斗机部队之父”，一手创建了绰号“蝙蝠中队”的第119夜间战斗机中队，他早在8月份便与其他中队成员一起前往英国，学习如何操纵“流星” NF.13型夜间战斗机。

10月28日一早，刚刚从英国返回的齐登少校在拉姆拉空军基地的办公室内听取了这项机密任务的内容。他敏锐地感觉到，这项任务，将成为影响一场大规模战争的关键。理清进一步的行动细节后，齐登少校立即赶往大卫空军基地。在那里的跑道上，他的搭档——雷达操作员布罗什已经坐在一架“流星”NF·13型夜间战斗机的座舱内等待着他。出发前，齐登少校和布罗什再次对行动的具体细节进行了梳理，由于苏制伊尔-14型运输机的飞行速度很慢，而“流星”NF13型夜间战斗机的速度比它快得多，为此齐登少校亲自驾机升空测试了这种战机在低速飞行时的性能，以免在实战中出现纰漏。一切准备就绪后，齐登少校和布罗什小睡了片刻，为夜间的行动养精蓄锐。夜间10点30分，齐登少校和布罗什醒来，摩萨德向他们报告了这架伊尔-14运输机的最新动向：飞机已经从大马士革起飞，朝着地中海的方向飞去，其预定飞行路线是一个巨大的弧形，飞行高度为1万英尺，最终目的地是埃及本土。齐登少校立刻与布罗什一起登上了飞机。夜间10点45分，两人驾驶一架编号为52的“流星” NF.13夜间战斗机飞向目标。

升空后不久，齐登少校便碰到了一个棘手的问题——为延长行动时间而在机翼下挂装的两枚350升副油箱出现了故障，无法输出燃料，齐登少校没有办法，只能将这两个“死重”抛弃。这导致战机可执行任务的时间大幅缩短，两人必须赶紧锁定目标。幸运的是，就在齐登少校抛弃副油箱后不久，布罗什通过雷达发现了目标，齐登少校立即通过无线电向空军地面指挥部做了报告。之后，布罗什用雷达咬住目标不放，齐登少校则根据他的指挥绕到了埃及运输机后方。在布罗什的引导下，齐登少校通过座舱风挡先是隐约地看到了埃及运输机的轮廓。随着两架飞机逐渐接近，他甚至能清楚地看到运输机发动机排气管的尾焰。随后，齐登少校立即向地面指挥部做了汇报。为避免误伤，地面指示：“要确认是埃及的伊尔-14之后才能开火。”于是，齐登少校小心翼翼地驾驶战斗机逼近目标，并且仔细观察着机身上的所有细节。

这架飞机的轮廓与C-47“达科他”运输机非常类似，但是驾驶舱的窗户比C-47更大——这是伊尔-14型运输机的典型特征。通过客舱内昏暗的灯光，齐登少校甚至能够看见一些穿着军服的人正在机舱内来回走动，他们似乎对窗外隐藏的这名刺客浑然不知。花了整整10分钟的时间来确认对方的身份之后，齐登立即通过无线电向地面指挥官报告了这一情况。得到地面指挥官的允许后，齐登少校将战机减速，绕到这架埃及运输机的后方，并且将它套进了瞄准环。“开火！”在通过无线电向地面通报自己动向的同时，齐登少校摁下了机炮的按钮。就在机炮响起的一刹那，齐登少校突然被一道刺眼的白光照射得一阵眩晕，战机也突然往左一歪，失去了控制。

原来，地勤人员为齐登少校的座机装上了昼间战斗机使用的曳光弹。在漆黑的夜空中，这些原本用于标明弹道的曳光弹顿时变成了闪光弹，导致齐登少校暂时性失明。此外，在齐登少校开炮的时候，位于右侧机翼的机炮卡壳了，这导致原本就处于低速的“流星”战斗机开始不受控制地旋转起来。好在齐登少校及时恢复了视力，重新控制了飞机。他用无线电向地面指挥官汇报了自己的情况。以色列军方非常清楚，如果此时齐登少校无法将这架飞机击落，那么第二天以军实施的“卡代什行动”就会失去突然性，所有苦心布置将会付诸东流。因此，地面指挥官严令齐登不惜一切代价击落敌机。

稳住飞机后，齐登少校再次驾机绕到埃及运输机的后方。在第一次攻击中，齐登少校发射的炮弹已经击毁了这架运输机的左侧引擎，导致运输机的飞行速度骤降。这回，齐登少校要操纵“流星”战斗机跟在运输机背后展开攻击，便要把速度降到临近失速的状态，稍有不慎就会机毁人亡。再一次齐登少校小心翼翼地驾驶战斗机逼近目标，就在两架飞机就要相撞的时候，齐登少校摁下了机炮按钮，将埃及运输机打成了一团火球——此时两架飞机只距离几英尺远。与此同时，“流星”战斗机再次进入了失速旋转状态。齐登少校后来回忆说：“一团火球正和一架夜间战斗机并肩旋转着，就像两名舞者在跳着诡异的舞蹈。”最终，齐登少校使出浑身解数，在距离海面仅仅

500英尺的高度才改变了失速旋转状态。而化作一团火球的埃及运输机则一头栽到距离他们不远的地中海海面上，掀起了一朵巨大的浪花。

最后，齐登少校成功地驾驶战机降落在距离最近的空军基地跑道上，此时，两台发动机已经耗尽了最后一滴燃料。齐登少校和布罗什返回了指挥部，以军总参谋部参谋长摩西·达扬正在那里等待着他们。达扬先是对两位飞行员表示祝贺，然后却宣布了一个坏消息：在最后时刻，哈密尔元帅决定不与海陆空三军的高层人员同行，而是乘坐另外一架飞机返回了埃及国内。因此，齐登少校的这次斩首行动虽然除掉了大量的埃及军队高官，但是依然没有除掉关键目标——哈密尔元帅。

第四章

黄沙、海水与火焰

HUANGSHA HAISHUI
YU HUOYAN

如果拥有各种现代化毁灭性武器的更强大国家向英国和法国进攻的话，那么英法两国会处于何种境地？

尼基塔·谢尔盖耶维奇·赫鲁晓夫

第四章

黄沙、海水与火焰

HUANGSHA HAISHUI
YU HUOYAN

01 西奈半岛的战斗

截至1956年10月，以色列国防军共有10万兵力，坦克400辆、装甲车450辆、火炮150门、作战飞机155架。“塞夫勒会议”以色列与英法协商确定，法国空军负责作战期间的制空权和以色列的国土防空，以色列空军以155架作战飞机支援本国地面部队并负责亚喀巴湾方向的作战。

埃及陆军总兵力为15万，其中部署在西奈半岛东部军区的有第3步兵师、第8巴勒斯坦师、第4装甲师，兵力共3万，有坦克530辆、火炮500门，空军有作战飞机255架。

（1）“卡代什行动”的开端：以军第202空降旅在南线的进攻

以色列的动员始于10月24日，即“塞夫勒会议”刚结束的时候。最初，达扬只授权对以军进行部分动员，并且以一种近乎随意的方式进行——军方以邮件的形式通知预备役部队成员分别到不同的地区报到，同时要求民间提供部队报到所需的车辆。但这个尝试很快就被证明是失败的——动员速度根本达不到要求。因此达扬不得不加快军事准备，冒着被埃及察觉的风险，他下了总动员令。令人惊讶的是，这些极端措施在严格保密的情况下，仍成功地使以军达到了高度的备战状态。在开战的前一天——10月28日黄昏，以色列陆军完成了对全部野战部队（共计18个旅）的动员。

这18个野战旅中的12个是由南部军区司令阿萨夫·辛霍尼（Asaf

担任第 202 空降旅旅长时的阿里尔·沙龙上校

Simhoni）准将指挥的，南部军区总兵力 4.5 万人，下辖的 12 个旅分为 4 个师级集群，每个集群负责 1 个方向的作战。哈伊姆·拉斯科夫准将指挥的北部集群 / 第 77 集群（第 1、第 11 步兵旅、第 27 机械化旅）负责北部海岸公路方向的作战；犹大·沃拉赫上校指挥中部集群 / 第 38 集群（第 4、第 10 步兵旅，第 7 装甲旅）负责西奈半岛中部的作战；阿里尔·沙龙上校指挥的第 202 空降旅负责西奈半岛南部的作战；沙姆沙伊赫由第 9 步兵旅负责。此外，还有第 37 机械化旅作为预备队随时待命。

埃军在西奈半岛的布防情况是：埃及陆军第 3 步兵师防守阿里什、拉法、阿布奥格拉三角地区；第 8 巴勒斯坦师防守加沙地区。可见埃及显然更重视西奈半岛北部，而对中部及南部的防御部署非常薄弱。西奈半岛的防御部队是由东部军区（司令部设在伊斯梅利亚）司令阿里·阿密尔（Ari Amer）准将指挥的。半岛南部的沙姆沙伊赫由 1 个旅防守，该旅由开罗的总司令部直接指挥。埃及空军虽然拥有 255 架作战飞机，但能出动的只有 130 架，其中 70 架是米格 –15 和 “吸血鬼”式战斗机（埃及飞行员更青睐后者）。

开战前，达扬明确了以军的作战目的，即攻占整个西奈半岛，击溃正面的埃军部队，解除埃及对蒂朗海峡的封锁，阻止埃军尔后发动的反攻，同时摧毁埃及“费代因”突击队设在加沙地带和边境附近的基地。由于首先开战的是以色列军队，本 – 古里安总理和达扬总参谋长担心，随后英法军队不履行《塞夫勒协定》。因此，以色列对于将地面部队投入战斗是非常谨慎的，他们密切注视着英法军队的动向，以调整计划。首先，第 4 步兵旅推迟了开战时间，在开战日的第二天黎明才占领位于边界附近的阿尔 – 库赛马；第 10 步兵旅将进攻发起时间推迟了一夜；第 7 装甲旅则直到开战 48 小时后才开始策应英法联军，沿西奈半岛中线前进；第 37 机械化旅最初计划留作预备队；负责北部海岸公路的拉斯科夫集群到开战日的第三天黄昏为止都一直处于待命状态。开战后 48 小时是战争指导上极为重要的时间节点，在这段时间内，以军的计划是密切注视埃军还有英法军队，以及国际舆论的动向，准备在搞清英法军队参战的动向后，才正式全面发动西奈战役。

10 月 29 日下午 3 点，以色列空军的“野马”战机开始对埃军在西奈半岛的通信网络进行攻击（进行超低空飞行以机翼割断埃军的电话线）。1 小时后，根据《塞夫勒协定》，第 202 空降旅进入埃及，尽管其政治意义重大，但在“突袭”西奈半岛的全盘军事计划中属于边缘任务。沙龙的目标为西奈半岛的西部，但他的旅集结在约旦附近的埃辛 – 胡塞克（Ein–Hussub）以保持进攻的突然性。

这种不同寻常的部署愚弄了纳赛尔，但也给沙龙自己带来了巨大的困难。在攻入埃及以前，从集结地出发的第 202 空降旅主力（包括 2 个伞兵营、2 个“纳哈尔”连和 1 个坦克连，共计大约 3000 人）。空降作战按降落方式分，可分为伞降、运输机降、直升机降等。作为空降旅来说，可以采取多种降落方式，为便于读者理解，笔者在文中将其下辖的、专门从事伞降作战的部队称为伞兵营 / 连或伞降营 / 连，以军伞兵只能沿着以色列南部仍处于原始状态的小径机动。越过国境后，第 202 空降旅还要面对西奈半岛长达数英里未铺设沥青的道路。沙龙的计划是使用数百辆前轮驱动的法国卡车运输兵员。与后轮驱动的卡车不同，它们可以在崎岖的地形上行进。就在攻击发起前不久，沙龙才知道第 202 空降旅只分配到了一小部分车辆。就在沙龙率空降旅主力一路向西部边境挺进的时候，4 个四机编队——包括道格拉斯 DC–3“达科他”运输机和为其护航的格洛斯特“流星”战斗机飞越了他们的头顶，运输机上搭载着第202空降旅1营（有时候也被命名为第890营）的395名官兵，其中一些老兵参加过二战中的“诺曼底登陆”和“市场花园作战”等重大战役。这次，他们的目标是米特拉山隘。10月29日下午4点左右，第202空降旅集结在以埃边境附近。此时，沙龙最急需的90辆运输车只到达了46辆。在没有遇到抵抗的情况下，从边境到米特拉山隘也需要13个小时，在此期间，先行抵达目标的空降部队有陷于孤立无援境地的危险。沙龙上校急不可耐地按照预定计划于下午4点命令载满兵员的车辆越过了边界。虽然没有遭遇任何战斗，但在前往西部边境的途中，沙龙的13辆AMX-13坦克只有约一半幸存了下来——其余的都抛了锚。

有别于通常的隘口——相邻制高点中的低地——米特拉山隘是分布在海坦山（Jebel Heitan）与吉迪山（Jebel Giddi）这片山区峡谷内一系列地形地貌的统称。从东到西包括海坦谷地、碟状台地和米特拉谷地，全长达30公里。其中海坦谷地全长6公里，宽度却只有50米，两侧尽是悬崖峭壁，为整个米特拉山隘的要冲。第1伞兵营最初计划在米特拉谷地空降，因为该区域的地形利于防守。但空中侦察显示，埃及人在此处布置了重兵，以色列军方对于在敌方的坚固据点上方直接空降伞兵的计划感到非常担忧，这种担忧迫使他们改变了计划。最终，第1伞兵营决定在海坦山以东的一处十字路口附近空降，帕克纪念碑（Parker's Memorial，帕克曾是英国驻埃及的殖民官员）正好位于此处，并在随后进攻海坦谷地。

当以军DC-3运输机接近帕克纪念碑时，近400名伞兵跳出舱门，跃入西奈半岛昏黄的天空中，他们此时距地面1500英尺。但以军伞兵很快发现他们并没能在预定着陆区——帕克纪念碑的正上方，而是在3英里外，也就是在距离他们最终目标——海坦谷地5英里的地方着了陆。随后的调查显示，导航的误差造成了这个错误，也导致了严重的后果。

着陆后整整2个小时内，第1伞兵营不得不在黑暗中行军。不久后，他们发现前进路线上横亘着一座高地，第1伞兵营的指挥官是后来的以色列国防军总参谋长拉斐尔·艾坦（Rafael Eytan，于 1981 年担任总参谋长）中校，他的视线被糟糕的能见度所阻挡，只得命令部队在海坦山以东 1 英里处停了下来。艾坦命令第 1 伞兵营在此处掘壕据守，没有命令不得随意开火。当天晚上 9 点，法国空军 6 架 UC–64 “北欧人”运输机为他们空投了 8 辆吉普车、6 门 106 毫米无后坐力炮、2 门 120 毫米迫击炮以及弹药、水和医疗用品等，埃军对此毫无察觉。有了这些物资，伞兵们的信心大增，他们用地雷和带刺铁丝网武装了阵地，并借此驱逐了几支前来侦察情况的埃军巡逻队。伞兵们焦急地等待着沙龙——他曾向达扬保证说只需 24 小时就可以抵达米特拉。

10 月 29 日，拉斐尔·艾坦中校（图右）率领第 1 伞兵营率先空降在帕克纪念碑附近，他们独自抵御埃军的攻击长达 30 个小时，之后沙龙才率空降旅主力与他们会合

但沙龙显然是过于乐观了，糟糕的后勤补给状况阻碍了他的前进。随着第 202 空降旅主力不断向西深入西奈半岛腹地，越来越多的车辆被丢弃在了沙漠中。此外，埃及军队的防御工事也拖延了空降旅的前进速度。在攻击发起日的傍晚时分，第 202 空降旅主力已经攻破阿尔 – 卡西拉这个距离以色列 19 英里的高原前哨。守卫阿尔 – 卡西拉的埃军部队按照上级命令，没有抵抗以军，在暗夜的掩护下撤出了该城。沙龙对这些逃跑的埃军部队置之不理，他率空降旅继续前进，希望能赶上最初定下的时间。沙龙命令所有还能正常工作的车辆集中起来，直奔 30 英里外的目标，速度较慢的单位也要尽可能赶上他们。在一片黑暗中，沙龙对行军速度的要求依旧非常苛刻，这是由以下两个因素决定的：第一，埃

及空军的飞行员更习惯以目视导航，而对夜间仪表飞行训练不足，因此以军在黑暗中几乎没有遭到空袭的危险；第二，沙龙希望能在埃军增援米特拉山隘之前与第1伞兵营会师。

士兵的肖像——以色列伞兵的早期历史

以色列伞兵的前身可以一直追溯到二战期间，当时英美空降部队中都有相当数量的犹太人，他们随着盟军征战北非，反攻欧洲大陆，攻占纳粹德国。也有部分加入了英国情报机关，空降在敌后，指挥犹太地下抵抗组织并协助盟军在沦陷区袭击德军。其中最著名的是尤艾尔·帕尔基（Yoei Palgi）和诗人汉赫纳·西纳什（Hannah Senesh）领导的小组。他们都在匈牙利活动，先后进行了数十次大胆的破坏。其中，西纳什率领的队伍最终全部被德军捕获并枪决。帕尔基则从纳粹监狱中逃脱，后来又回到布达佩斯继续组织抵抗运动，直到解放。整个二战期间，在盟军空降部队中阵亡的犹太人达到3212人，

5年后，在以色列的独立战争爆发之际，以色列总理本-古里安急召帕尔基回国组建第一支伞兵部队。1948年6月，以军第一支伞兵部队“Tzanhanim连（即希伯来语“伞兵”的意思）”成立。当时帕尔基所有的装备只有1架破旧的C-46“突击队员”运输机和2000具二手降落伞——这些降落伞并非军用品，而是用制造丝绸衬衣的边角料拼接起来的。当时，帕尔基的部队有随英国第1、第6空降师和“康曼多”突击队参加过多次作战的老兵和曾经空投到捷克联络抵抗的英国军情五处（MI5）退伍人员，有纳粹集中营的幸存者，也有移民到以色列后却走投无路的犹太人和一些本来就喜欢惹是生非的冒险家。虽然出身各不相同，但帕尔基成功地将他们凝聚成一个整体，一起为以色列而战。虽然队伍从上到下都士气高涨，但由于缺乏备用降落伞，年轻的以色列伞兵们经常会发生跳伞事故。而训练器材的严重匮乏，也加剧了这种悲剧的发生。因此，尽管以色列国防军曾多次计划将伞兵部队投入实战，

但最终都因为后勤补给的问题而中止。

1949年夏天，犹大·哈利（Yehuda Harari）接任伞兵部队指挥官。他决定重组这支部队并为其注入新鲜血液。随后，哈利大刀阔斧地革除了不少投机分子，并为部队找到了一处更大、更合适的营地，还组建了跳伞指挥员培训处，这个机构后来演化为著名的以色列国防军伞兵学校。

第一次中东战争之后，阿拉伯人并没有打算遵守停火协议，他们以正规军的小股规模渗透偷袭行动继续对以色列施加压力，仅1952年就实施了超过3000起渗透行动，其中，约旦陆军最热衷这种非常规作战，他们越境后通常会攻击以军边防哨所，偷袭以交通线，并掳掠以军人和平民，这些袭击给以色列边境的正常生产和生活秩序造成了极大的混乱。虽然以军的步兵和伞兵部队战斗力都很强，但并不适应这种反游击的消耗战，为了抑制这种慢性溃疡般的骚扰，以色列决定组织一支精锐小分队以牙还牙。1951年以色列国防军成立了一支属于南部军区的秘密单位“30部队”，用以在西线执行敌后渗透侦察任务和报复性袭击行动。由于缺乏足够的敌后远程侦察训练，“30部队”在执行了几次得不偿失的作战任务后就于1952年解散。

1953年8月，以军再次组建新的渗透侦察突击单位——第101部队，由阿里尔·沙龙担任指挥官。这支小分队由40—50人组成，其中大部分是从伞兵连抽调的，也有部分是原“30部队”的成员。他们经常越境对阿拉伯人进行报复。由于他们心狠手辣，在阿拉伯国家制造了多起惨案，很快就声名鹊起。

1955年4月埃及成立了准军事组织“费代因”突击队，并成为埃及正规军的辅助力量，主要负责对付以色列的越境袭击。很快，类似的部队就在约旦、叙利亚和黎巴嫩纷纷组建。推崇“非常规作战”的摩西·达扬成为以军总参谋长后，提出要扩充伞兵部队，而此时101部队正好发生了一件重大丑闻。沙龙率领101部队于1953年10月袭击了位于约旦河西岸约旦控制区内的凯比亚（Qibya）村，杀死了70余名巴勒斯坦平民，其中包括大量妇女、老人和儿童。这次屠杀在国际社会引起了轩然大波，为了保住沙龙的前途，

101部队与伞兵连合并，组成了第890伞兵营。虽然101部队只存在了5个月，但他们开创的小分队敌后渗透侦察、破坏战术却成为以色列伞兵进行特种作战的基础，其作战原则一直被沿用到了今天。

合并后的第890伞兵营继续执行对阿拉伯人的报复行动，虽然舆论反应强烈，但以色列高层并不认为这种以牙还牙的复仇行动有什么不妥。不久后第890伞兵营扩编为第202空降旅。该旅继承了其前身彪悍的作风，仅在1955年一年之间就执行了10次报复行动，这些行动都于夜间以班为单位在敌后5—10公里范围内执行。其间，第890伞兵营和敌人的交换比为1 ：10。从那时起，空降旅就成了以色列特种部队的代名词。

埃及宣布将苏伊士运河收归国有后，英法两国不甘心往日在中东的霸权旁落，蠢蠢欲动，以色列也制定了“卡代什行动”，准备对埃及的西奈半岛发动进攻，双方一拍即合。为此，第202空降旅也由针对阿拉伯国家民用目标的袭击和报复转为准备对埃及的作战。他们开始对埃及的防御部署进行敌后侦察，为了掩盖战争目标，第202空降旅在侦察之余也不断对埃及在西奈半岛的军事目标发动袭击。在这些偷袭多次得手之后，埃及人设下圈套试图伏击第202空降旅的伞兵突击队，不过机警的以色列人总是能够得到可靠情报，多次躲过了这种陷阱。

但是最终埃及人还是成功了，在一次深入西奈半岛突袭埃军驻汉尤尼斯的一个旅级部队指挥所的行动中。由莫德凯·古尔率领的小分队遭到埃军重重包围。古尔受了重伤，另有多人阵亡。而在随后于1955年12月11日实施的“加利利海（Kinneret）”行动中，第202空降旅在其他部队的加强下跨过了加利利海，攻击了叙利亚境内对以色列渔船构成重大威胁的炮兵阵地。但战斗中，第202空降旅的指挥官伊扎克·本·梅纳赫姆（Yitzhak Ben Menachem）不幸阵亡（他的位置由沙龙接任）。曾率领一个由老兵组成的突击营，对周边国家的边防哨所和军营进行过4次成功偷袭的拉斐尔·艾坦腹部受伤。为了避免再次出现类似情况，再加上对埃及的大规模进攻迫在眉睫，

在敌后进行穿插进攻的以色列伞兵

以军总参谋部决定暂停伞兵部队对西奈半岛埃军的袭击活动，以便让埃军以为是他们的成功伏击使得以色列不敢再来挑衅，同时也让疲劳的伞兵得到修整，然后进入战前的专门准备阶段。于是，第202伞兵旅停止了越境渗透，专心备战。

（2）以军在中线和亚喀巴湾战线的早期行动

当第202空降旅接近埃军目标时，以军第9步兵旅沿亚喀巴湾对纳布角展开了进攻。这座孤立的前哨位于以色列城市埃拉特以西十几英里处的沙漠小道上，占领它对“卡代什行动”来说具有双重意义。第一，在从纳布角沿顺时针方向通往西北的道路可以对沙龙的侧翼进行掩护；第二，从纳布角出发，沿亚喀巴湾的另外一条道路上直通纳斯拉尼角和沙姆沙伊赫——这些地区是第9步兵旅的最终攻击目标。这两点使得纳布角成为以军继续向前推进的一个理想的集结地。为了攻占纳布角，第9步兵旅采取了典型的以色列战术——在夜间出人意料地发动突袭。第 9 步兵旅派出巡逻队穿越崎岖的地形，巧妙地绕过了埃及军队的阵地。10 月 30 日午夜，以军占领了纳布角，而且没有人员伤亡。第 9 步兵旅在埃拉特附近战斗时，第 4 步兵旅正在约瑟夫·哈帕兹（Josef Harpaz）上校的指挥下沿一条更北的战线争分夺秒地前进。10 月 29 日深夜，第 4 步兵旅在车辆不足、弹药只有所需三分之一的情况下突破了边境。在“卡代什行动”计划中，哈帕兹要于当日午夜前的一小时占领一座名为阿尔 – 库赛马（al–Qusaymah）的边境哨所，这个哨所位于关键的十字路口附近。多条道路在此汇聚，控制其中的一条可以保护南线第 202 空降旅的北翼。另一条铺设良好的主干道则向西北方通往阿布奥格拉的“刺猬阵地”，此处是埃及军队防御工事的所在地，也是西奈半岛北部最重要的交通枢纽。前进途中，第 4 步兵旅最主要的障碍就是地形。以军南部军区司令阿萨夫·辛霍尼准将命令哈帕兹的步兵旅必须于 10 月 30 日黎明之前占领阿尔 – 库赛马。在离开以色列之前，哈帕兹就知道按这个时间表进军是非常困难的。只有前轮驱动的卡车才能在沙漠中运转自如——而这种车只占他车队的一小部分。由于大部分车辆都在沙漠中抛锚，第 4 步兵旅只能艰难地进军。

最终哈帕兹率领第 4 步兵旅对阿尔 – 库赛马展开夹击，他决定兵分两路，分别从东北和东南方向发起钳形攻势。之后，两支以军纵队在阿尔 – 萨卜哈山（Jebel al–Sabha）汇合，此山位于阿尔 – 库赛马以东，是一处关键制高点。从北部发起进攻的以军纵队利用了一条公路，但是在南部，以军纵队只能在黑暗中通过崎岖不平的地形对埃军发动奇袭。阿尔 – 库赛马当时驻扎着埃军 2 个营和 2 个独立连，装备有机枪、迫击炮和 M–3 半履带车。尽管南部纵队晚了几个小时才赶到目标区域，哈帕兹还是按照原计划发起了进攻。

10 月 30 日凌晨 3 点，第 4 步兵旅对阿尔 – 萨卜哈山的两个山头同时展开仰攻，在以军凌厉的攻势下，埃及守军很快就土崩瓦解。随后，以军针对埃及溃兵展开了扫荡，战斗一直持续到太阳升起。10 月 30 日早晨 6 点，在扫清了这个主要障碍后，第 4 步兵旅开进了已经被埃军放弃而空无一人的阿

尔 – 库赛马，不但赶上了进攻计划的时间表，还基本上毫发无损。在这里，以色列军方将一些坦克补充给了该旅。随后，第 4 步兵旅又乘胜追击，向纳赫勒、哈萨纳、阿布奥格拉方向派出了侦察队。这时，第 7 装甲旅的 1 个营已经不顾达扬的命令，进抵阿尔 – 库赛马。南部军区司令辛霍尼不知道达扬对第 7 装甲旅投入战斗的限制，他以“第 4 步兵旅未能按时完成进攻计划”为借口，命令第 7 装甲旅立即向阿尔 – 库赛马前进。这个旅当时正在纳哈尔·路得（Nahal Ruth，一块以色列的武装“移民区”）待命，这显然违反了达扬的命令（达扬曾经规定：在判明英法军确实参战前，第 7 装甲旅和第 37 机械化旅不准参战，因为这样做将会揭示以军真正的行动规模，并可能引发全面战争）。同时，辛霍尼司令通过沃拉赫上校命令预定 31 日才开始进攻的第 10 步兵旅立即突破边境进攻乌姆卡泰夫，还向第 7 装甲旅下达了进攻阿布奥格拉的命令。

（3）以军第 202 空降旅在海坦谷地的战斗

正当辛霍尼违反达扬命令调动装甲部队的时候，沙龙已经率第 202 空降旅于 29 日午夜赶到了一处埃军据点——阿尔 – 孔蒂拉（al–Kuntillah）面前。这处据点位于萨马德城以西约 8 公里处。尽管埃及在这个前哨派驻的大部分都是警察和海关部队，但据点内还驻扎着一支强大的守备队（2 个边防连，隶属于埃军第 2 机械化边防团，其中 1 个是苏丹连），他们拥有良好的装备和较强的战斗力，还在阵地前布设了铁丝网和地雷场，因此只能通过道路接近——这对以军构成了严重威胁。面对雷区和复杂的地形，沙龙还是决定对守军发动进攻。10 月 30 日早晨 6 点，在向埃军阵地进行了猛烈的迫击炮射击和弹幕射击后，以色列伞兵发起了突击。一个善变的盟友——太阳帮助了沙龙，黎明璀璨的阳光刺痛了守军的眼睛，掩护了以军的行动，伞兵们一直冲到据点附近才被守军发觉。以军坦克从苏丹人工事的缺口冲了进去，停在

1956 年 10 月 29 日至 30 日，“卡代什行动”第一阶段：以军对西奈半岛的进攻

一堵石墙的顶部，利用机枪不断扫射，为伞兵的突入扫清了障碍。经过 1 小时 30 分钟的战斗，埃及守军阵亡 50 人并有多人受伤，最后不得不撤离阵地。沙龙的部队阵亡 4 人，伤 6 人。当时，沙龙已经率第 202 空降旅主力前进了 97 公里（60 英里），只剩下一个埃军的坚固据点——纳赫勒（Nakla）还挡在沙龙和第 1 伞兵营之间。沙龙计划，如能成功实现与第 1 伞兵营的会师，将首先对伤员进行就地医治或将其疏散回国。一切顺利的话，第 202 空降旅将很快就会在米特拉附近重新汇聚为一个整体。

就在沙龙以为胜利唾手可得时，却遭遇了挫折。天亮后，埃及军队的“吸血鬼”和米格-15战斗机出现在了天空，它们不但对第1伞兵营的阵地进行了打击，还扫射了第202空降旅的两列行军纵队。所幸10月30日上午8点，以色列空军向第202空降旅空投了燃料、备用零部件和补给品。利用这次空投补给，尽管在埃军的空袭中受到了一些损失，第202空降旅还是在当日下午赶到了纳赫勒。在以军的炮击下，埃及守军的士气很快崩溃，经过小规模的战斗，以军于下午5点25分占领了纳赫勒。沙龙将第3伞兵营留在纳赫勒，率主力继续向米特拉山隘前进，于30日夜间10点30分，即越过边境30个小时、前进250公里后，终于和艾坦部队会合。

深入西奈半岛腹地的以军伞兵正在商量下一步行动

在沙龙抵达米特拉之前，远方正在发生的一些事情加剧了以色列和埃及之间的紧张局势。10月30日，在英国议会会议上，艾登首相呼吁埃及和以色列“将军事力量从运河区后撤16公里（10英里）……”艾登还警告说：“如果拒绝撤军将意味着英国的干预……以确保双方执行。”随后，艾登的最后通牒由一名英国外交官分别转交给他的埃及和以色列同行，依据塞夫勒会议的决议，英国进入了战争的倒计时。

正像英国、法国和以色列所期望的那样，纳赛尔并不认为艾登的最后通牒会形成实质性的威胁——相反，他加强了埃军在西奈半岛的部署。开罗的埃军总司令部是在10月29日夜间7点得知以军进攻埃及的，位于边境附近的阿尔-孔蒂拉的警戒部队率先报告了这一消息。夜间 8 点，纳赛尔总统接到报告，东部军区司令阿密尔已经下令驻扎在苏伊士运河西岸的第 2 步兵旅第 5 和第 6 步兵营进攻以军空降在米特拉附近的部队。夜间 9 点，他得知以色列电台已经广播说以军进攻了位于阿尔－孔蒂拉的埃军基地。这时，埃军第 5 步兵营也已经开始渡河。夜间 11 点，埃军总司令部根据了解到的整个情况，开始实施早已准备好的反击以军进攻西奈的计划：以前沿部队拖延以军的进攻，主力迅速向吉夫加法和萨马代周围集结，由左翼向阿布奥格拉方向实施包围作战，进攻开始时间定于 11 月 2 日至 3 日。此外，阿里·阿密尔司令还命令运河西岸的第 4 装甲师和 2 个步兵旅渡过苏伊士运河。

对深陷敌后的第 1 伞兵营而言，从 10 月 29 日到 30 日的这段时间显得格外漫长。得知以军空降后，埃军于 10 月 29 日黄昏就派出了 3 辆装甲车去攻击米特拉东部的空降场，遭到以军伞兵部队的伏击，1 辆装甲车被摧毁，1 辆返回了纳赫勒，另 1 辆则回到了沙特（苏伊士城对岸）报告米特拉以军伞兵的情况。东部军区司令阿密尔根据这个报告，于 29 日晚上 8 点命令第 2 步兵旅进攻以军第 1 伞兵营。10 月 30 日上午 9 点后，第 2 步兵旅第 5 步兵营的先头部队向东朝着米特拉山隘进发。这时，第 1 伞兵营指挥官艾坦中校命令士兵利用迫击炮拦截这支纵队。同一时刻，4 架米格战斗机攻击了这支伞兵部队。埃及第 5 步兵营也向伞兵营的阵地发起冲击。双方进行了 1 个小时的小规模战斗，但谁都没有取得决定性的战果。但是，埃军控制了米特拉山隘的东端入口。30 日中午，以色列空军战机飞临米特拉上空，艾坦中校接到命令，命正在进攻的己方部队后撤，以便友军的喷气式飞机实施对地攻击。以军战机向埃军第 5 步兵营的阵地发射了火箭，并投下炸弹，之后又攻击了正在渡过苏伊士运河的第 5 步兵营余部和第 6 步兵营。埃军虽然以防空武器迎战，但并没有什么效果。以军战机接着又对米特拉山隘西侧的埃军纵队进行了轮番攻击。直到 30 日黄昏，这里仍然看得到正在熊熊燃烧的车辆。尽管埃军遭受了以色列空军的多次空袭，但一直保持着向东进军的势头，并逼近了海坦山。另一支埃军巡逻队则占领了帕克纪念碑，从而占据了有利地形，艾坦的以军第1伞兵营只能据守海坦峡谷以东的低地，埃军的轻武器和机枪火力不断自上而下向他们倾泻。直到沙龙率空降旅主力赶来后，才扭转了这种不利的形势。

与艾坦部队会合后，沙龙开始考虑下一步行动。立即对米特拉山隘发起进攻并占领山隘的东端似乎在战术上更为有效，但总参谋部的现行命令禁止他这样做（达扬由于更重视攻占阿布奥格拉，所以要部队尽量避免在米特拉山隘战斗）。同时，暗夜、糟糕的能见度以及部队疲惫的状况，都限制了他在短期内的战术选择。10月31日黎明到来后，沙龙评估了周围的环境，并感到非常焦躁。他的不安来自以下几个方面：首先，空降旅接受的命令是进攻而非防御；第二，根据情报，埃军第4装甲师下辖的第1和第2装甲旅已经推进到距离米特拉山隘以北几十英里的地方。在开阔的沙漠地带，埃军的T-34坦克和SU-100坦克歼击车可以轻松消灭第202空降旅装备的M-3半履带车和AMX-13坦克。当时，沙龙还不知道以色列装甲部队已经投入战斗，并阻断了埃军坦克部队与第202空降旅之间的接触，而且以色列空军的轰炸也使得埃军无法靠近空降旅的阵地。沙龙想寻找一块地形更好的区域作为进攻发起地。最新的空中侦察表明海坦峡谷内没有埃军活动，这对意图占领两侧高地的沙龙来说是一个好消息。然而，做出这个部署的沙龙实际上误解了达扬的战略框架，在达扬的计划中从未设想过沙龙要继续向西突入运河区。外界对沙龙的普遍批评是他患有“战略短视症”，而这种状况在10月31日表现得尤为明显，当天他决定进攻海坦谷地——这造成了以军不必要的伤亡，并延缓了第202空降旅对沙姆沙伊赫的进攻。

相对于战略，沙龙对战术更为看重。考虑到米特拉山隘的大部分都还未被两军占领，10月31日清晨，沙龙与达扬进行了协调，希望后者能撤销对进攻米特拉山隘的禁令。达扬拒绝了，但批准了沙龙提出的对米特拉西端进行侦察的建议，他同时警告沙龙“避免进行高烈度的作战……”随后，沙龙组建了一支突击队，这支队伍远远超过一支侦察队的规模，由未来的总参谋长莫德凯·古尔（Mordecai Gur，十月战争后任总参谋长）担任指挥官。10月31日中午，沙龙抽调第2伞兵营的2个连，并加强以旅侦察队、3辆坦克、4门120毫米迫击炮和陆空联络小组所组成的突击队，浩浩荡荡开赴海坦谷地。不论是古尔还是沙龙都没有查证当日清晨获得的空中侦察情报是否准确，而事实很快就会向他们证明——情报是错误的。

实际上，埃及军队就埋伏在海坦谷地周围的高地——埃军第5、第6步兵营于30日下午遭到以色列空军沉重打击后，步兵部队就在海坦谷地地势稍高的东半部掘壕据守。他们将迫击炮、反坦克炮和机枪隐蔽在洞穴中和石壁之间，可以居高临下对古尔的队伍开火。沙龙匆忙下达进攻命令时非常不谨慎，他把希望完全寄托在一份乐观的情报上，将他的部下送进了海坦山的死亡陷阱。

战后，达扬批评了沙龙在海坦山的鲁莽之举，令人惊讶的是，达扬公开指责沙龙是因为战术上的问题而非后者违抗了他的命令。达扬认为沿海坦山和吉迪山平缓的南坡和北坡进攻，取胜的把握将会更大。但古尔进入海坦谷地后却直接进攻了一个利于防守的峡谷——这为埃军的伏击提供了一个绝佳的机会。10月31日中午12点30分，就在古尔突击队的先头部队通过海坦谷地时，遭到了埃军的炮击，一辆汽车被击中起火。艾坦中校命令后续部队投入战斗，但由于道路被前一天击毁的埃军车辆所堵塞，整个纵队挤在谷地内无法前进。以军的油料车和弹药车也相继被击中起火。

遭到突然袭击后，突击队员们四散寻找掩护，想要撤到"碟形地台"以避开子弹。然而，一辆埃军装甲车的残骸挡住了他们的去路。突击队员们在弹雨中奋力挪开了这个残骸，却失去了最后一辆能用的M-3半履带车。撤入"碟形地台"后，突击队总算躲开了埃军炽热的火力，但也导致他们与空降旅主力断绝了联系——四壁高耸的巨岩干扰了无线电通信，使他们无法与后续部队会合。

随后，突击队经历了连续 7 个小时的混战。AMX-13 坦克不断向一个看不见的敌人火力点倾泻 75 毫米炮弹；埃军的 M-3 半履带车则躲在峡谷转弯处或者石壁褶皱后面，不停用机枪向古尔的队伍扫射。此外，埃军还出动了“吸血鬼”和米格战机对“碟形地台”内和再往东的以军部队发动空袭。对古尔来说，不幸中的万幸是在西奈半岛西部上空巡航的以色列战机成功阻止了埃及空军的多次轰炸。但同时也误炸了古尔的队伍，炸毁了其仅剩的无后坐力炮。面对极其不利的形势，焦急的古尔跃出临时挖掘的战壕，高喊“我们正在死神面前徘徊，后退就是送死！”以激励部下。

得知这一情况的沙龙上校面临着抉择：是撤回部队，还是继续增援。他选择了后者，因为以军素有“不许丢下伤员后撤”的传统。为了救出古尔和他的突击队，沙龙以所有火炮压制对方射击，并将 2 个连派往了吉迪山。随后，这支分队沿着山壁爬下，进入发生激战的海坦谷地东部，并在当日黄昏占领了该处。古尔突击队则趁机顺着峡谷的两侧爬上了高地，他们怀着强烈的个人牺牲精神投入战斗，在陡峭的山坡上迎着雨点般的子弹前仆后继地冲锋。终于，两股以军把埃及人困在了北侧山壁。夜幕降临后，战场形势发生了逆转，

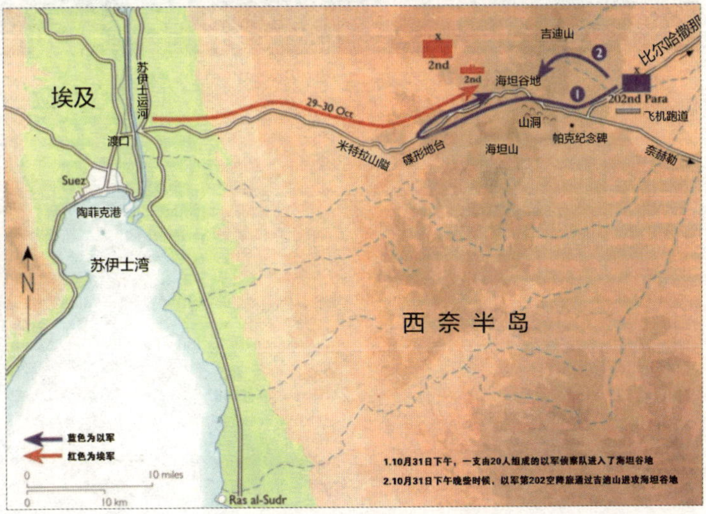

1956 年 10 月 29 日至 31 日，米特拉山隘之战

以色列突击队虽然严重减员，但却越战越猛，埃及人只能挣扎着还击。经过2.5个小时的肉搏战，至夜间8点，第202空降旅的两支分队扫清了每个山穴，结束了这场战斗。战斗中，以军造成大量埃军人员伤亡，其中有200名埃军被打死，但以军自身也有38人阵亡，120人受伤。

圣凯瑟琳修道院是世界上最古老的基督教修道院，也是西奈半岛上最受欢迎的旅游景点，从中可见该处多山的地貌

02 突破“刺猬阵地”——以军席卷阿布奥格拉

阿布奥格拉是埃军在西奈半岛北部的关键性防御阵地。只要埃军守住此地，以军就无法打通通向阿里什的海岸公路。因此达扬首先将重点放在攻占阿布奥格拉上。沃拉赫上校的中部集群 / 第 38 集群下辖 3 个旅，根据占领阿布奥格拉的需要，第 37 机械化旅也划归该集群指挥。但是，由于以色列担心英法军队不能按照协定参战，不愿将第 7 装甲旅和第 37 机械化旅过早投入战场，因此，沃拉赫上校在开战时首先以第 4 步兵旅进攻阿尔 - 库赛马，以第 10 步兵旅进攻乌姆卡泰夫。

（1）埃军“刺猬阵地”的布置情况及地形

10 月 30 日，辛霍尼违反命令，过早地将以色列装甲部队投入了战场，这在很大程度上归因于中部战线对全局的重要性。阿布奥格拉镇位于尼扎纳（Nizzana）以西 32 公里（20 英里）处，这个据点是几条铺设良好的公路的汇聚之地，也是整个西奈半岛最重要的交通枢纽。据以军总参谋部的肯尼特 · 洛夫观察，阿布奥格拉镇附近的公路可以为部署在西奈半岛北线和南线的以军部队“提供一个完美的侧翼屏障”，如能控制这些交通干道，整个西奈半岛的埃军部队就是瓮中之鳖。

由于单凭阿布奥格拉镇一个据点难以防守，因此，埃军沿着一条山脊线，包括鲁瓦法（Ruafa，此地有一座重要水坝）、乌姆希汉（Umm Shihan）以及乌姆卡泰夫(Umm Qataf)建立了一条环形防线,这片区域被称为“刺猬阵地”。战争中，以埃双方在此进行了为期 3 天的激烈战斗。

10 月 30 日,萨米·亚萨(Sami Yassa)上校指挥大约 3000 名埃军增援部队,抵达了“刺猬阵地”。他的部队主要由埃军第 3 步兵师第 6 步兵旅下辖的第 17 和第 18 步兵营组成。另外，阵地中还驻扎着另外 3 个步兵连，1 个炮兵团和 2 个反坦克炮连。早在 10 年前，埃军就扩建了“刺猬阵地”，在欧洲军事顾问的监督下，他们修造了掩体、堑壕和炮位，构成了相互支撑的火力体系。埃军在构筑“刺猬阵地”时，精心选择了有利的地形，使其易守难攻。阵地的北面是一望无际的大沙漠，南面则是哈拉勒山（Jebel Halal）、达尔法山（Jebel Dalfa）和武盖尔山（Jebel Wugeir）等山地，只有一条道路穿过这片巨大的山区，连接着“刺猬阵地”与阿尔－库赛马（根据 10 月 30 日辛霍尼下达的命令，阿尔－库赛马是第 7 装甲旅的集结地）。这条道路四周的群山增强了埃军阵地的防御力。因此，要想发动地面进攻，只能通过刺猬阵地的两翼，即东翼的乌姆卡泰夫和西翼的鲁瓦法进行。而且从地形来看，似乎只有前者可能遭受真正的地面进攻。但亚萨上校担心，以军可能会利用伞兵空降攻击他的西翼，为此，他分派了一个营和一个反坦克炮连到东翼，而将另一个营和反坦克炮连留在西翼。达尔法山位于乌姆希汉以南，可以居高临下俯视每一条山脊，亚萨上校便将他的炮兵团放在这里。此外，他还分派步兵沿着阵地外围巡逻，以确保万无一失。

然而，辛霍尼准将派出攻打刺猬阵地的兵力超过亚萨上校守军的 4 倍，这让后者陷入了极为不利的态势中。10 月 30 日黎明，阿尔－库赛马被以军第 4 步兵旅攻陷，埃军的形势更加危急。当天，辛霍尼决定使用两支实力雄厚的以军部队，包括来自东部的步兵和来自南方的装甲部队对乌姆卡泰夫发动钳形攻势——这比“卡代什行动” 计划规定的时间要更提前。在修改后的第一阶段作战计划中，达扬规定至少要在一天以后才对刺猬阵地采取行动。但辛霍尼轻率地决定立即用第 7 装甲旅来加强阿尔－库赛马的第 4 步兵旅，这破坏了达扬订下的时间表。辛霍尼通过沃拉赫上校向第 4 步兵旅承诺将派坦克来支援他们的进攻。辛霍尼准将同时派第 7 装甲旅旅长伊扎克 · 本 – 阿里（Izhak Ben–Ari）上校率部对“刺猬阵地”进行侦察，并提醒后者尽量避免在白天发生战斗。

（2）10 月 30 日，以军对“刺猬阵地”的试探

出人意料的是，本 – 阿里上校的侦察行动很快就演变为对乌姆卡泰夫的全面进攻。守卫此地的不仅有埃军第 18 步兵营，还有第 17 步兵营的一部分兵力——就在最近，他们从 5 英里外的鲁瓦法赶来支援。亚萨上校自己也参加了这次战斗，但他在对以军发起反攻的时候中弹受伤，不得不回后方医治。尽管如此，埃军还是轻松赢得了战斗。埃军的炮兵团和反坦克炮连击毁了以军坦克和装甲输送车各 2—3 辆，粉碎了本 – 阿里的进攻。而后，虽然第 7 装甲旅连续发动了三次进攻，但每次都被击退。

30 日上午 11 点，达扬乘坐直升机飞抵阿尔 – 库赛马。他发现第 7 装甲旅已经进入这一地区，大发雷霆，并立即直接命令第 4 步兵旅旅长以一部分兵力向纳赫勒前进，其主力则准备进攻阿布奥格拉以及乌姆卡泰夫；命令第 10 步兵旅从 31 日清晨起着手准备进攻乌姆卡泰夫阵地。达扬还动员第 7 装甲旅旅长迂回阿布奥格拉沿西奈半岛的中部前进。但接到侦察队最新报告的本 – 阿里上校判断可以从西翼进攻阿布奥格拉，中部集群司令沃拉赫上校也同意这个意见。

10 月 30 日，第 7 装甲旅派出的侦察队取得了重大收获。在阿布奥格拉以南，本 – 阿里派出的摩托化侦察队对哈拉勒山进行勘查，他们发现了一座位于“刺猬阵地”边缘的高地，这座高地裂开了一个缺口，即阿尔达伊卡山隘（al–Dayyiqa）。这个发现使以军觉得自己抓住了一个关键的机会。通过这个山隘，以军可以摆脱目前进攻轴线的限制（只能从“刺猬阵地”的东翼

发动进攻），从而可以攻击埃军阵地的西翼。实际上，亚萨上校对阿尔达伊卡的重要性已经有所了解，但他并没有派出足够的力量来守卫这一要隘。由于兵力短缺，他只能派出一个排来防守。由于这个排既没有坦克也没有大炮，因此他们试图摧毁山隘，而不是防御它，但他们的努力最终失败了。当第7装甲旅的侦察队逼近时，埃及哨兵决定炸毁紧邻阿尔达伊卡南部的一座大桥，他们在匆忙之间引爆了布设在桥身中的炸药后逃之夭夭了。

临走前，埃军还尽力破坏山隘，设法使以军无法通过，但这些破坏并未给以军造成多大的困难。在弹坑和崩塌的巨石间跋涉良久后，以军侦察队出现在了阿布奥格拉附近。在制订防御阿尔达伊卡的计划时，亚萨上校认为他可以召唤空中力量对经过这个狭窄山隘的敌军部队进行打击，但令人不理解的是，埃及空军在当天并没有出动。或许是埃及空军忽视了亚萨上校的请求，也可能是他根本没来得及发出这样的请求。

显然，第7装甲旅在阿尔达伊卡的成功行动削弱了“刺猬阵地”的防御。此后，以军便可以进攻埃军阵地的东西两翼，这令亚萨上校的继任者——埃军第6步兵旅旅长萨德顿·穆塔瓦雷（Saadedden Mutawally）上校陷入了进退两难的境地。他面临的问题是是否应该继续将主力集结在“刺猬阵地”的东翼？但以军对乌姆卡泰夫发动的钳形攻势似乎让他别无选择。穆塔瓦雷认为阵地最大的危险还是来自乌姆卡泰夫。10月30日下午直到黄昏，除第7装甲旅一部继续猛攻“刺猬阵地”东翼外，以军第10步兵旅也在什穆埃尔·古迪尔（Shmuel Gudir）上校的率领下展开了进攻，两支以军部队企图协同作战，夹击乌姆卡泰夫和乌姆希汉阵地。第10步兵旅于30日下午5点离开奥贾，7时夺占乌姆巴塞斯的埃军警戒阵地。接着又向乌姆希汉阵地发起了进攻。但因采取了逐次发起战斗的“填柴战术”而被埃军击退。

穆塔瓦雷上校对战况的误判表现出了他对“刺猬阵地”的无知，他并不胜任自己的新职位，而且忽视了一个严重的威胁——以军第7装甲旅向“刺猬阵地”西翼的侧翼机动。实际上，以军的这一突击箭头正在缓慢地向前推进。

一辆参加过西奈战役的以军 M–4A4 谢尔曼坦克

在第 7 装甲旅向阵地前进的整整 12 个小时里，本 – 阿里上校的以军侦察队都在深入敌后数英里的地方守卫着阿尔达伊卡，直到亚伯拉罕·阿丹(Avraham Adan) 中校带着他的装甲营在黑暗的掩护下赶到这个山隘。在接下来的行进途中，阿丹中校命令全营抛弃了所有轮式车辆，因为它们无法穿过堆满崩塌岩石等障碍物的地形，终于用 10 个小时通过了阿尔达伊卡山隘。陪同阿丹中校一起在这条危险的山路上跋涉的还有本 – 阿里上校本人，当天早些时候，他将自己的装甲旅兵分三路。其中一支向西深入西奈半岛腹地，试图挡住向半岛西部开进的埃军第 1 和第 2 装甲旅，以掩护以军第 202 空降旅。与此同时，另一个装甲营沿着阿丹中校的行军路线，也安全抵达了阿尔达伊卡。现在，他们首要任务是攻占“刺猬阵地”的西翼。

（3）以军对“刺猬阵地”的进攻

10 月 31 日破晓时分，阿丹中校带着大约 80 辆履带式车辆从阿尔达伊卡

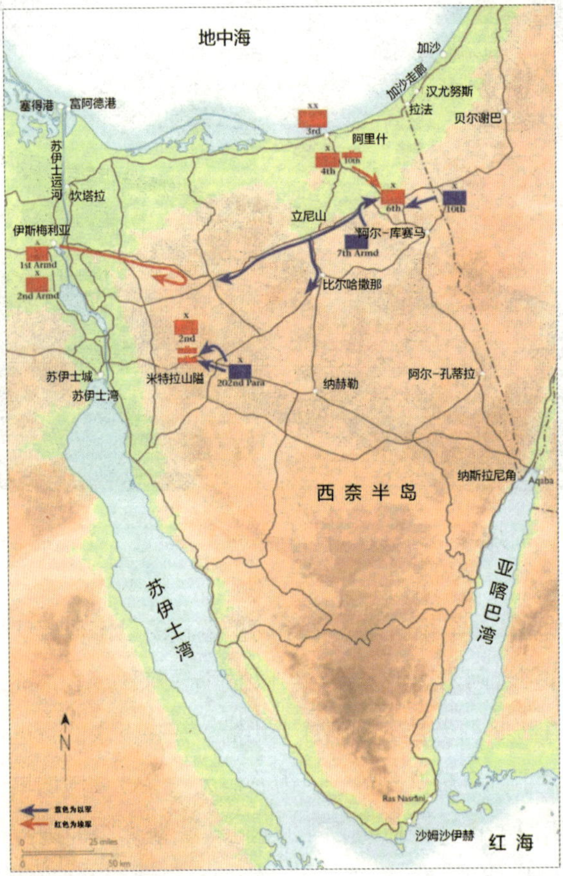

1956 年 10 月 31 日，
西奈战争中部战线的僵局

出发，向东行驶了 3 英里后，他们在阿尔达伊卡通往鲁瓦法的公路上重新集结。31 日上午 5 时，阿丹装甲营发起了对阿布奥格拉的进攻。

埃军在阿布奥格拉的十字路口构筑了阵地，封锁了所有通往鲁瓦法的道路。这片区域地形开阔，增加了埃军防守的难度，但好在附近有一座高地——这座高地是“刺猬阵地”的一部分，穆塔瓦雷可以利用它布置火力阻击以军。此外，埃军的一个连就埋伏在阿布奥格拉镇内，他们向突入镇内的阿丹装甲营发射火箭弹，并不停用机枪扫射。来自达尔法山的炮兵火力也摧毁了几辆以军坦克。虽然因埃军的顽强抵抗和精准的炮火射击导致进攻十分困难，但经过一个小时血腥的近距离战斗，阿丹装甲营还是包围并歼灭了这股埃军，并于上午6点30分占领了阿布奥格拉。

由于另一个装甲营已经被本－阿里被派往更西的战线，因此攻占阿布奥格拉和鲁瓦法的任务交给了阿丹装甲营。前一个任务已经完成，但后一个任务——对占据制高点，并拥有坚固阵地的敌人发起进攻则并非易事。上午，埃军第3步兵师试图利用第10步兵营和乌姆卡泰夫守军——第18步兵营夹击阿布奥格拉附近的阿丹装甲营，并对驻守鲁瓦法的第12步兵营进行增援，这将令阿丹的任务更加艰巨。但随后，在埃军第3步兵师位于阿里什城的师部，师长安瓦尔·阿尔－卡迪（Anwar al-Qadi）准将对第10步兵营直接增援“刺猬阵地”的行动表示了疑虑。10月31日中午，阿尔－卡迪准将决定先将第10步兵营派往南方（这个决定是个错误），而不是让其立即前往阿布奥格拉。正是由于这次改派，第10步兵营只能顶着炎炎烈日在野外疲于奔命，这使他们成为以色列空军最好的攻击目标。以军的空袭不但摧毁了该营几辆谢尔曼坦克，还造成了严重的人员伤亡。

同时，以军已经切断了鲁瓦法与外界的联系。即便埃军第10步兵营想要进入“刺猬阵地”增援第12步兵营，也必须先与阿丹装甲营交战。实际上，对阿尔－卡迪准将来说，最佳的选择是先把第10步兵营留在阿里什城附近，在那里可以随时增援鲁瓦法。如果长途行军不可避免，则可以在夜间进行。不久后，埃军第18步兵营在炮兵和反坦克武器的猛烈炮火支援下转入进攻状态，与阿丹装甲营展开了激战。第10和第18步兵营的这次协同进攻给以军造成了威胁，如果以色列空军战机的火力支援错失战机，没能阻挡住埃军第10步兵营，以军想要守住阿布奥格拉便困难重重。

当第7装甲旅的一部在阿布奥格拉附近取得突破时，以军第10步兵旅正在距离此地以东16公里（10英里）的地方对“刺猬阵地”展开强攻，但该旅的进攻正面宽达3公里，而且部队没有火炮支援就发起冲击，再加上他们遭到了埃及人猛烈的火力阻击，攻势最终失败。达扬将这次失利归因为准备不充分、指挥不利和战场表现不佳，他准许第 10 步兵旅在进行短暂休整之后再次进攻。在达扬的批评中，至少第 3 点是不符合事实的。要求步兵在一支小规模装甲部队（装备中充斥着 M-3 半履带车）的支援下在白天强攻占据优势地形的敌军阵地本来就是强人所难，况且第 10 步兵旅相比埃及守军在兵力上也只有很小的优势(略低于 2:1)，因此这本就是一个不可能完成的任务。即便是拥有更强大火力的第 7 装甲旅在类似的情况下也会以失败告终。

就在第 10 步兵旅逐渐恢复力量的时候，第 7 装甲旅的一支分遣队正在继续向西挺进，准备迎战埃军第 1 和第 2 装甲旅的坦克和自行火炮。到 10 月 31 日中午，第 7 装甲旅分遣队已经占领了位于立尼山（Jebel Libni）和比尔哈撒那（Bir Hassna）的关键据点，随即挺进到比尔哈马（Bir Hama），就停在被怀疑是埃军阵地的区域以东不远处。与此同时，以色列空军对埃军装甲部队进行了空袭，摧毁了多辆坦克。不幸的是，他们也误击了己方部队。以军“神秘”战斗机的飞行员以为，任何深入西奈半岛腹地的军队都必定是敌军，它们错误地对着友军扫射，朝他们发射火箭弹，并且对第 7 装甲旅分遣队不断发出的敌我识别信号熟视无睹，造成了己方人员伤亡。阿丹装甲营在阿布奥格拉也遭遇了类似的情况——以色列战机朝自己人开火。当时，以

中部战线，以军第 7 装甲旅的坦克兵们正在为他们的坦克重新装填弹药，注意图中右侧的卡车的轮子陷入了沙漠中，这表明了在西奈半岛行军是非常艰难的

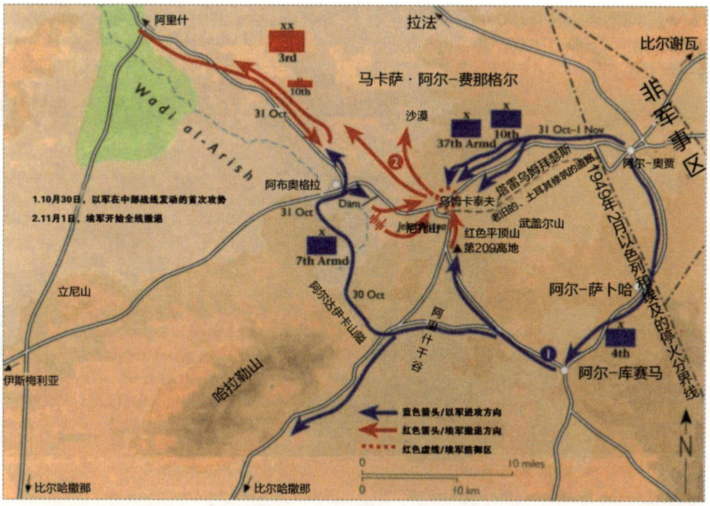

1956 年 10 月 30 日至 11 月 1 日，阿布奥格拉周边的战斗

色列空军的喷气式战机攻击了正在从阿里什城前往“刺猬阵地”的埃军第 10 步兵营——他们与阿丹装甲营非常接近。以军飞行员并没有注意到阿布奥格拉已被阿丹装甲营占领，他们在轰炸埃军的同时，也把炸弹扔到了友军的头上。

（4）以军第 7 装甲旅攻占鲁瓦法，埃军撤出“刺猬阵地”

在阿布奥格拉以东，从阿里什城前往“刺猬阵地”的方向，有一条公路穿越了数英里长的山谷，路南是埃军的火力中心——达尔法山，埃军在这里布置了 10 门“弓箭手”自行反坦克炮、7 门 57 毫米炮、6 门 25 磅炮、2 门 30 毫米机炮，以及少量 40 毫米博福斯高射炮和捷克制 57 毫米炮。最终，这条路通向鲁瓦法水坝，现在这里仅有一个埃军连负责防守，因为埃军第 12 步兵营和第 17 步兵营的残余部队已经被重新部署到了乌姆卡泰夫。

为了占领鲁瓦法，阿丹中校将他的装甲营分为三个战斗编队：两个装甲编队和一个装甲—步兵混合编队。他命令摩西 · 布里尔（Moshe Brill）少校率领其中一个装甲编队（装备超级谢尔曼坦克）从鲁瓦法的东北方发动进攻，

1950年代初，英国向埃及提供了200辆“弓箭手”17磅自行反坦克炮。其中44辆在1956年装备了至少4个反坦克连，负责支援西奈的埃及步兵部队。在战斗中有40辆被缴获或击毁。照片背景是一辆捷克斯洛伐克制T-34/85

混合编队则从正北方发动进攻。为了掩护这两支部队，阿丹中校亲自指挥另一个装甲编队从附近的一座高地上对鲁瓦法发动炮击。此外，他还安排了炮兵支援，以保护后方不受埃军第10步兵营的袭扰。10月31日黄昏，阿丹装甲营对鲁瓦法的总攻开始了。布里尔少校的超级谢尔曼坦克率先突入，不断对埃及守军进行抵近射击。半小时后，随着混合编队展开进攻，战场开始变得混乱。在几个小时内，双方围绕鲁瓦法水坝进行了反复的拉锯战。从埃军装备库和弹药库燃起的熊熊烈火，照亮了整个高地。打光了全部炮弹之后，超级谢尔曼坦克并没有退出战场，它们继续留在鲁瓦法东北部，为以军步兵提供可以移动的掩护平台。埃军一个连据守水坝坝顶，他们与攻上来的以军步兵进行着面对面的近距离厮杀。最后，每一辆参与进攻的以军坦克都被炮火摧毁，但阿丹装甲营却仍然占据上风。兵力和车辆上的优势，以及更强的夜战技能，使阿丹装甲营在这场激烈的战斗中取得了最终胜利。到第二天黎明时分，以军占领了鲁瓦法，随后转入就地防御状态。

对以军来说，攻占鲁瓦法似乎是仅有的一项突破——这种状况激怒了达扬，他希望在11月1日黎明之前不但要占领鲁瓦法，还要攻下乌姆卡泰夫。

他再次将怒火撒到古迪尔身上，后者指挥的第 10 步兵旅尽管占有一些优势，却对乌姆卡泰夫屡攻不下。古迪尔手中的优势有：①阿丹装甲营对鲁瓦法的进攻分散了埃军的注意力；②黑暗能掩护以军靠近阵地；③最重要的是第 37 机械化旅（欠一个营）也被派来支援他。但这些有利因素并没能给第 10 步兵旅带来胜利。糟糕的导航导致了这支部队的失败。发起进攻的时候，他们在乌姆卡泰夫以东迷了路。无法辨清方向的步兵们在黑暗中游荡了一整夜，直到 11 月 1 日黎明才抵达目标，但几乎立刻就被守军击退了。

第 10 步兵旅徒劳的行动浪费了一整夜时间，使达扬迅速粉碎乌姆卡泰夫的希望成了泡影。就像马尔伯勒公爵在布伦海姆和拿破仑在奥斯特利茨做过的那样，达扬为了在埃军阵地中央取得决定性突破，试图利用第 37 机械化旅一部对阵地的侧翼发动进攻，以分散守军的注意力。第 37 机械化旅的半履带式车辆营于 11 月 1 日凌晨 2 点完成了进攻准备，但因关键的坦克尚未到达战场，旅长什穆埃尔·戈林达上校决定先以步兵营发起进攻。凌晨 3 点 30 分，进攻部队鲁莽地开着车灯出发了。很快，其先头部队就遭到埃军炮兵和反坦克武器的集中射击，后续部队则进入了雷区，旅长戈林达上校当场阵亡，大部分军官负伤，进攻失败了。

11 月 1 日清晨，战斗再次爆发。这回达扬用未来的以军总参谋长伊斯雷尔·塔尔（Israel Tal）上校替换掉了表现不佳的古迪尔。随后，他命令第 10 步兵旅和第 37 机械化旅立即对乌姆卡泰夫采取行动。此外，达扬还将第 4 步兵旅部署到“刺猬阵地”和阿尔 – 库赛马之间。紧接着，激烈的战斗开始了。法军战机加入支援以军进攻的行列中，它们用凝固汽油弹、火箭弹和普通炸弹轮番洗礼埃军的阵地。曾参与进攻阿尔 – 库赛马的以军坦克和第 4 步兵旅挺进到乌姆卡泰夫的南部外围，但是，在埃军反坦克武器猛烈的炮火下，以军装甲部队的进攻再次失利，而且遭受了严重的损失，只能在中午选择撤退。在此情况下，达扬只好决定停止进攻乌姆卡泰夫，这座阵地仍然牢牢地掌握在穆塔瓦雷上校手中。但这时候被埃军吹嘘为“坚不可摧”的阿布奥格拉和鲁瓦法已经被以军占领。

以军针对乌姆卡泰夫的这轮猛攻虽然失败，却意外促成了穆塔瓦雷上校将外围残余兵力全部撤入“刺猬阵地”内的决定。由于面临除了北方之外，来自防线其余各个方向上的巨大压力，穆塔瓦雷只能选择收缩兵力——放弃大部分阵地，只保留乌姆卡泰夫和乌姆希汉。这下以军终于不用再继续面对来自“刺猬阵地”南部和东部的埃军火力，可以专心致志围攻乌姆卡泰夫了。另外，后勤补给的短缺也使穆塔瓦雷上校本就日趋恶化的形势变得雪上加霜。尽管双方在“刺猬阵地”只进行了 48 小时的战斗，埃军的饮用水和弹药却已经告罄，无法支撑他们继续抵抗了。鲁瓦法水库只有在春季时能储存一些淡水，因此，“刺猬阵地”的生活必需品就全部依赖外部供应。显然，如果埃军一直这样打下去，而不能补充饮水，他们很快会因干渴倒下。

这个问题在 11 月 1 日傍晚突然变得无关紧要，因为纳赛尔在近 24 小时之前发布的全面撤军命令终于传到了“刺猬阵地”。纳赛尔做出全面撤军的决定，是因为英法参战了。10 月 31 日傍晚 7 点，英法空军轰炸了埃军机场；11 月 1 日至 3 日，联军的舰载机多次轰炸埃军机场，炸毁埃军飞机 260 架，这些轰炸改变了苏伊士运河战争的走向。纳赛尔总统停止了对西奈半岛的增援，并下令西奈防御部队向苏伊士运河方向撤退，这是因为他害怕英法军队在苏伊士运河沿岸实施登陆作战。撤退从 10 月 31 日夜至 11 月 1 日开始。加沙地带的拉法守军和第 2 步兵旅于 31 日夜撤退。守卫米特拉山隘的第 2 装甲旅第 6 营（2 个连）掩护部队撤退。沙姆沙伊赫守军的指挥官由于缺乏撤退的车辆而提出继续守卫该地的要求，获得了上级批准。

“刺猬阵地”守军指挥官、第 6 步兵旅旅长穆塔瓦雷上校于 31 日夜接到了自阿布奥格拉撤退的命令。上校将全旅分成 4 个梯队，在破坏了难以携带的装备后开始撤退。占全旅三分之一兵力的第 1 梯队从 11 月 1 日下午 6 点 30 分开始趁夜间撤离乌姆卡泰夫阵地。由于阿布奥格拉和阿尔－库赛马的各交叉点被以军占据着，所以这个梯队只能穿越沙漠向阿里什方向撤退。

没有携带任何食物的部队一旦进入沙漠，恐怕还没等走出去就会因饥渴而死。然而，其他的选择——向以军投降，或者试图突破以军在鲁瓦法部署的防线，然后再沿公路向阿里什撤退——则可能会更糟。30 分钟后第 2 梯队沿同一路线撤退。又过了 30 分钟后，第 3 梯队开始撤退。第 4 梯队则在埋好或破坏了火炮和重型装备后开始撤退。夜幕降临后，“刺猬阵地”的守军从阵地出发一路向北走，于 11 月 1 日午夜之前全部撤离。他们当中，有一些人死在了沙漠里，一些人成了以军的俘虏，其他人则成功抵达阿里什并重新加入第 3 步兵师。

11 月 1 日夜间，就在穆塔瓦雷率军从“刺猬阵地”撤退的时候，阿里什城，这个埃军在西奈半岛的总部已经乱作一团。24 小时之前，在北线和加沙地带，以军连续发动三路进攻，并成功突破了埃军的防线。这些区域之所以重要，是因为“费代因”突击队的基地就部署在此处，所以达扬将北线作为“卡代什行动”的重中之重。埃军在阿里什城周围部署的阵地距离以色列国界线以西 39 公里（12 英里），不适合作为以军最初的攻击目标。因此，以军将目光投向了拉法（Rafah），此地正好位于埃及、加沙地带和以色列三个国家和地区的交界处。

乘坐吉普车，向法军飞机招手致意的以军士兵，他们正在西奈半岛迅速推进

03 拉法和沙姆沙伊赫的陷落

11 月 1 日早晨，北部集群 / 第 77 集群司令哈伊姆·拉斯科夫准将下令进攻加沙地带。其目标是：首先占领拉法并扫荡加沙地带，而后打通阿里什，最后为进入坎塔拉和苏伊士运河区做准备（实际上是佯攻）。

（1）战斗准备：以军在拉法丘陵的部署

对以色列来说，拉法具有双重的重要性。在这座城市的东部可以控制那些向北通往阿里什和坎塔拉的海岸公路。此外，拉法位于加沙这个带状区域的底部，因此占领拉法就意味着控制了整个加沙地带。将加沙与西奈半岛隔绝后，以军在这个区域就有了充分的行动自由，可以肆无忌惮地摧毁威胁以色列本土安全的"费代因"突击队基地。因此达扬指定了两支部队进攻拉法：第 1 步兵旅由本杰明·吉弗利（Benjamin Givli）上校指挥；第 27 机械化旅由哈姆·巴列夫（Haim Barlev）上校指挥。

埃军在加沙地带的防御主要由贾法尔·阿尔 – 阿布德（Jaafar al-Abd）准将率领的 1 个加强旅负责，即埃军第 3 步兵师第 5 步兵旅，下辖 6 个营（其中包含一些巴勒斯坦部队），还有几个炮兵连和反坦克炮连以及 1 个谢尔曼坦克中队。驻守在拉法城内的则是第 8 巴勒斯坦师下辖的第 87 巴勒斯坦步兵旅。阿尔 – 阿布德将一部分兵力部署在拉法以南 5 英里的地方，那里也是以色列、埃及和加沙地带边界的交汇处。

埃军的溃败：1956年11月1日，随着纳赛尔下令撤退，西奈战局急转直下

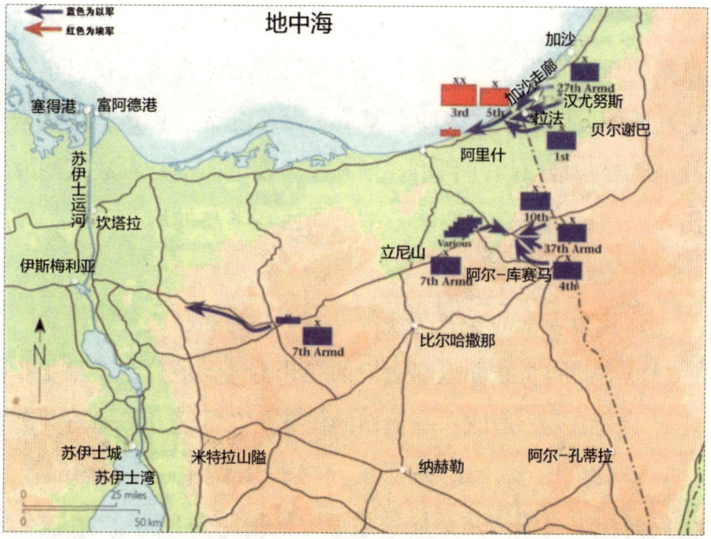

拉法丘陵虽然纵深较浅，却凭借有利的地形成为一处易守难攻之地，乍看之下缺乏有效的进攻途径。沙漠保护了拉法丘陵的南部侧翼，它的中心和北部则是18座高地——能为守军提供制高点和隐蔽处。埃军以略多于一个营的兵力防守此处，其修筑的战壕和碉堡布满了这些高地，他们还利用铁丝网、栅栏和地雷加固了阵地，以阻碍敌人的进攻。到了拉法丘陵的南部，这片岗峦起伏的区域突然变得平缓，埃军在这里布置了3道互相平行、绵延十几英里的雷区，一直到北部沙漠的边缘。阿尔－阿布德准将向这个南部区域派了1个营。此外，他还将第5步兵旅的其余部队部署在一个武装营地内。这个营地位于拉法与通向阿里什的公路之间，在这里，他们与第87巴勒斯坦步兵旅一起充当预备队，在必要的时候可以投入阵地的任何一个侧翼抵御以军的进攻。

为攻占拉法，达扬准备采取“分进合击”的战术，在一夜之间连续发动三路进攻。突破埃军的防线后，各支部队将在相同的地点即拉法丘陵以西12.5公里处的一个十字路口集合（代号“第12号十字路口”）。各支部队

在此处集合的时候，不仅意味着拉法已经被包围，甚至可以说整个加沙都是以军的囊中之物了。到那时加沙附近的道路也全都在以军掌控之中，以军装甲部队就可以沿北线横冲直撞了。为了达成 “闪电战” 的效果，达扬指示参战部队要积极取得并利用好每一次突破，而不是对敌人的战略要点进行长期围攻。达扬知道，只要能一举击溃西奈半岛的埃及军队，剩下的事情就是收拾残局了。

达扬为埃军的各条防线都准备了实力相称的打击部队。为进攻埃军在拉法丘陵南部的防线和毗邻边境的三片雷区，他分派了第 1 步兵旅的 2 个营，还有 1 支工兵分遣队——他们的任务是在雷区开辟通道并破坏埃军精心修筑的防御工事，例如碉堡和战壕。在拉法丘陵中心，达扬部署了另 2 个步兵营，他们同样来自第 1 步兵旅。最后，他指派来自第 27 机械化旅的 1 个营从拉法丘陵的北部发起进攻。

开始进攻之前，以军巡逻队对埃军阵地的情况进行了侦察，尽管在保密的前提下实施使任务非常困难，他们还是带回了很多有用的情报。10 月 30 日至 31 日夜间，以军工兵偷偷潜入埃及境内，他们在雷区中开辟出 3 条间隔 150 米、宽 9 米的通道——在即将开始的进攻中，以军部队将沿着这些通道发起突袭。

当工兵完成了他们的危险任务后，以军北部集群开始进攻拉法。这时候，达扬开始为以军可能出现的高伤亡率而感到担忧，因为他力求在执行作战计划的时候要减少自身的损失。为转移埃军的注意力，达扬决定在“卡代什行动（修订版）”的第 1 阶段完成后再开始北线攻势。当天黄昏，英国和法国的轰炸机出现在了开罗上空，比预定时间晚了整整 13 个小时。但由于达扬原本就打算在夜间发动进攻，这一拖延没有对拉法周边的战事造成影响。英法轰炸机在开罗投下炸弹的同时，达扬通过拉斯科夫准将命令第 1 步兵旅和第 27 机械化旅立即展开进攻。为了增强火力，达扬还找来了以色列和法国的海军进行地面近距离支援。从 11 月 1 日凌晨 2 点开始，他们对拉法的埃军阵地实施了30分钟的舰炮射击，而后以色列空军又对其进行了猛烈的轰炸，直到3点零5分。但这些都没有令达扬满意，他曾嘲讽说："法国海军的'小鲱鱼'只击中了埃及人的几座仓库。"以色列空军的表现则更加差劲，他们在黑暗中无法辨别目标，竟然再次误炸了自己的部队。愤怒的达扬只能将这些飞机赶出了战场。

（2）10月31日至11月1日，以军对拉法的进攻

10月31日夜间，以军第1步兵旅工兵分遣队在拉法丘陵南翼的排雷行动可算成功，但并不完美。为了保持进攻的突然性，排雷的工作被迫全部在黑暗中进行，因此直到当天午夜前两小时，以军才终于开辟出3条狭窄的通道。但埃军发觉后，又以地雷封闭了其中2条。因此，在10月31日至11月1日的夜间进攻中只使用了一条通路。第1步兵旅的梅厄·皮拉比斯基（Meir Pilavsky）中校带着一个营利用这条通道率先进入埃及境内，他们的目标是拉法丘陵的第2和第6号高地。随后，第1步兵旅的另一个营也通过了这片雷区，他们的任务是进攻第2、第8、第10和第293号高地。拔除这两个据点后，皮拉比斯基营将会前往第12号十字路口与其他部队会合。

实际上，埃军早已接到纳赛尔的撤退命令，在几小时前就开始了撤退。但为了掩护主力撤退，埃军的后卫部队仍留在阵地，以大炮和机枪抗击以军的进攻。在埃军的炮火下，几辆以军坦克被摧毁，另外一些则迷了路。士兵们可以徒步穿越雷区，然而对皮拉比斯基来说，真正的考验是引导坦克通过这些狭窄的安全通道，这对于突破埃军防御工事更加重要。皮拉比斯基营在雷区不断摸索前进时，遭到了埃军后卫部队极其准确的拦阻射击。此外，他们还误入了一片雷场，引起地雷四处爆炸。11月1日早晨5点15分，以军在雷区中开辟了新的通道继续进攻。6点，皮拉比斯基营在未遇到顽强抵抗的情况下夺取了拉法阵地的一角。9点，皮拉比斯基营终于控制了关键的第

12 号十字路口，并绕到了第 5、第 8 和第 10 号高地（埃军均部署了阵地）的侧翼。全营共计 2 人阵亡，22 人受伤。

再往北，以军的攻击目标是第 25、第 25A、第 27 和第 29 号高地。其中，第 29 号高地是埃军在整个拉法丘陵的主阵地。拉斯科夫派一个营进攻第 27 和第 29 号高地，天亮后不久，该营顺利完成了这两项任务，而且只有轻微伤亡。进攻第 29 高地的时候，以军巧妙地利用 M-3 半履带车破坏了埃军的铁丝网和战壕工事，并与进攻第 27 高地的谢尔曼坦克配合作战。第 25 和第 25A 高地给以军带来了较多麻烦。难以在夜间和复杂的地形条件下进行导航，是以军第 1 步兵旅面临的主要问题。以军利用两个步兵连对第 25 和第 25A 高地展开围攻，试图令守军陷入混乱，但实际上，陷入混乱的似乎只有他们自己。以军原定对两座高地同时发起进攻，但承担第 25A 高地进攻任务的以军步兵连在黑暗中迷失了方向，错误地向东边 50 米外的第 25 高地发起了进攻，跟另一个连的任务发生了重合。好在两个连没有阴差阳错地互相攻击。弄清楚状况后，两个连先拿下第 25 高地，之后又一起攻下了第 25A 高地，驱散了驻守在上面的埃军。在此过程中，以军有 6 人阵亡，大部分由埃军的远程炮火造成。

在拉法的北翼，达扬最初计划于 11 月 1 日拂晓将第 27 机械化旅投入战场。利用该旅装备的 AMX-13 和超级谢尔曼坦克进攻横亘在拉法以西的第 34 和第 36 号高地。最新的情报表明，局势将会对以军更加有利。不过达扬一直隐忍不发，直到 11 月 1 日凌晨 3 点 40 分，以色列和法国海军开始了他们收效甚微的岸轰行动后，达扬才通过拉斯科夫准将命令第 27 机械化旅立即发起进攻。一开始，以军装甲部队的两种坦克都步履维艰，但可以运载步兵的 AMX-13 坦克比超级谢尔曼更加实用。以色列空军战机未能摧毁的埃军机枪阵地给地面进攻带来了很大阻碍。此外，就在以军装甲部队刚刚跨越边境，进入一片开阔地的时候，埃军的炮火突然精准地覆盖了他们。这次炮火急袭造成以军近 100 人的伤亡，其中包括好几名军官。

西奈战争中的 AMX-13 轻型坦克。战前不久，以军从法国获得了 100 辆该型坦克。这种坦克的装甲不佳，但其装备的 75 毫米炮衍生自二战德国豹式坦克的 75 毫米炮，对付同时代的坦克，诸如埃及的 T-34/85 非常有效

然而，对以军来说，战况正在迅速好转。正面埃军主力在战斗打响后不久就开始向阿里什方向撤退。埃军后卫部队固守的第 34 和第 36 高地也已经被以军步兵包围，他们用火箭弹在埃军的防御工事上轰开了一个缺口，为 AMX-13 坦克的突入开辟了道路。几辆 AMX-13 坦克加速穿越了阵地前的无遮挡地带，粉碎了埃军的抵抗。在经过连续 3 个小时的战斗，并付出大量伤亡代价后，第 27 机械化旅终于控制了拉法的北翼，将整个加沙地带从西奈半岛中孤立。第 27 机械化旅的指挥官巴列夫上校在率领麾下的 AMX-13 和超级谢尔曼坦克攻占拉法北翼后，几乎没有停顿，立即奔赴第 12 号十字路口，并于 11 月 1 日上午 9 点赶到了那里。现在，以军的装甲矛头可以朝着西奈半岛最重要的城市——阿里什挺进了，第 1 步兵旅的指挥官吉弗利上校则继续巩固他对加沙地带的控制。11 月 2 日早晨 6 点，以军派出了生力军——第 11 和第 12 步兵旅。其中，第 11 步兵旅开始进攻加沙地带，只遭到埃军零星的抵抗。2 日下午 1 点 30 分，整个加沙地带落入以军之手。3 日，第 11 步兵旅主力继续进攻，并在拉法与第 1 步兵旅汇合。第 12 步兵旅则承担占领汉尤努斯（Khan Yunus）的任务。

以军北部集群在拉法取得的成就令人瞩目——不但完成了所有预定目标，而且只比达扬计划的时间表晚了一点点。但以军并没有取得完全的胜利，因为即使陷入混乱，大多数埃军部队都带着他们的装备逃离了包围圈。以军对拉法丘陵展开进攻的时候，纳赛尔曾两次命令埃军立即撤退。阿尔－阿布德对纳赛尔的第一次命令置若罔闻，却不能再次抗命——第二次撤退命令于 11 月 1 日天亮后不久下达。尽管面临着来自三个侧翼的巨大压力，阿尔－阿布德准将还是设法从拉法撤出了他的第 5 步兵旅——撤退时间只比以军的步兵和装甲部队在第 12 号十字路口会师的时间早了两个小时。因此，在以军的铁钳合拢之前，阿尔－阿布德已经成功逃出生天。

（3）从杰迪山隘到阿里什：以军第 27 机械化旅的挺进

虽然没有成功围歼阿尔－阿布德和埃军第 5 步兵旅，达扬却并未气馁，他命令巴列夫重新集结第 27 机械化旅，并将其分为 3 列纵队，每列纵队由额外的步兵和炮兵加强，目标直指阿里什。由于 AMX-13 坦克速度较快，巴列夫上校派出十几辆此型坦克作为先锋，还有两个集群的超级谢尔曼和 AMX-13 坦克紧随其后。达扬希望能在 11 月 1 日夜幕降临以前占领阿里什城。当天早晨，作为先锋的 AMX-13 坦克从第 12 号十字路口向西转，按照达扬的计划，他们需要在大约 6 个小时内推进 40 公里（25 英里）。在理想状态下，这样的速度似乎是可以实现的。然而，达扬没有考虑在通往阿里什的道路上遭遇埃军抵抗的情况。

11 月 1 日白天，埃军第 3 步兵师的绝大多数部队不是已经向苏伊士运河区撤退就是打算在日落后再撤往那里。与此同时，埃军第 4 步兵旅的少量部队也已经开始向坎塔拉撤退。埃军第 3 步兵师师长阿尔－卡迪准将把一些后卫部队留在阿里什城附近，这意味着第 27 机械化旅在挺进途中将遭到抵抗。在距离第 12 号十字路口 6 英里外的小城——谢赫祖维德（Sheikh Zuweid），以色列坦克只发现了一片冒烟的废墟，这是以色列空军“神秘”和“暴风”战机的杰作。当巴列夫上校的装甲部队快要接近阿里什城的时候，埃军的抵抗突然增强了，双方围绕着杰迪山隘（Jeradi Pass）爆发了一场激烈的战斗。凭借有利的地形，埃军一个步兵连受命在此阻挡以军的装甲先锋。杰迪山隘以东是一片辽阔的海滨平原，以军可以利用此处发动贯通南北的大范围机动进攻。但杰迪山隘本身只有一条狭窄的山路通往一个裂隙般的山口，这令巴列夫上校十分头疼——任何试图绕到山隘侧翼或者后方进攻的尝试都非常艰难。而且第27机械化旅在这样狭窄的通道中无法展开战斗，这削弱了它的兵力优势，为此以军指挥官们进行了反复考量。终于，他们发现有一条小路斜向从东南通往西北，即从拉法丘陵的南部一直延伸到杰迪山隘以南的沙漠。利用这条小路，以军北部集群可以包抄杰迪山隘的侧翼，这也符合达扬最初制订的作战计划。根据计划，当以军进入加沙地带西南部之后，巴列夫率第27机械化旅主力应从东部接近杰迪山隘，装甲旅的预备队则经小路绕至山隘守军的侧翼。

不过，这些只是“纸上谈兵”而已。突破拉法埃军防线所耗费的时间过长以及后勤补给不足，迫使巴列夫放弃了针对杰迪山隘精心制定的作战方案。但第27机械化旅采取了小规模的侧翼包抄战术，当机械化旅的先锋抵达距离山隘以东不远处一座埃军设防的山脊时，几辆AMX-13坦克以迅雷不及掩耳之势从山脊的西侧攻上了山顶。但埃军的炮兵和步兵仍然据守着隘口东部的正面阵地，阻碍以军挺进阿里什，巴列夫只能求助于空军。以色列空军的轰炸尽管迅猛有力，却准头较差，未能命中埃军阵地。好在巴列夫留有后招，他命令两支装甲分队在发起空袭的同时从埃军阵地的正面猛攻，终于打垮了顾头不顾尾的埃及守军，迫使他们向西撤退。黄昏时分，第27机械化旅通过了杰迪山隘。现在他们距离阿里什只剩下了两个小时的路程，巴列夫命令手下要一鼓作气冲到那里。实际上，在埃军精准的炮火停息之前，有一支谢尔曼坦克分队已先行出发了。

（4）混乱的撤军：埃军第 3 步兵师逃往运河区

11 月 1 日深夜，就在以军第 27 机械化旅摩拳擦掌，准备于第二天攻入阿里什的时候，埃军第 3 步兵师正在师长阿尔 – 卡迪准将的率领下全面撤退。那些有幸在拉法和加沙地带的激战中生还的埃军部队也在向西撤退，他们希望能在黑暗的掩护下抵达距离运河区 160 公里的坎塔拉。对分散成多股小部队的埃军而言，白天是非常危险的，以色列空军战机随时能对他们造成重大杀伤，因此只有在深夜行军才是安全的。

当晚，驻守“刺猬阵地”的埃军部队也在撤退。穆塔瓦雷上校率领部下按照计划分批撤出了阵地。他们的目标很简单，那就是逃离乌姆卡泰夫和乌姆希汉而不被以军发现。由于还不知道第 3 步兵师面临的严峻形势，这些从“刺猬阵地”逃出的埃军部队（大部分来自第 6 步兵团）打着赤脚徒步穿越了沙漠，即使已经失去战斗力，他们还是试图走到阿里什与友军汇合。在这

以军第 7 装甲旅的 M–1 超级谢尔曼坦克，拍摄于西奈战争期间。拍摄后不久，照片中的坦克即与埃及第 1 装甲旅的 T–34/85 坦克在吉夫贾法附近的十字路口交战

个过程中，只有一个营——第18步兵营到达了目的地。由于导航错误，第12和第17步兵营都没能成功与友军汇合。穆塔瓦雷上校自己则去“刺猬阵地”附近的土著部落中寻求庇护。

穆塔瓦雷和部下撤出“刺猬阵地”的保密时间超出了埃及人自己的预期，对埃军这次大规模撤退，以军丝毫没有察觉。直到11月2日中午，以军飞机在对“刺猬阵地”进行侦察时，注意到了它一反常态的平静。此外，以军第37机械化旅的侦察分队在阿尔－库赛马俘获了2名埃军士兵，从供述中才证实乌姆卡泰夫的埃军昨天夜间已经撤离。当天下午，第37机械化旅匆忙派出谢尔曼坦克向乌姆卡泰夫和乌姆希汉前进。这时，第7装甲旅的一部还驻守在阿布奥格拉。幸亏以色列空军飞行员用无线电为两个旅的指挥官沟通情况，双方才避免了误击。稍后，沃拉赫上校命令第10步兵旅占领乌姆卡泰夫和乌姆希汉已经空无一人的阵地。围绕“刺猬阵地”和阿布奥格拉地区展开的战斗遂告结束。

发现“刺猬阵地”空无一人后，第37机械化旅派出侦察的谢尔曼坦克继续向西朝拉法前进。这次他们就没那么幸运了，途中这些坦克遭遇了以军第7装甲旅一部的埋伏——而这次伏击原本是为埃军准备的。当时，以军第7装甲旅的主力正在更远的西部追击埃军的T-34坦克和SU-100坦克歼击车（隶属于埃军第1和第2装甲旅），这些埃军车辆正从他们原先在西奈半岛的集结地逃往伊斯梅利亚。然而，第7装甲旅主力还留下了一个分队殿后，这支部队缺乏敌情信息，他们以为从乌姆希汉向西开进的坦克必为敌军。于是，这支殿后分队伏击了第37机械化旅派出的侦察分队，他们用反坦克炮击中了后者全部9辆谢尔曼坦克中的8辆，杀死了侦察分队的指挥官并造成一些人员伤亡。

这次误击毁掉了当天原本属于以军的胜利气氛。11月2日黎明，巴列夫终于占领了阿里什，所有埃军部队都已经在前一晚撤离此地。第7装甲旅主力也最终在西奈半岛西部追上了埃军装甲部队，他们摧毁了3辆埃军坦克并

西奈战争中，被摧毁的以军 M-4 坦克和车辆

俘获了 1 辆。总的来说，对整个“卡代什行动”而言，11 月 2 日是令人鼓舞的一天——以军在加沙地带取得了举世瞩目的成功。

（5）定居点之战：以军征服加沙地带

随着阿尔 – 阿布德率部逃离拉法丘陵，加沙地带已经与埃及本土隔绝，以军准备对该地区施行全面占领。在达扬的战略观点中，加沙地带是埃及针对以色列本土发动袭击的一座“桥头堡”——这曾经长期困扰以方领导人，从埃及手中夺取这片土地就意味着摧毁了袭击自己的桥头堡。为守卫加沙地带，埃军在这片区域的两个人口中心——加沙城和汉尤努斯布防，因此以军发动了针对这些定居点的军事行动。守卫加沙城的是一个埃及国民警卫队旅（拥有 3500 人的雄厚兵力），还有几个迫击炮分队。此外，拉法城附近还驻扎着一支隶属于埃军机动边境巡逻队的小部队。汉尤努斯位于拉法城西南十几公里处，由第 86 巴勒斯坦步兵旅（隶属于第 3 巴勒斯坦师）下辖的 3 个营和炮兵部队负责守卫。为对付这两个旅的埃军，拉斯科夫准将派来了第 11 步兵旅的两个营以及第 37 机械化旅的一个装甲营，后者没有同该旅的其他部队一起参加“刺猬阵地”的战斗，因此其装备的 M-3 半履带车和 6 辆谢尔曼坦克保持完好。

在加沙地带，装甲营扮演的主要角色像一把凿子，他们负责在埃军的防线上凿出缺口。之后第 11 步兵旅就可以利用这个缺口占领整片区域，就像第 1 步兵旅在攻占拉法时所采取的行动一样。

以军的第一个进攻目标是加沙城，城内共有 5 万名居民，是加沙地带现存的定居点中规模最大、最具战略意义的一个。埃军则在城外不远的几座高地构筑了防御工事，火力可以覆盖全城。其中一座高地名为阿里蒙塔里（Ali Muntar），第一次世界大战期间，英国和奥斯曼土耳其曾在此长期对垒。埃及人在这座高地上布置了机枪和大炮，并用战壕和地雷加强了他们的阵地。沿阿里蒙塔里的东部边界，是一条连接着加沙城和比尔谢瓦（Beer Sheva）的小路——也是第 37 机械化旅主要的攻击通道。11 月 2 日黎明，以军就是沿这条小路发起的进攻。

和以往一样，以军的谢尔曼坦克冲锋在前，第 11 步兵旅尾随其后。在“卡代什行动”刚开始的时候，第 11 步兵旅下辖的一个营曾按照命令脱离了建制，他们的任务是拦截对以色列本土发动袭击的埃及和巴勒斯坦游击队员。因此，

1956 年 10 月 31 日至 11 月 3 日，以军攻占拉法、阿里什和加沙地带

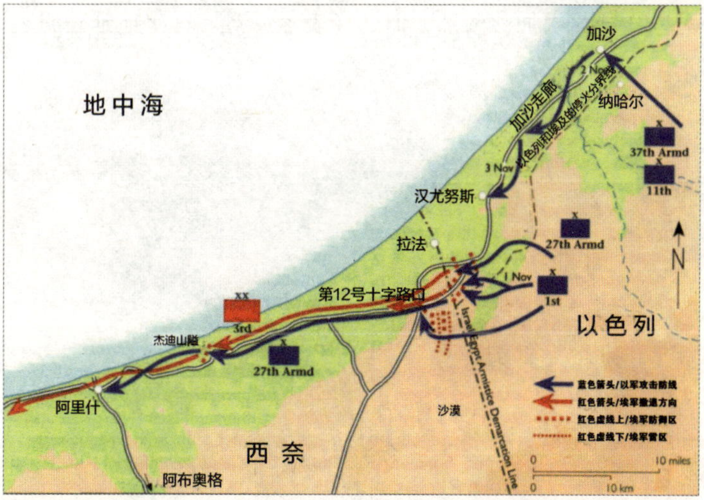

11月1日夜间，当以军总司令部命令北部集群立即攻占加沙城的时候，第11步兵旅尚处于分散的状态。该旅的任务是沿着从加沙城通往比尔谢瓦的小路发动进攻，但重新集结需要时间。

在第11步兵旅完成集结以前，第37机械化旅的装甲营只能在没有步兵支援的状况下独自发起进攻，但他们仍然取得了突破。装甲营的谢尔曼坦克绕过了阿里蒙塔里高地和埃及国民警卫队沿路布设的阵地。渗透防线时，这些坦克毫不理会埃军的抵抗，径直冲入了加沙城。此后，以军装甲营仍然没有停下来与埃军交战，他们调转方向，朝北方继续前进。很快，装甲营的M-3半履带车和谢尔曼坦克冲到了贝特哈嫩（Bet Hanun），此地距离加沙地带的北部边界只有1英里。与此同时，第11步兵旅完成了集结，他们的任务是歼灭驻守在阿里蒙塔里高地和加沙城其他地方的埃及国民警卫队。

11月2日中午，以军占领了整个加沙城，因此第11步兵旅和第37机械化旅装甲营转往南方，与守卫汉尤努斯的阿拉伯军队交战。尽管此地守军的兵力少于加沙城，但他们对以军进行了顽强的抵抗，激烈的战斗一直持续到11月3日。达扬原本希望在11月2日傍晚就能占领整个加沙地带，他推崇“速战速决”，但后勤方面的不足拖慢了进攻的速度。第11步兵旅的一个营本来可以立即攻入加沙南部，但达扬表示反对。这次拖延表明装甲部队在他心目

占领阿里什后，以军俘获的埃军士兵

战后凯旋的以军 AMX-13 坦克

中变得越来越重要。另外，鉴于在接下来的一天内双方围绕汉尤努斯进行了4个小时艰苦卓绝的战斗，集中兵力的决定显得非常明智。汉尤努斯攻防战共分为两个阶段，第一阶段持续的时间更长，而且比第二阶级更具有战略意义。

战斗的第一阶段沿汉尤努斯外围防线进行，以军装甲部队成了战斗的主角。第86巴勒斯坦步兵旅躲在由雷区、铁丝网和重武器掩护的阵地后面，单靠步兵几乎没法接近他们。但以军的谢尔曼坦克突破了这条防线，他们利用自己的火力在巴勒斯坦人的阵地上轰开了一个缺口。汉尤努斯外围防线的崩溃宣告战斗第一阶段的结束，并拉开了第二阶段的序幕——双方将围绕城内进行战斗。在第11步兵旅士兵的陪同下，以军的M-3半履带车和谢尔曼坦克从铁丝网的缺口冲了进去，从侧翼和后方攻向了巴勒斯坦人的阵地。激烈的战斗一直持续到11月3日中午，最终，以军取得了胜利，从而结束了阿拉伯人在加沙地带的有组织抵抗，尽管此时仍然有一些巴勒斯坦军人还躲藏在汉尤努斯城内。

当以色列安全部队试图根除这些隐患，从而不断引发城内小规模的交火。但第11步兵旅已经带着更重要的任务前往西南方6英里外的拉法。在那里，他们与第 1 步兵旅会师。经过 58 个小时的战斗，以色列终于征服了加沙地带。在整个作战行动中，第 11 步兵旅共有大约 12 人阵亡，60 人受伤。

（6）约特瓦塔（Yotvat）行动：以军打通蒂朗海峡

第 1 和第 11 步兵旅在拉法会师后，以军只剩下一个战略目标——蒂朗海峡还没有攻克。11 月 3 日，战局似乎对以色列相当有利，三个重要目标：加沙、阿里什和“刺猬阵地”已经相继落入以军手中。然而，种种因素给这一看似光明的前景蒙上了一层阴影。首先，打通蒂朗海峡是以色列最重要的战略目标。达扬称其为“卡代什行动”的“首要目标”。如果这个目标没有实现，则意味着整个行动的失败。其次，留给以军在西奈半岛南部的行动时间不多了，以色列不可能无视联合国大会在 11 月 1 日做出的停火协议太久；而且随着时间的推移，世界各国的舆论也越发对以色列不利。最后，也许是最重要的一点，攻占沙姆沙伊赫的行动本身也是困难重重。

其中，最主要的困难来自后勤补给。亚喀巴湾战线没有适合大规模机械化部队行进的道路，这迫使以军第 9 步兵旅旅长亚伯拉罕·约菲（Abraham Yoffe）上校率领部下沿着将近 322 公里的崎岖山路进军。走出这片迷宫后，该旅将直奔沙姆沙伊赫。第 9 步兵旅曾在“卡代什行动”的初期投入战斗，于 10 月 30 日占领了纳布角，之后一直在该城休整待命。达扬担心埃军的空袭可能会摧毁他部署在亚喀巴湾战线的唯一一个旅，因此直到英国、法国和以色列夺取了西奈半岛的制空权以后，他才授权第 9 步兵旅采取除巡逻外的其他行动。由于英国和法国空袭埃及的时间比预定时间延后，因此夺取制空权的时间也比达扬期望的要晚。达扬制订的“卡代什行动”时间表（与塞夫勒会议三方确定的时间表一致）中规定：11 月 1 日，第 9 步兵旅离开纳布角；11 月 3 日，占领沙姆沙伊赫。但实际上，第 9 步兵旅的行动比原计划整整推后了一天。

达扬同时命令第202空降旅（当时正驻扎在帕克纪念碑附近）作为第9步兵旅的补充力量立即前往沙姆沙伊赫开辟第二战线。达扬计划在以军攻入西奈半岛南部的同时，这些伞兵将打通蒂朗海峡。对沙龙的伞兵来说，要达成目的，有两种方案可供选择：一是乘飞机离开米特拉山隘，然后在沙姆沙伊赫空降——这是达扬最推崇的、最快的部署方式；二是从陆路行军，即从苏伊士湾附近的港口托尔（Tor）向西北走大约97公里抵达沙姆沙伊赫。由于埃军在沙姆沙伊赫部署了几个防空炮连，以军只能选择第二种方案，即从托尔沿陆路前往沙姆沙伊赫。第202空降旅将夺取托尔的行动分成两个阶段：行军和占领港口。达扬计划在第一阶段采取空运，然后再发动陆地进攻夺取托尔港。为了占领对空运至关重要的托尔机场，11月2日傍晚，第202空降旅出动少量部队在机场附近进行了空降。他们只遭到埃及人轻微的抵抗，很快就在夜间控制了整个机场。

当天早些时候，约菲上校率领第9步兵旅离开了纳布角，在险峻的山道

以军“流星”战斗机，在西奈半岛战争中主要用于地面支援，照片拍摄于1954年

纳斯拉尼角，一名以色列士兵站在一门埃军岸防炮旁边，这门大炮曾经被用于封锁蒂朗海峡

上艰难跋涉了近60个小时。一路上，他们几乎没有见到敌军。为了执行纳赛尔于10月31日下的命令，绝大部分埃军已经撤离西奈半岛。然而，仍有两个营在拉乌夫·马赫福兹·扎基（Raouf Mahfouz Zaki）上校的指挥下驻守在沙姆沙伊赫。纳赛尔打算利用海军疏散这支部队。但海军行动迟缓，因此在短期内，扎基还得继续率兵守卫蒂朗海峡，他们在西奈半岛南部构筑的阵地有一定优势。沙姆沙伊赫有一条飞机跑道、一座港口，还储存了大量补给物资。埃军利用碉堡、战壕、雷区、大炮和防空炮加强了他们在纳斯拉尼角和沙姆沙伊赫的阵地。为了控制蒂朗海峡，埃军还在纳斯拉尼角部署了几门6英寸岸防炮。此外，距沙姆沙伊赫以西10英里有一座高地——阿伊达山（Jebel Aida），埃军在此部署了2道阵地。然而，任何一名理智的观察者都知道扎基上校取胜的希望非常渺茫，事实上，他能做的只是尽量延缓失败，并祈祷埃及海军能先于约菲抵达沙姆沙伊赫。

扎基上校面临着严峻的形势：他对亚喀巴湾周边的战况知之甚少，按照以往经验，他假设以军伞兵将对沙姆沙伊赫采取空降突击，并按照这个设定部署了阵地。他的部队没有装备坦克，纳斯拉尼角和沙姆沙伊赫也无法相互进行火力支援，他只能将珍贵的兵力一分为二。这也意味着在一座城市集中

帕克纪念碑附近，掘壕据守的以色列伞兵

部队必须放弃另一座城市。但对他威胁最大的还是掌握制空权的以色列战机，他们不断对埃军阵地进行侦察，而扎基上校却对以军的动向一无所知。雪上加霜的是，从 11 月初开始，以军战机对沙姆沙伊赫进行了猛烈的空袭，昼夜不停地轰炸持续了整整 3 天时间。

空军轰炸造成的巨响给艰难跋涉中的约菲上校带来了很大希望，很显然，他和部下现在非常需要这种激励。第 9 步兵旅走完最初的 160 公里路程花了 30 个小时，尽管他们尽量轻装简行，但车辆仍然一次又一次陷到沙子里动弹不得，只能想方设法先把车子拽出来，再继续前进。直到抵达距离富尔塔盖泉（Ain el-Furtaga）以南 16 公里处的一座高地的时候，他们的旅程才开始变得相对轻松一点。然而，随着以军距离蒂朗海峡越来越近，他们与埃军巡逻队的冲突也在不断升级。11 月 3 日双方的第一次接触地点是在达哈布（Dhahab）——一处位于沙姆沙伊赫以北 72 公里的埃及海滨小城。在这里，第 9 步兵旅派出的巡逻队（由阿里克·纳克阿姆克中尉指挥）遭遇了一股埃军，双方短兵相接，爆发了激烈的近距离战斗。最终，以军取得胜利，击溃了这股埃军。不久后，第 9 步兵旅的其余部队也开进了达哈布，约菲上校下令全旅停止前进，就地修整。但达扬（正乘坐一架“达科他”运输机飞过约菲上校的头顶）通过电台命令他继续进军。因此，第 9 步兵旅不得不在 11 月 3 日黄昏开拔，继续向蒂朗海峡前进。

与此同时，第 202 空降旅开辟第二战线的准备工作正在迅速展开。11 月 2 日，在伞兵占领托尔机场后，空运行动就开始实施了。11 月 2 日至 3 日夜间，空军出动“达科他”和“北欧人”运输机将第 12 步兵旅的一个营空运到了托尔。同时，第 202 空降旅的其余部队从帕克纪念碑出发，沿陆路推进，于 11 月 3 日下午赶到了托尔。在此，第 202 空降旅重新汇聚为一个整体，但他们没有多做停留。第二天，第 202 空降旅就离开了托尔并利用一条铺设良好的道路向沙姆沙伊赫进发。

自 11 月 3 日从达哈布启程之后，第 9 步兵旅曾再次与埃军遭遇，地点是在阿里什山（Jebel Ashiri）与基德河谷（Wadi Kid）。利用地形优势和暗夜掩护，埃军一个排伏击了一支以军巡逻队，埃军尽量使自己手中的手榴弹、机枪和地雷发挥最大效能，但这次伏击总体而言是三心二意的。尽管埃军中只有少量人员伤亡，但他们还是很快就溃逃了。遭到伏击后，约菲上校命令部队停止前进长达 11 个小时，直到以军工兵在狭窄的道路上开辟出一条安全通道，于 11 月 4 日上午 10 点左右，第 9 步兵才旅开始继续向目标挺进。

以军装备的法制“北欧人”运输机

当天中午，第 9 步兵旅抵达纳斯拉尼角，此地濒临蒂朗海峡的最北端，是一处战略要点。但率先进城探查情况的纳克阿姆克中尉发现扎基上校的部队已经撤离这里，逃往了南方。对于扎基来说，他那一点可怜的兵力没法在以军重兵压境的情形下同时保住两座城池。因此，扎基上校决定收缩防线，力保沙姆沙伊赫城、城内机场和深水港口。占领纳斯拉尼角后，第 9 步兵旅继续向南方 16 公里外的沙姆沙伊赫开进，埃军在该城北部边缘部署了多个前哨阵地，但被以军逐个摧毁。在约菲上校率部冲到沙姆沙伊赫的郊区以前，夜色就已经降临了，但他还是决定发起进攻。午夜时分，以军派出两个连猛

1956 年 11 月 2 日至 7 日，以军占领整个西奈半岛，英法入侵苏伊士运河区

1956 年 11 月 5 日，以军攻占沙姆沙伊赫

攻埃军位于城西的阵地，并且几乎就要取得突破，但在连续 4 小时的激战过后，以军终因伤亡过大而撤退。

不过以军很快就在城西发动了另一次攻击，这次以军派出一个营的兵力，不但有 M-3 半履带车和吉普车的支援，火力也更加充分——除炮击外还利用战机投下大量凝固汽油炸弹，终于在 11 月 5 日黎明到来前的 1 小时粉碎了埃军布设在沙姆沙伊赫城周边的阵地。与此同时，第 9 步兵旅派出另一个营从城东发起进攻，约菲上校用这种战术将扎基和他的部下困在了一个“胡桃夹子”中。在火炮弹幕射击和空军密集轰炸的掩护下，以军地面部队发动总攻，一举歼灭了埃军的残余部队。11 月 5 日上午 9 点 30 分，扎基上校宣布投降，6 小时后，第 202 空降旅也赶到了沙姆沙伊赫。这时候，尽管西奈半岛的西北部仍在埃军手中，但以色列的“卡代什行动”已经就此结束了。

在整个行动中，以色列共计击毁或俘获了埃军 26 辆 T-34/85 坦克、1 辆 T-34 指挥坦克、6 辆 SU-100 坦克歼击车、40 辆谢尔曼 Mk3 坦克、12 辆 M-4/FL10 坦克、15 辆“瓦伦丁”步兵坦克、40 辆“弓箭手”自行反坦克炮、60 辆 BTR-152 轮式装甲车、3 辆谢尔曼装甲修复车、3 辆谢尔曼推土机和 283 辆“布伦”运输车。以色列的伤亡数字是 189 人阵亡、899 人受伤、4 人失踪，约 30 辆坦克和半履带车在战斗中被击毁，15 架飞机被击落。

西奈战争中，被以军俘获的埃军“弓箭手”自行反坦克炮

西奈半岛上空的战斗

西奈战役爆发之前，以色列空军可用的战斗机包括：法制“神秘”IV A 16架，“暴风”20架；英制“流星”13架，“蚊”式16架；美制P-51D“野马”30架。轰炸机包括：英制“汉普顿”17架，美制B-17“空中堡垒”若干架。运输机包括：美制C-47“达科他”16架，另有通用运输机3架。

埃及空军可用的战斗机包括：苏制米格-15 50架，米格-17 12架，英制“吸血鬼”15架，“流星”16架。轰炸机包括：苏制伊尔-28“小猎犬”轰炸机40架。

从双方装备的机型及数量上，明显可以看出埃及空军的战机不仅数量多，而且质量优于以色列空军。1956年10月29日下午5点，“卡代什行动”开始，以色列伞兵搭乘悉数出动的16架C-47运输机空降在米特拉山隘。空降前2小时，以色列派出P-51D“野马”战斗机超低空飞行，用机翼切断了埃及在山隘附近的电话线，以破坏埃军的电话通信。黄昏时分，法国空军的“北欧人”运输机为以色列伞兵空投了吉普车、火炮和补给。

30日清晨，埃军开始反攻，埃及空军的米格-15、米格-17与“吸血鬼”战斗机不断对以军阵地发起攻击，并与以色列空军进行了空战，结果埃及空军2架米格战斗机被击落，以色列空军毫发未损。

31日双方发生的空战又是一边倒，埃及空军米格-15和米格-17各1架以及数架“吸血鬼”战斗机被击落，以色列空军再次毫发无损。这也是苏伊士运河战争中埃以双方的最后一次空战。此后，以色列空军的任务就转为了对地支援。当天，以色列得到情报，装备T-34坦克、SU-100坦克歼击车的埃及强力援军要对阿布奥格拉的“刺猬阵地”进行支援。面对来势汹汹的埃及援军，以色列空军迅速派出了“暴风”“蚊”式和P-51D“野马”战斗机发起空中遮断作战并且击退了埃军。此时，纳赛尔下达了撤军命令，西奈

西奈战争中，以色列空军“神秘”战斗机击落埃军米格 -15 战斗机的场景

半岛北部与中部的战事遂告结束。西奈战役的战场只剩下了南端的沙姆沙伊赫。

11 月 2 日午后，以色列空军的 3 架“神秘”战斗机用火箭弹对沙姆沙伊赫的埃军阵地进行了攻击。在随后几天的战斗中，以色列空军的 P-51D 与“暴风”战斗机不断用火箭弹对埃及守军进行空中打击，B-17 轰炸机也把炸弹倾泻在埃军头上。5 日清晨，以军突入沙姆沙伊赫，经过一番激战，该地被以军攻陷。在作战中，以色列的 2 架 AT-6 攻击机在执行对地攻击任务时被埃军的地面炮火击落。

在西奈战役期间，以色列空军共损失了 P-51D 战斗机 9 架、“汉普顿”轰炸机 3 架、“暴风”战斗机 3 架和“神秘”战斗机 1 架（都是被地面炮火击落的），在空战中埃及空军至少有 4 架米格 -15、1 架米格 -17、5 架“吸血鬼”和 2 架“流星”战斗机被以军战机击落。

04 埃及和法国面临的困境

在整个苏伊士运河战争期间，英军派出的地面部队有第 3 步兵师（欠一部）、第 16 独立空降旅、第 6 和第 7 皇家坦克团以及皇家海军陆战队第 3 突击旅，共计 1.35 万人；法军为第 10 空降师下辖的第 2 殖民地伞兵营、外籍军团第 1 伞兵团第 1、第 2 营，特种部队——第 1 空降侦察营和第 7 轻机械化旅（一部），共计 8500 人。英国皇家空军出动了 9 个轰炸机中队（120 架）、4 个战斗轰炸机中队（100 架）、1 个侦察机中队，还有少量运输机部队；法国空军出动了 4 个战斗轰炸机中队（100 架）、3 个运输机中队。英国皇家海军出动了运输船队和 4 艘航母（120 架舰载机）、4 艘巡洋舰、13 艘驱逐舰、6 艘护卫舰、5 艘潜艇；法国海军出动了 1 艘战列舰、2 艘航母（50 架舰载机）、2 艘巡洋舰、4 艘驱逐舰、8 艘护卫舰、2 艘潜艇。

战前，埃军以 2 个预备役步兵营、正规的防空部队和海岸警卫部队防守塞得港。至 11 月 4 日，又增加了 3 个民防营和 4 辆 SU-100 坦克歼击车。

（1）面对大轰炸纳赛尔宣布“不抵抗”，法国力主尽快开展地面行动，英国仍在迟疑

让我们把视线拉回到 10 月 31 日。当时，纳赛尔对自己的处境仍感到很满意。前一天下午 6 点，英国和法国政府向埃及和以色列政府发出最后通牒，限两国于 12 小时以内对以下条件做出答复：①两国政府立即停止在陆海空

的敌对行动；②两国军队相互后撤，埃及军队撤至苏伊士运河西岸，以色列军队撤至运河以东10英里处；③埃以两国政府同意英法联军为隔离两国军队和保障一切国家船舶在运河航行而暂时占领富阿德港、伊斯梅利亚、苏伊士城。以色列答复接受最后通牒要求，纳赛尔则在当天深夜宣布拒绝接受以上条款。

英法轰炸之前，纳赛尔对战事充满信心

时年38岁的贾迈勒·阿卜杜勒·纳赛尔中校，记忆中最深刻的事件就是1942年（当时他还是一名年轻的中尉），英国大使用坦克包围王宫，把一个英国挑选的、以纳哈斯帕夏为首的埃及政府强加给法鲁克国王，他反英的民族主义观点也起源于那时。为了避免重蹈覆辙，纳赛尔于10月31日早晨命令尼罗河流域和苏伊士运河区的防空部队进入戒备状态。但是，随着时间的推移，纳赛尔的忧虑逐渐烟消云散了。他觉得凭借埃及在西奈半岛的天时地利人和，对付以色列的入侵不成问题。在最初的48小时里，他的部队已经扛住了以军的进攻。虽然以军第7装甲旅突破了阿尔达伊卡山隘，但“刺猬阵地”仍然完好无损。北部战线非常平静，一切都在埃及人的掌控之下。在夜间，埃军部队可以随意调动，不必担心遭受以军空袭。尽管当天以色列空军在争夺制空权的战斗中占据了上风，但埃及空军仍有能力进行扫射和轰炸。此外，埃及军民士气高涨，迫不及待要与以色列人一决雌雄。

最后，所有迹象都表明即使是在以色列的盟

友中间，“卡代什行动”也已经遭到了普遍的反对。美国在10月30日和31日曾几次试图推动联合国安理会通过谴责以色列入侵，并要求其立即从西奈半岛撤军的提案。作为埃及的盟友，苏联也对这些提案表示了支持，只有英国和法国动用否决权阻止了安理会的进一步讨论。随后，这些问题被提交联合国大会审议。否决安理会的提案在短期内满足了英国和法国的需求，但同时也激怒了美国领导人，他们越来越怀疑英国、法国和以色列之间存在某种默契。

然而，在当天夜里，纳赛尔的自信被落在开罗的炸弹炸得粉碎。英国和法国终于还是动手了——这次轰炸第一次向纳赛尔表明，艾登不是虚张声势。就在几小时前，埃及在唯一的战场——西奈半岛还处于优势地位，尽管当天以军在米特拉山隘防守得很好，并在西奈半岛中部长时间坚守阿布奥格拉。在那里，以色列人还在其历史上第一次使用了导弹（法制“北方”SS10型反坦克导弹），但埃军还是处于攻势，结果却突然陷入了一场噩梦。英军和法军就要到来，可能到塞得港，也可能到亚历山大港（纳赛尔预料），那么在西奈半岛保留一半埃军就显然是愚蠢的。因为英法联军一旦入侵运河区，很可能将埃及军队的后路完全切断，届时，以军从东进攻，英法从西进攻，包围圈内的埃军将难逃全军覆没的命运，纳赛尔政府乃至埃及的独立地位都可能不保。

纳赛尔别无选择，只能召见他的指挥官们，并宣布“我已经决定从西奈半岛撤军”。然而，接下来，反对撤军的声浪从埃军各个角落汹涌而来。尽管存在被包围的危险，埃及东部军区司令阿密尔准将还是主张继续据守西奈半岛。他希望埃军能立即与以军展开决战，将以军赶出国境，然后再撤出西奈半岛。阿密尔准将还认为应该立即加派援军，加强拉法、“刺猬阵地”和海坦谷地的防御，以取得与以军攻击部队在兵力上的平衡。因此，纳赛尔不得不越过阿密尔准将，亲自向前线传达撤退命令，并以辞职相要挟。他下令军队撤退的时候，正值西奈半岛的战事进入白热化阶段，这戏剧性地改变了战争的形势，对于埃及军队来说，撤军的结果是灾难性的。此外，纳赛尔还将埃及的防御重点集中在了开罗的周围，同时给运河区的工人发放了一个月的工资，告诉他们准备打游击。纳赛尔还下令凿沉装满水泥的船只（属于旧运河公司所有）来堵塞运河，在接下来的 48 小时内共凿沉了 47 只船，英法最担心的事情发生了——运河就此被切断。

此外，埃军进一步的空战计划也被完全取消，纳赛尔禁止所有空军飞行员驾机升空拦截英法战机，各空军部队必须将飞行及地勤技术人员集中送到埃及南部以及苏丹等安全地带。那些（大部分）逃过第一波轰炸的诸如米格式战斗机和伊留申轰炸机之类的新锐飞机，也奉命前往尼罗河上游的基地避难，甚至飞往其他国家。对于总统的这个“不抵抗”命令，埃及飞行员既不可理解，又非常气愤——手里有战斗机，却不让升空拦截，只能眼睁睁看着昔日生活工作的基地被炸，战机停在地面被摧毁。据纳赛尔的密友海卡尔记载：10 月 31 日英法空军对埃及进行空袭的当天，纳赛尔总统正在开会，他亲眼看见天空中不时飞过的英法轰炸机。纳赛尔随后做出一个常人认为有点荒谬的决定——要求埃及空军不许拦截英法轰炸机，任凭英法两国空军长驱直入。战争结束后，纳赛尔对海卡尔说出了自己这样做的理由：英法两国空军力量强大，埃及把有限的空军力量耗费在同英法联军的战斗中是不划算的，只要埃及坚持在地面抵抗，哪怕是最无济于事的巷战，英法军队迟早会在国际干预的压力下撤出埃及。而以色列就不同了，英法联军撤走后，以色列必将成为埃及的大敌。埃及乃至整个阿拉伯世界与以色列的对抗可能是长期的，所以需要保存力量特别是极其珍贵的飞行员。于是从 11 月 1 日开始，在埃及天空中就看不到本国的战斗机。由于没有空军的保护，西奈半岛的埃及陆军一下子转入被动，在以色列空军的狂轰滥炸下损失惨重。

纳赛尔的新战略，以及国际社会对以军入侵西奈的强烈反对，迫使英法开始重新考虑实施“火枪手行动（修订版）”的日程。相比于前怕狼后怕虎的英国同行，法国的决策层更大胆一些，他们主张立即对埃及动武。早在

10月29日下午，也就是以色列发动西奈战役的初期，法国空军第2中队的36架“神秘”战斗机和原来驻扎在圣迪济埃和第戎的、归北约指挥的36架F-84“雷电”喷气式战斗机就飞抵了以色列。从塞浦路斯起飞的法国“北欧人”运输机用降落伞在夜间向以色列人，特别是米特拉山隘的以色列伞兵空投食物和武器。这些援助任务是由法国空军司令布罗翁执行的，他既没有告诉，也没有得到他名义上的上司——英国空军特遣部队司令的同意。不过，英国也在当夜开始对埃及飞机场实行空中监视，获得的情报大部分由法国传送给以色列。同时，驻扎在约旦亚喀巴湾的英军第10轻骑兵师也发起行动，阻止约旦从背后进攻以色列（约旦阿拉伯军团的一支小规模分遣队当时正驻扎在亚喀巴湾以北约50英里处的马安）。

10月30日，艾登告诉内阁说：“以色列部队……已在他们的边界和伊斯梅利亚之间的半路上。据报告，第二支以色列部队正向苏伊士挺进。”内阁现在按照“决定行事”，向双方发出最后通牒，要求他们撤军。然而，实际上，除了米特拉山隘的一个以色列伞兵营外，以色列部队都在他们自己的边界附近作战。按照达扬的说法：“我们不在运河区的10英里范围以内，我们没有兴趣，也不打算迫近运河。”尽管如此，他的第一号公报却暗示以色列正在威胁运河，这是在法国的塞夫勒商定的诡计的一部分。当天下午4点15分，英国和法国将最后通牒送给以色列和埃及大使。通牒要求两国政府各从运河两岸后撤10英里，并允许英国和法国军队驻扎在运河沿岸，否则将用必要的兵力进行干涉。占领将是“暂时性”的，这是1882年格拉德斯通使用过的字眼，那是英国过去占领埃及达70年之久之前。

10月31日，得知最后通牒被纳赛尔拒绝后（不出意料），艾登将开战的决定交给英国议会表决，结果是270票赞成对218票反对——他赢得了胜利；法国总理摩勒也将同一决定交给国民议会表决，得到368票赞成对182票（包括149名共产党员）反对的结果。现在，开战最后的障碍也被清除了。

10月31日凌晨4点30分，联军总司令凯特利将军接到“占领塞得港、伊斯梅利亚和苏伊士，以便在以色列和埃及之间‘造成停战’”的命令。“造成停战”显然是一种文字游戏，也是这一国际阴谋的重要组成部分。凯特利在当天早上5点钟发出了作战命令。

在“卡代什行动”开始之前，博弗尔将军就已经意识到西奈半岛战事初期，埃军肯定会手忙脚乱、应接不暇，这对联军将是个好机会，因此他力主加速推进计划。10月底，博弗尔的机会出现了。30日，他建议联军司令部派遣海军陆战队和伞兵进攻运河区，但他也同时警告称“只有在西奈半岛的埃军部队崩溃之后，这一计划才是可行的”。随后，法军高层针对博弗尔的建议进行了讨论，他们不但对这个计划表示了认可，还决定加以扩展。最终，法军制订了一个叫作“煎蛋卷（Omelette）”的计划，作为“火枪手行动（修订版）”第三阶段的地面作战方案。方案中首次明确了英军伞兵的任务，即占领塞得港以西的贾米勒（Gamil）机场。在英军伞兵对机场进行空降突击的同时，皇家海军陆战队将搭乘直升机出发，攻占横跨枢纽运河（Junction Canal，苏伊士运河系统的一部分）的拉斯瓦大桥（Raswa）。此外，联军还要在运河区进行空降，确保对运河的控制。不过“煎蛋卷”作战计划有一些局限性，最大的问题是火力不足，特别是没有装甲力量参与，这意味着只有一种情况，即埃军在运河区不抵抗，行动才能成功。因此，博弗尔还另外考虑了埃军继续抵抗的情况，在这种情形下，他更倾向于发动一次两栖攻击，但截至目前，联军舰队还距离埃及海岸很远。为了节省时间，博弗尔建议联军舰队直接开往塞得港，而不在塞浦路斯停留，但特遣部队司令斯托克韦尔拒绝了他的建议。因为在当时的情况下，很难临时改变计划，因为这一计划现在包括无数互相联系的指示和时间表，如果汇订成册的话，要有一本电话簿那么厚。

随着局势的发展，法国人对塞得港动手的欲望越来越按捺不住。得知埃军的“刺猬阵地”已经被突破，博弗尔将军和法国领导层发出了“联军应该立即采取行动” 的呼吁。但是以当时联军舰队所处的位置来看（还在地中海对岸航行），对埃及发动两栖攻击仍需要耗费数天时间。实际上，联军舰队早在10月30日晚上10点（其中，装备“百夫长”坦克的第6皇家坦克团在当天下午1点就已经开始装船）在凯特利发出最后指示和命令之前几个小时就已经从马耳他出发。共计130艘军舰，100多艘货轮和登陆舰艇缓缓地横越英国司令官们所熟悉的地中海。其他船只从阿尔及利亚和南安普顿出发。乐队、餐具、精美的菜肴和勤务兵，照常使出战的军官们在旅程中过得舒舒服服。由于假定这次行动有可能是对付以色列的，为了把戏做足，凡是信奉犹太教的人都获准留在后方。这支庞大的舰队预计在11月6日才能抵达塞得港外。

只要埃军在运河区部署了军队——从西奈半岛撤退的几支部队很可能到运河区滞留几天时间，“煎蛋卷”作战方案的风险就是不可接受的。斯托克韦尔带头表示反对，理由是联军尚未处在“没有反抗了”或者“所有反抗都可以不管”的立场。为此，博弗尔修改了方案，提出即使埃及人继续抵抗，他也希望能加快做好进攻准备并拟订了一项新计划，命名为“煎蛋卷II”，其要点是在预期的联军大舰队到达之前，伞兵们将在3天内倚靠以色列的支撑。达扬在他的回忆录中描述“本－古里安对这项计划表示同意，但是摩勒不愿在没有英国同意的情况下前进”。“英国人在任何情况下都不准备放弃他们的‘百艘军舰’计划……并肯定不同以色列保持任何军事联系”。事实也是如此，在战场上，凯特利将军恪守这个大阴谋的各项规定：英国皇家空军甚至在11月3日用机关枪来阻止以色列人援助一个从着火的飞机中跳伞的英军飞行员。本－古里安也坚持贯彻这个大阴谋，不准以色列人接近苏伊士运河10英里以内的地区，以避免任何使得“正直”的英国人朝着以色列人射击的可能，以证明他们的不偏不倚。因此，英军指挥官们仍然对法军的“煎蛋卷II”计划表示拒绝。他们反对将大量伞兵部队直接部署到运河区（二战中的“市场花园战役”给他们留下了惨痛的记忆），因为在那里，伞兵不可能及时得到增援（驻利比亚的英军第10装甲师这时已经确定不能参战）。

除了博弗尔，其他法军指挥官也同样面临着令人难堪的局面。法军总参谋长保罗·埃利（Paul Ely）将军要求联军立即对埃及发动空袭，但英国领导人不仅对这个建议表示反对，还同时否决了其他方案。例如：援助以色列或者利用军舰将皇家海军陆战队更快地送往埃及的方案。因此，有一个时期，埃利将军要求塞浦路斯的法国司令官们拟订一个没有英国人参加的行动计划。

鉴于以色列已经基本取得西奈战役的胜利，另外联合国将要召开大会讨论此事，博弗尔再次修改了作战方案，11 月 3 日，这份方案终于获得了英国的批准。博弗尔的最终方案被称为“望远镜计划”，它与“煎蛋卷 II”的不同之处仅仅在时间上：联军将在原定的“火枪手行动（修订版）”第 3 阶段开始之前的 24 小时发起进攻。英军方面，凯特利将军和斯托克韦尔将军罕见地克服了他们的保守主义思维，通过了“望远镜计划”，但艾登首相面临着来自国际和国内的反战压力，不得不对这份方案做出一些限制。当天夜间，他同意了“望远镜计划”，但要求联军必须沿运河地带行动，不得越界。

11 月 4 日，法军和英军指挥官完善了“望远镜计划”的细节，将其发展为“望远镜计划（修订版）”。由于英军对直升机在防空火力下的安全性感到怀疑，攻占拉斯瓦大桥的任务将由法军单独负责，为此，法军指挥层准备采取一次空降突击行动。但拉斯瓦大桥附近的地形非常复杂——只有两面邻水的狭窄桥面可供伞兵降落，这使得行动充满了变数。若法国伞兵分散在一大片区域内，行动就注定要失败。但法军指挥官雅克·马苏（Jacques Massu，第 10 空降师师长）将军和吉恩·吉勒斯（Jean Gilles）将军向博弗尔保证他们的伞兵完全可以在一片狭窄的区域成功着陆。这一保证引起了博弗尔的注意，他在 11 月 5 日的行动中给法军伞兵安排了一个重要的任务——攻占拉斯瓦大桥。博弗尔认为拉斯瓦大桥是塞得港的一处关键目标，这座大桥横跨枢纽运河，联军装甲部队可以利用其突入河堤公路。如果埃军摧毁这座大桥或是在桥上设防，塞得港就成了一个死胡同，除非派工兵在枢纽运河上架设一座浮桥，否则联军不可能利用陆地通道前往运河区。

实际上，11 月 4 日至 5 日，英法联军面临着更加严重的威胁。以色列人已经于当天占领全部目标，加沙已经陷落，并且随着沙姆沙伊赫和亚喀巴湾下端的岛屿在 11 月 5 日上午 9 点 30 分全部投降，以色列船只终于可以自由使用这条航道。以色列取得这些胜利的过程中，死亡人数不到 200，而埃及的死亡人数在 2000 左右，绝大部分是在撤退时被打死的。以色列现在愿意，甚至急于接受联合国的停火协议，如果埃及也同意的话。达扬回忆说："英国和法国'大吃一惊'"，因为他们曾在名义上进行干预而使之隔离的交战部队，已经真的停止了战斗，所以留给英法联军发动地面战争的时间不多了。此外，联军面临的另一个威胁就是艾登本人——他开始干预计划中的行动的细节。他到 11 月 4 日才告诉凯特利将军，不能指望利比亚的第 10 装甲师到达了。他问海军特遣舰队司令邓福德·斯莱特海军上将能不能在运河东侧安排登陆——计划已经按照一个极其具体的时间表进行到了这个阶段，这是办不到的事情。他在 11 月 4 日晚上 8 点 15 分（塞浦路斯时间夜间 10 点 15 分）问凯特利将军，在推迟 24 小时的情况下，空降部队最迟能在什么时间着陆——这个查询传到空降部队时，他们实际上已经带着降落伞在跑道上了。凯特利回复说最迟在 11 月 5 日晚上 11 点钟，并且说这种推迟会带来严重后果。他又说"法国司令部感到震惊，艾登只能就此作罢"。

（2）埃及上空的战斗：英军和法军夺取制空权

以军入侵西奈半岛后，英军轰炸机部队在皇家空军上校 G.C.O. 凯（G.C.O. Key）和路易斯·霍奇斯（Lewis Hodges）的指挥下完成了战斗准备。虽然这时西奈战役的局势尚不明朗，限制了英军轰炸部队初步计划的制订，但有一点是确定无疑的，那就是他们即将参战。最初，英军的计划可以概述为 10 月 31 日凌晨开始轰炸埃军机场，重点是摧毁埃军的轰炸机。10 月 30 日，英军高层向凯和霍奇斯下达了 6 小时警戒命令，并明确了未来皇家空军的作战范围。10 月 31 日凌晨 4 点 30 分，艾登下达的最后通牒到期，英国本来应该在那时候，也就是以色列进攻埃及后的 36 个小时立即开始轰炸埃及机场，但当时出现了令人不解的延误。英军高层修改了他们的作战方针，皇家空军于第二天早晨才开始轰炸行动。直到那时，英军特遣部队的各位指挥官对形势的判断仍然不一致，并造成了混乱。这种状况源于艾登没有将塞夫勒会议的关键信息透漏给他们，这意味着将军们不清楚“卡代什行动”与“火枪手行动(修订版)”之间的互动关系。英军此次作战的对手是埃及，还是以色列，或者两者都有？此时特遣部队指挥官们还都不知道。

英军轰炸的延误令本－古里安勃然大怒，他想要撤回米特拉山隘前哨的伞兵，因为他非常担心他的部下会被截断退路，但达扬劝阻了他。因为当时这些部队可以说是在任何情况下都能够威胁运河的唯一的以色列部队，因而能够为以色列的朋友们正在从事的大阴谋做辩解。而且，尽管由于英国人的耽误，以色列已经在西奈半岛确立了制空权。达扬甚至认为“即使英法取消入侵计划，我深信我们能够继续战争”。达扬的信心很足，因为法军战斗机已经为以色列城市提供了保护伞，法军驱逐舰也正在沿海提供计划中的海上包抄。鲁瓦上校指挥的法军驱逐领舰“凯尔森”号对埃及驱逐舰“易卜拉欣·阿瓦尔”号发射了这次战争中联军的第一发炮弹，他们为时间被延误而感到焦急，所以在最后通牒期满一个小时前就开火了。法国海军特遣部队向巴黎发电报说：“已经击伤埃及的驱逐舰，但不能完全肯定是埃及的。如果证明有误，这不是有意攻击美国第 6 舰队……”当时，美国第 6 舰队正在执行从埃及亚历山大港撤侨的任务，因此也处于英国航空母舰的活动范围之中。英国海军特遣舰队司令邓福德·斯莱特曾要求第 6 舰队挪动一下，以免干扰英军舰载机，但被后者拒绝。美国军舰在夜间开着灯行动，英国军舰也开起灯来，因此，如果埃及轰炸机前来攻击，就分不清哪艘是英国军舰。

有一个突发事件让皇家空军的轰炸提前了一点。10 月 31 日清晨，正在高空飞行的英军“堪培拉”侦察机意外地遭到了埃及空军米格战斗机的拦截，这令将军们感到不安。这一事件过后，皇家空军指挥层早先订下的计划——于白天在米格战斗机达不到的高度小心翼翼地进行轰炸——已经不再适用，现在，他们只想在31日实施夜间轰炸，而不需要再等到第二天早晨，因为埃及空军飞行员主要依靠目视攻击。特遣部队司令勉强同意了空军的要求，但同时警告称：如果埃军空军袭击了以色列本土，那么英军轰炸机就必须在31日白天就执行任务。此时此刻，位于塞浦路斯的英军基地阿克罗蒂里（Akrotiri）已经有6架"堪培拉"轰炸机进入警戒状态，一旦埃军对以色列本土发动空袭，他们将立即在白天前往埃及。

于是，"火枪手行动（修订版）"计划的第一和第二阶段——夺取制空权和"空中心理战"在英法最后通牒到期后的第13个小时才正式开始。就在纳赛尔摩拳擦掌，准备继续增援西奈半岛的时候，7架"堪培拉"轰炸机从塞浦路斯起飞，8架"勇士"轰炸机从马耳他岛的卢加（Luqa）起飞，他们的目标是埃及的西开罗空军基地（Cairo West airbase，位于西开罗北30公里），此地停放着数架伊尔-28"小猎犬"轰炸机。这些喷气式轰炸机曾在

英国皇家空军的"堪培拉"轰炸机

美制 F-84“雷电”战斗机，也是苏伊士战争时期法国空军的主力战斗机之一

近期空袭过几次以军阵地，由此引发了本－古里安近乎恐惧的忧虑。他非常担心这些“小猎犬”轰炸以色列城市，看起来，这些忧虑很快就要烟消云散了。

然而，就在英军轰炸机接近非洲海岸线的时候，艾登获知了一个重要情报：不少美国侨民聚集在西开罗机场附近——他们正准备乘 15 架美国运输机从开罗疏散回国，一批载着美国人的公共汽车也正在这个机场边缘的亚历山大公路上奔驰。英国外交部因为错误地认为西开罗就在开罗，也要求取消这次空袭，实际上西开罗机场位于沙漠中。出于对潜在的美国侨民可能发生伤亡的担心，艾登亲自命令“勇士”轰炸机立即返回马耳他，并将“堪培拉”轰炸机的目标改为开罗的阿勒马扎军事基地（Almaza）。此处停放着米格－15、“流星”战斗机、C-46、C-47 和伊尔－14 运输机，这些埃军飞机的型号都是由负责领航并确认目标的英军“堪培拉”轰炸机群长机费了九牛二虎之力辨认出的。随后，“堪培拉”对准他们投下了炸弹。用普通炸弹进行夜间高空精确轰炸的成功概率并不高。因为在这种条件下，大气的影响会被放大，例如风速和温度等，使得命中率下降。除了阿勒马扎军事基地以外，英军“堪培拉”轰炸机还空袭了另外几座埃军基地，包括卡布里特（Kabrit）和阿布苏瓦亚尔（Abu Suwayr）机场，两处都是米格－15 战斗机的基地，偶尔还是“小猎犬”轰炸机的基地。尽管制订“火枪手行动（修订版）”第二阶段计划时，一个纳赛尔政府的重要支柱——开罗电台已经被列入目标，但由于可能导致平民伤亡，艾登便将其从英军打击目标中删除。在英国决策层中没人知道，其实开罗电台的信号发射器也距离人口稠密的区域很远。

但是，对英军来说，10 月 31 日夜晚也并非全无收获。当天夜晚，从联军航空母舰、马耳他和塞浦路斯共计出发的 200 架“堪培拉”轰炸机、“勇士”轰炸机、“毒液”战斗机和 40 架法军“雷电”战斗机，在此后 48 小时内从一个“审慎的 4 万多英尺高度”，扫射了 4 个三角洲和 8 个运河的机场。出于人道主义的考虑，联军事先利用无线电和传单警告埃及人离开机场。炸弹的大小也限于 500 磅和 1000 磅。然而，皇家空军轰炸的准确性令人失望，后续的照相侦察显示埃及人只遭受了轻微损失，这说明着为期 4 天的轰炸行动的效果很值得怀疑。事实将证明，多用途战斗机的昼间低空攻击（凭借飞行员目视锁定目标）要远比华而不实的“堪培拉”和“勇士”的夜间高空轰炸效果好得多。此外，这种状况也跟联军采用的轰炸战术有关——先在夜间把机场炸得弹坑密布，然后一待天亮就用航空母舰的舰载机摧毁机场上的飞机。当夜，联军在苏伊士湾也有收获，皇家海军“纽芬兰”号驱逐舰击沉了一艘埃及驱逐领舰。

苏伊士运河战争期间部署在马耳他岛上的“勇士”轰炸机

英国皇家空军“毒液”战斗机，注意其奇特的双尾撑布局

（3）英法多用途战斗机摧毁了埃及空军并打击了埃及士气

来自塞浦路斯和航母的联军多用途战斗机非常适合在夺取制空权的战斗中打击一些“软目标”，譬如停放在机场的埃军飞机。在追求打击精度的前提下，这些战斗机体现了他们的价值。11 月 1 日黎明之前，数十架从航母“阿尔比翁”号（Albion，属于“肯陶洛斯”级）和“鹰”号（Eagle，英国皇家海军第二艘以“鹰”命名的航母，即原“大胆”号）起飞的“海鹰”、德哈维兰“海毒液”以及钱斯 – 沃特“海盗”战斗机向埃及扑去。此外，还有大量陆基战斗机，包括德哈维兰“毒液”、F–84“雷电（法军装备）”和霍克“猎人”作为护航力量参与了这次行动。

当东方破晓的时候，这些战机开始朝着他们的目标猛烈扫射，其中包括一些英国皇家空军在前一天晚上轰炸过的埃军基地——驻扎着“吸血鬼”战斗机中队的卡斯法里特（Kasfareet）机场，驻扎着“流星”和“吸血鬼”战斗机中队的法伊德（Fayid）机场以及亚历山大港附近的达克黑拉（Dekheila）

苏伊士运河战争中，英国皇家海军“海鹰”战斗机使用火箭弹攻击埃军机场的画面，注意机场上还停放着多架米格 –15 战斗机

机场。尽管这些埃军基地的大多数“小猎犬”轰炸机已经撤往上埃及、叙利亚和沙特阿拉伯，但没来得及撤走的战斗机、轰炸机和运输机都遭到了机炮的扫射和火箭弹的轰击。很快，纳赛尔就知晓了这次空袭带来的巨大损失——几乎有200架飞机被摧毁于地面，埃及空军作战力量中的绝大部分化为乌有，但联军直到第二天才通过照相侦察获知这一情况。因此，当天晚上，皇家空军的“堪培拉”和“勇士”轰炸机再次光顾了西开罗机场和其他几座埃军主要机场，对着一片废墟残骸继续狂轰滥炸了一番。

英法参战的前36小时以大获全胜拉开了战争的序幕，但在这之后，两国面临着艰难的抉择。按照“火枪手计划（修订版）”第二阶段内容要求，接下来英法联军将会发动一场“空中心理战”，旨在通过摧毁炼油厂等石油设施来打击埃及国内的民心士气。第二阶段计划中的其他备选目标还包括：打击开罗电台和散播反对纳赛尔的传单。军方已经印好了数百万张这种传单，就等着由轰炸机空投了。或者，英法联军也可以采取战术轰炸，对埃军关键目标发动外科手术式的打击。后一种方式对军方更具有吸引力，因为附带损伤小。如果以埃及平民为主要目标，很显然国际舆论会对英法更加不利，而

一架被埃军防空炮火击伤的“海毒液”战斗机在英军航母“鹰”号的甲板着陆

“鹰”号航母的甲板上，一架隶属于第899海航中队的“海鹰”战斗机满载火箭弹准备起飞，它的目标是埃军机场

且短期战争有演化成长期消耗战的风险。

最终，由凯特利将军和特遣部队指挥官们拟定了一份轰炸目标清单，埃及的石油设施未被列入其中，中东局势出人意料地发展方向迫使他们不得不这样做——这指的是当“火枪手行动（修订版）”第二阶段刚开始的时候，阿拉伯破坏分子（有说法是受埃及指挥的叙利亚工程兵）炸毁了一座位于伊拉克境内的泵站，这座泵站坐落在一条重要的输油管道上。这样下去，会导致英法政府一直力图避免的状况发生——石油供应中断。英法担心针对埃及石油设施发动空袭很可能导致阿拉伯人对英国石油公司手中的输油管道发动更多额外的袭击。但凯特利认为，第二阶段计划中的其他目标不会受到影响，大量反纳赛尔的传单已经运抵塞浦路斯待命，他认为附近基地的英军轰炸机完全可以完成将之空投到埃及的“轻松”任务。

然而，轰炸机机组人员的抗议以及技术上的难题很快就迫使凯特利放弃了空投传单的计划。尽管“空中心理战”在很多方面都失败了，但第二阶段计划的另一项重要任务——使开罗电台瘫痪，却成功实施。艾登曾因为不愿意造成非战斗人员的伤亡而延缓了这一行动，但当英军高层了解到开罗电台实际上位于沙漠地带时，行动又被恢复了。由于不必担心平民伤亡，空袭行动随即立即展开，共 18 架皇家空军“堪培拉”轰炸机采用低空高速飞行的突袭方式，在白天对开罗电台的信号发射器发起了进攻。没有一枚炸弹直接命中这座复杂的设备，但其中一颗炸弹击毁了一根天线，在埃及的技术人员重新安装另一根天线之前，开罗电台的广播中断了好几天。在开罗电台沉默的时候，位于塞浦路斯的联军指挥部垄断了整个北非的无线电波，利马索尔的“英国之音”成为中东唯一有影响力的广播站。他们对埃及人发出了警告“无论你们躲在哪里，我们都要轰炸你”。伯纳德·弗格森准将指挥了这次行动，他把沙克·阿纳德商业电台（以前靠广告维持）变为战争的喉舌。但这些笨拙的劝诫收效甚微，埃及民众都认为这只不过是敌人的谎言而已。

埃军在 10 月 31 日至 11 月 1 日夜间从西奈半岛撤退之后，以色列人在那里为所欲为，不但攻占了加沙地带，还俘获了数千名俘虏，并且不断用空军战机追击撤退中的埃军队列。但即便在这个时候，纳赛尔的声望依然未受影响。法国驱逐舰“乔治·莱格”号（属凯特利将军指挥）为掩护以色列人的行动，对拉法进行炮击，但收效不大。不过在以色列本土基地的法国战斗机袭击了通过伊斯梅利亚的埃军装甲步兵，给后者造成了惨重的损失。

（4）“空中心理战”被空中封锁取代

与此同时，联军的多用途战斗机正在对埃军目标实施战术轰炸，发动外科手术式的打击，力图将“火枪手行动（修订版）”第三阶段的阻力降到最低。轰炸目标包括增援运河区的埃军坦克和卡车，还有保证他们正常行驶和对其进行维护的基础设施。此外，联军战机还在整个埃及境内搜寻仓库进行轰炸。英军的“海鹰”战斗机和韦斯特兰“飞龙”攻击机就将哈克赛普兵营（Huckstep Barracks）夷为了平地，此地位于开罗附近，是一处巨大的车辆存放点，其他战机则摧毁了艾尔玛雅兵营（Al Maya Barracks）堆放的军用物资。

由于各方面的原因，联军战机无法对埃及的基础设施发动全面打击，其中一个原因是：“火枪手行动（修订版）”第三阶段预计发起的地面进攻也得使用这些设施。在联军不需要的设施当中，有一座连接着运河区与杜姆亚特（Dumyat，位于运河以西 48 公里）的大桥，这座大桥为埃军提供了一条从杜姆亚特到塞得港的西线增援通道。因此，11 月 3 日，联军派出多架战机对杜姆亚特大桥发动空袭，但没能命中目标，而且这些战机在返航的途中还遭遇了埃军的防空炮火。最终，联军战机发射火箭弹崩落大量破碎的岩石，堵塞了通往大桥的道路。埃军的铁路系统是另一个重要目标，因为这个网络贯穿了整个运河区，埃军可以利用其输送士兵和武器。对联军来说，最成功的一次行动是针对伊斯梅利亚附近铁路线实施的轰炸。11 月 3 日，英军“堪培拉”轰炸机炸毁了这个地区所有的铁路线，这是轰炸机部队在整个战争期间做出的少数几个实质贡献之一。一天以后，“勇士”和“堪培拉”轰炸机执行了他们在“火枪手行动（修订版）”中的最后一次任务——攻击亚历山大港。但事实上，这是一次佯攻，凯特利将军希望借此愚弄纳赛尔，诱使他将部队调往埃及西部。就这样，“火枪手行动（修订版）”的第二阶段“空中心理战”在刚开始的时候就结束了——成为一场军事大变革中的小插曲。

在此过程中，在低空对埃及主要机场进行的攻击一直在继续，成效也比最初的高空轰炸大得多。当时联军的空中行动十分频繁，飞机从塞浦路斯起飞和着陆的频率为每分钟一架，航空母舰上飞机的起降频率则为 2 分钟或 3 分钟一架。

在英军和法军战机将攻击目标转为车辆和基础设施时，联军出现了一个失误——早些时候，艾登取消了对西开罗空军基地的空袭计划，这在军事上是致命的。因为西开罗机场是“小猎犬”轰炸机的主要基地，艾登的决策，使这座机场在 12 个小时内成为一个特殊的庇护所，停在此处的喷气式轰炸机本来可以壮着胆子飞往塞浦路斯或以色列进行轰炸，但他们没有这样做。因为大部分埃及飞行员尚未受过这种作战训练，也因为苏联教官和技术人员显然曾接到过莫斯科的指令：不准这样做。利用这段时间，埃军的“小猎犬”轰炸机疏散到了安全地区。其中一些逃往叙利亚和沙特的基地，由于艾登不想在埃及以外的地方扩大战线，于是放任这些轰炸机逃走。但仍有一些“小猎犬”留在了上埃及的卢克索（Luxor），这座城市距离塞浦路斯太远了——这很可能是导致 11 月 2 日夜间皇家空军行动失败的主要原因。当夜，多架“堪培拉”轰炸机前往卢克索进行轰炸，但没有造成任何破坏。即便夺取了制空权，英军仍然继续采取夜间轰炸的方式，这非常不明智。因为在当时，英军轰炸机仍然主要依靠目视锁定目标，致使夜间轰炸的效果不佳，所以皇家空军随后进行的几次夜间突袭行动都失败了，卢克索的 20 架“小猎犬”轰炸机直到 11 月 4 日都安然无恙。但就在当天，法国的 F-84“雷电”战斗机用火箭弹攻击了卢克索机场，这才摧毁了这些轰炸机。

05 联军的地面进攻

（1）“望远镜计划（修订版）”的实施：联军伞兵空降贾米勒、拉斯瓦大桥和富阿德港（Port Fuad）

根据“望远镜计划（修订版）”，实施第一波攻击的是英军第 16 独立空降旅［由 M. A. H. 巴特勒（M. A. H. Butler）准将指挥］第 3 营［由保罗·克鲁克（Paul Crook）中校指挥］，下辖 687 名“红魔”。11 月 5 日黎明前的几小时，第 3 伞兵营的官兵从睡梦中醒来，陆续登上 HP-67“黑斯廷斯”运输机和维克斯“瓦莱塔”运输机，飞离了塞浦路斯首都尼科西亚（Nicosia）。不久后，英军共计 33 架飞机（其中有 32 架运输机和 1 架“堪培拉”B.6 轰炸机——其作用是标记降落区域）的庞大编队与拥有 22 架 UC-64 “北欧人”运输机的法军编队（从塞浦路斯的埃阿坎机场起飞）在空中汇合。这些法国运输机上除了一支法军特种部队——柯南中校的第 1 空降侦察营以外，还搭载着一支英军小部队——禁卫独立伞降连（Guards Independent Parachute Company），以及由皮埃尔·查特 - 若贝尔（Pierre Chateau-Jobert）中校指挥的法军第 2 殖民地伞兵营（2 RPC，又被称为“第 2 轻伞兵营”，在当时隶属于法国陆军第 10 空降师）。

在运输机编队之前，20 多架对地攻击机已经先行抵达塞得港上空。这些攻击机连同其他英法战机一起，全天候地在空中巡航。他们的首要任务是轰炸降落区，为联军伞兵登陆扫清障碍，并且在伞兵空降的时候，响应其请求进行对地近距离支援。联军运输机编队在前往埃及的途中，即在离开塞浦路斯 2 小时后重新分成了两部分。随后，英军运输机编队继续前往枢纽运河，法军的“北欧人”运输机编队则脱离了他们的视线，前往拉斯瓦地区。英军“黑斯廷斯”和“瓦莱塔”运输机的飞行员在接近枢纽运河的时候，不断搜寻着烟雾信标——那是伞兵降落区的标志。当日天气晴朗、万里无云，这正是理想的跳伞条件。

英军和法军伞兵有几个战术目标，其中最重要的是在战争结束以前占领整个运河区。在休会 4 天之后，联合国将于 11 月 5 日重新启动停火谈判，这在英国和法国的军政圈子内都引发了震动。对伊利、巴尔若、艾登和其他联军领导人来说，发动地面进攻并实施占领非常重要，可以为将来关于苏伊士运河地位问题的谈判增添宝贵的筹码。

为达成这个目标，联军要做的第一件事就是对塞得港内和周边的埃军力量进行侦查。在执行“望远镜计划（修订版）”之前，巴特勒准将曾向长官保证：他的空降旅在一天之内，不但能拿下贾米勒机场，就连地形复杂的港口本身也能一并攻下。占领港口后，笨重的坦克和卡车就能直接卸货，会大大缓解联军的后勤补给压力。事实证明，巴特勒的观点是正确的，应该在 11 月 5 日将他的整个空降旅投入进攻。然而，由于塞浦路斯的英军基地空间有限，无法进行更大规模的战术空运，只能利用一个伞兵营发动空降突击。

另一个重要目标是基础设施。拉斯瓦大桥附近有一座市政自来水厂，建在一片咸水沼泽中，塞得港的供水完全依靠它。占领这个自来水厂，就可以利用其威胁整座城市，对联军大大有利。而且，对于想要无限期占领塞得港的联军来说，保护它的供水不受埃及人的破坏也是十分重要的。

最后，“望远镜计划（修订版）”把目标锁定在贾米勒机场的两条跑道上，它们或许认为能使联军获得某种潜在优势。英军伞兵攻占这座机场后，埃军便就失去了这一重要基地，而联军战机则可以在此起降，看上去是一箭双雕。不过，攻占贾米勒机场的重要性被夸大了，因为早在 11 月 5 日之前，埃及空军就已经崩溃，且这座机场有限的规模使得大多数联军战机无法利用它。因此，贾米勒机场对联军来说并没有那么重要。

贾米勒机场跑道呈狭长状——向北通往地中海，向南通往曼扎拉湖（Lake Manzala），中间有一片很小的土地。对英军“黑斯廷斯”和“瓦莱塔”运输机的飞行员来说，要将伞兵空投到预定区域，只能从东边或西边切入。这两条航线都有缺点，从东边进入贾米勒机场意味着他们脆弱的、低空飞行的运输机将遭受塞得港埃军防空火力的截击；从西边进入则意味着他们要迎着冉冉升起的太阳飞行，视线会受到严重干扰。

第一个空降区位于塞得港以西近5英里处，飞临其上空时，英军第3伞兵营跃出了他们的运输机。登陆后，第3伞兵营A连将负责夺取贾米勒机场的控制塔和西端；B连负责东部；C连负责机场中心。同时，陆空联络小组——可以随时召唤空中或海上支援，随同这3个伞兵连行动。在半空中，英军伞兵遭到了埃军防空炮火的阻击。发起“望远镜计划（修订版）”之前，联军的空袭行动已经使得大部分埃军火力点沉默，但仍有一些漏网之鱼。受到装备的限制，英军伞兵在着陆前无法反击，他们的经验也不足——全营只有几个人曾参加过1945年跨越莱茵河的战斗，而且是在当年8月份被紧急调回本土进行的跳伞训练，每人才轮流跳了4次。幸好埃军的火力分散而且缺乏准头，因此几乎没有什么效果，给第3伞兵营造成的伤亡非常小（仅有1人在空中阵亡），也没有飞机被击落。

一旦在坚实的地面着陆，“红魔”们就立即奔向与伞兵一起空投下来的携行袋，从中掏出他们的武器——李恩菲步枪、斯登冲锋枪、通用机枪、3英寸迫击炮和美制反坦克火箭筒，还有3部无线电收发报机（但在空投过程中都被打碎），之后才投入战斗。由于“黑斯廷斯”和“瓦莱塔”运输机从侧面装卸货物，对货物的尺寸有很大限制，这意味着伞兵们几乎没有重武器和火炮。虽然在当天晚些时候，贫弱的火力对英军伞兵的进展造成了阻碍，但事实证明，利用这些装备攻占机场还是绰绰有余的。他们使用反坦克火箭筒迅速清除了 4 座埃军混凝土碉堡，在着陆一小时内就占领了整个贾米勒机场。行动过程中，第 3 伞兵营共有 12 名官兵伤亡。值得一提的是，旅长巴特勒准将也随后跳伞降落到机场，而没有和旅的主力一起坐船登陆。

随后，第 3 伞兵营没有在机场多做停留，而是继续向东朝塞得港挺进。第 3 伞兵营营长克鲁克中校派遣 A 连到机场的西边爆破贾米勒桥，阻止埃军由此方向反击；将伤亡最重的 B 连派往东边一处乱七八糟的农庄，以清除藏在那里给他们找麻烦的埃军碉堡。攻击中，B 连连长迪克·斯蒂芬斯（Dick Stephens）少校重伤，由副连长卡尔·比尔（Karl Beale）上尉接替指挥之职。

埃军的战术很快变得清晰起来：他们利用工事和有利地形且战且退，力图有条不紊地撤离运河区，并尽量避免在阵地战中被英军歼灭。每当英军第 3 伞兵营在表现出他们高超的战技时，埃军就会迅速将兵力转移到另一地区，避免与其正面接触。此外，埃军的撤退路线都是沿着他们严密设防的区域设定的，这在 11 月 5 日的战斗中收到了良好的效果。部署在塞得港西边的埃军炮兵和苏制“喀秋莎”多管火箭炮也对第 3 伞兵营产生了一定威胁，它们时不时地射击，造成了英军少量伤亡。

在当天双方爆发的小规模战斗中，埃军曾利用强大的 SU-100 坦克歼击车对英军伞兵占据的贾米勒机场发动了反击。这种将 100 毫米口径重炮与坦克的高机动性结合在一起的装甲车辆，给联军造成了巨大威胁，即便对于快速机动的联军战机来说也是一个不容对付的目标。英军伞兵很快呼叫了空中支援，在强大空中攻势之下，埃军坦克歼击车的乘员士气顿失，弃车而逃。另外，从贾米勒机场出发的第 3 伞兵营，在行至整个路程四分之一处的时候，意外地遭到了空袭——几架法军战机朝着第 3 伞兵营 B 连猛烈扫射。随后，勉强从这次友军误击中幸存的 B 连官兵马不停蹄地对塞得港的污水处理站发起了进攻。这是一栋复杂的建筑，周边浓密的树林为埃军狙击手提供了掩护，他们在此阻击 B 连长达一个小时，之后撤退到附近一座公墓中继续战斗。

尽管塞得港公墓的防御力不如污水处理厂，但也是一块难啃的硬骨头，克鲁克中校派遣C连赶来支援，和B连一起发起进攻。然而，两个连还不得不呼叫空中支援，这再次延缓了英军的进攻。从“堡垒”号航母（Bulwark，属于“肯陶洛斯”级）起飞的“海鹰”战斗机执行了这次对地攻击任务。他们用雨点般的火箭弹将埃军赶出了“公墓阵地”，B连这才得以继续向东挺进。但埃军位于东部的据点群更加坚固，其中最引人注目的是海岸警卫队兵营，一栋令人望而生畏的钢筋混凝土建筑，里面正驻扎着全副武装的埃军部队。

为了在夺取工事时免遭埃军炽热火力的迎击，B连再次呼叫了空中支援。这次担负任务的是从“鹰”号航母起飞的“飞龙”攻击机。他们从超低空飞向目标，受到了埃军防空炮火的热烈“迎接”。长机猝不及防，被当场击落，好在其飞行员及时跳伞并降落在了安全的地方。其余几架“飞龙”攻击机都成功投下了他们携带的1千磅炸弹，这些炸弹贯穿了海岸警卫队兵营的顶部，造成兵营内部大量埃军伤亡。尽管遭到了如此规模的空中打击，猛烈的火力还是不断从海岸警卫队兵营大楼的底部射向英军，C连机枪排的排长迈克·纽沃尔（Mike Newall）少尉，看到有一部埃军废弃的英制“布伦”机枪车，于是和戴维逊中士一起钻进车里，对着兵营大楼开过去，仅用几发子弹就将敌军机枪手消灭。当他们将这辆机枪车开回公墓时，差一点就遭到误击，有一

1956年11月5日，英军伞兵“红魔”在他们的运输机上。当天，他们从塞浦路斯飞往埃及，随即在黎明时分对塞得港周边的贾米勒机场发动空降突击

在塞浦路斯基地整装待发的英军伞兵，11月5日，由他们拉开了联军地面战斗的序幕。

1956 年 11 月 5 日，
一名英军伞兵在贾米勒机场
安全着陆

名英军 106 毫米反坦克无后坐力炮的炮手准备对它开火。正在千钧一发之际，一名脑袋灵光的士官及时阻止了他。然而，B 连还是在不久后撤退了，近一整天的战斗已经耗尽了英军的弹药储备，他们在重新获得补给之前无法继续行动。

第 3 伞兵营 D 连于 11 月 5 日下午赶到了贾米勒机场，巴特勒准将原本可以将这支部队派往海岸警卫队兵营，支援 B 连继续进攻。A 连和 C 连目前正在守卫意义不大的地区，也可以被调往热点区域。然而，这样的调动需要时间，伞兵们也急需修整，为下一步行动积蓄力量。不久后，夜幕笼罩了贾米勒机场，巴特勒准将决定不再对塞得港发动进一步攻击。巴特勒如此谨慎的原因是担心遭到友军战机的误炸，他要求部下与联军预定登陆的海滩保持数英里远的安全距离。B 连已经于傍晚向西撤退，在污水处理厂设立了一条防线，忍受着铺天盖地的吸血昆虫的叮咬和污水散发出的令人作呕的恶臭在厂内露营。

此时，在东南方 16 公里外的拉斯瓦，联军也在稳步推进。由于埃军抵抗轻微，而且目标地域比较小，因此联军在这个方向的进展比在贾米勒机场更迅速。共有 3 支部队空降到拉斯瓦，每支部队都怀揣不同的作战目标。其中，法军第 2 殖民地伞兵营的目标是夺取塞得港市政自来水厂；法军第 1 空降侦察营的任务是占领拉斯瓦两座大桥（东桥和西桥）中的至少一座；英军禁卫独立伞降连则从另外一个方向发起进攻，他们的任务是搜索运河附近的公路和运河堤道，后者是苏伊士南部的主要通道。根据实战需要，禁卫独立伞降连的侦察任务只在有限的地理区域进行。否则联军战机（已经默认塞得港附近的地面部队都是敌军）很可能会误击他们。但即便是短距离侦察也能提供有价值的情报。

这 3 支部队都面临着同一个挑战：降落区是一片三面临水的（曼扎拉湖、枢纽运河和苏伊士运河）、面积很小的三角形区域。将伞兵成功投送到这个每边长度大约只有几百码的区域，需要极高的精确度。为此，“北欧人”运输机从低空进入空降区，为了压制埃军的地面防空炮火，“海盗”和“海鹰”战斗机已经事先进行了轰炸，他们的行动卓有成效。虽然仍有 9 架运输机被击伤，但没有 1 架被击落。

为了尽量集中兵力，这次行动的跳伞高度比常规要求低了很多，只有 520 英尺。尽管有不少重型装备落在了降落区之外，但 3 支伞兵部队还是利用自己超强的能力克服了困难。低空跳伞，滞留在半空中的时间较短，遭受

1956 年 11 月 5 日上午，法军伞兵在他们的预定区域成功降落

地面炮火截击的几率也就相应减小。着陆后，伞兵们就地寻找有利地形，以此作为掩护，迅速将武器组装分配。由于装备得当（不需要像英军一样从携行袋中取出装备）、训练有素，法军伞兵在落地4分钟后即展开了行动。但在降落过程中有几名伞兵受伤，落地后又遭到据守战壕、有机枪据点及博福斯40毫米防空炮支援的、埃军强大火力的袭击，法军伞兵们不顾一切地向前猛冲，相互掩护，迅速攻克了埃军的几个前哨。然而随着伤亡的增加，伞兵的攻击开始力不从心。此时，第2殖民地伞兵营营长查特－若贝尔中校的无线电台正好与在空中盘旋的法军战斗机联络上了，于是要求空中支援。法国空军的F-84“雷电”战斗机与海军航空兵的“海盗”战斗机，以20毫米机炮在低空扫射，把埃军打得七零八落，抬不起头，法军伞兵顺势一拥而上攻占目标。随后，法军第2殖民地伞兵营冲向塞得港市政自来水厂，很快就解除了埃军的抵抗并切断了塞得港的供水。

与此同时，上午8点30分，法军第1空降侦察营也在向拉斯瓦大桥前进。但此时埃及工兵已经将拉斯瓦两座大桥中东边的那座爆破，柯南中校深恐埃军对西边这座桥也照此办理。这座桥对联军两栖登陆部队夺取运河西岸至关重要，结果联军发现该桥由一批狂热的埃军“敢死队”固守，他们立下誓言，

强袭成功！1956年11月5日下午，法军伞兵对富阿德港发动空降突击，并很快夺取该城

雅克·马苏将军，在“望远镜计划（修订版）”中担任法军伞兵的指挥官，他的部队打得很好，短时间内就完成了全部作战目标

要不惜任何代价固守该桥。法军害怕造成桥梁严重受损甚至垮塌，而不敢要求空中支援，所以，他们只有正面强攻一条路可以走。埃军敢死队员死守不退，法军寸土必争，逐步进逼，终于以优势的兵力与火力，占了上风，埃军退至大桥远端的高尔夫球场，只留下一人仍在继续抵抗，直至战死。法军伞兵见机不可失，冲过大桥就地构筑了工事，并招来空中武力，压制埃军。至此，一条潜力无限的咽喉要道已经处于联军的掌控之下。

就这样，到11月5日上午10点左右，两支法军部队已经完成了他们在“望远镜计划（修订版）”中的任务。法军之所以能取得如此迅猛的突破有很多原因，其中最重要的一点是士兵经验丰富，参与行动的法军伞兵大部分都是经历过印度支那和阿尔及利亚160次空降的老战士。同时，由于联军掌握了绝对的制空权，法国技术先进的“诺拉特拉斯”空中指挥部可以根据战况进行实时指挥控制，及时协调作战行动。地面发生激烈战斗的同时，空中指挥部的吉尔将军就乘坐飞机在战场上空1千英尺处盘旋，对敌我部队和地形状况一目了然，实现了地面战术与空中支援的一体化。在法军取得胜利的同时，英军禁卫独立伞降连正在执行重要的侦察任务。英军伞兵们分乘两辆吉普车，沿着通往坎塔拉的公路向南不断搜索前进，一直推进到距枢纽运河6英里外的地方。令人惊讶的是，这条公路完全可以让联军通过——没有布设地雷，只有几个弹坑破坏了路面。而且，在英军伞兵乘吉普车飞驰的途中，没有发现一名埃军士兵。

在拉斯瓦取得成功后，联军高层得以做出更具侵略性的部署。法军指挥层原本的计划是：如果第 2 殖民地伞兵营在自来水厂遭遇顽强抵抗，那么联军将在最初的空降区投入新部队，对其进行增援。然而，在上午晚些时候，第 2 殖民地伞兵营大获全胜的趋势就已经非常明显了，查特 - 若贝尔中校因此准备了第二套方案——于当天下午在富阿德港实施第二次空降突击。富阿德港镇内有一座盐厂，正好位于拉斯瓦对面，攻占此处可以保护第 2 殖民地伞兵营的东翼，而且如果这一行动成功，查特 - 若贝尔中校希望能进一步占领整个港口。这两个目标都唾手可得。当天下午 1 点 45 分，第二批空降开始，这次投入的部队是法国外籍军团第 1 伞兵团第 1 营，都是经历过阿尔及利亚严酷战斗的老兵。空中支援和法军凶悍的进攻将富阿德港的战斗变为一边倒的屠杀。埃军在猛烈的攻势下支撑不住，不得不跨过运河撤退，只留下一些孤立的狙击手来抵抗法军。虽然法军伞兵又花了 12 个小时来搜索并清除这些顽抗的埃军，但可以说直到 11 月 5 日下午，法军已经赢得了富阿德港争夺战的胜利。

（2）被英法围困的塞得港：立即投降或者被迅速攻陷？

富阿德港的迅速陷落或许使埃及人有了放弃塞得港的打算。下午晚些时候，塞得港的军事指挥官萨拉赫丁 · 穆古伊（Salaheddin Moguy）准将要求与联军进行直接对话。穆古伊准将刚刚就任塞得港司令，他对埃及高层的计划和当地驻军的状况，甚至连他们的职责都知之甚少。而且，纳赛尔是倾向于要求他们奋力突围，撤往坎塔拉，还是在塞得港内战斗到最后一刻呢？

穆古伊对这些情况不得而知，但他决定利用谈判来争取时间，并利用这段时间广泛收集信息。同时，他还希望说服联军重新开放对塞得港的淡水供应（当时，塞得港市政自来水厂已经因法军的攻击而损坏，谈判期间，法军同意对其进行修复）。此外，他还认为，临时停火将给他的部队一些修整的时间，武装当地居民的行动也可以继续进行。巴特勒准将把这个消息向后方

11月5日，法军伞兵占领了一处重要目标——塞得港的自来水厂

在英军第3伞兵营占领贾米勒机场后，营长保罗·克鲁克将他的战术指挥部转移到机场大楼内

报告，并说明他怀疑这次谈判不会得到多大结果。但他的说明似乎在途中遗失了（塞得港和联军总部之间的通信很差），消息传到英国下议院时出现了偏差，议员们得到的消息是纳赛尔本人已经投降。

接下来的谈判中，巴特勒、查特-若贝尔和马苏代表联军率先阐述了意见条款："塞得港应该立刻实施宵禁，所有埃军部队都应该立即放下武器并前往贾米勒。"穆古伊企图采取"费边战术"（即拖延战术），要求联军给自己一整天的时间来考虑这些条款。但巴特勒只给了他4个小时，并提议双方在此期间暂时停火——巴特勒也想利用这段休战期来疏散受伤的伞兵。穆古伊同意了他的提议，然后返回了塞得港。

正当穆古伊试图就谈判问题与开罗方面进行沟通时，联军指挥层已开始考虑"望远镜计划（修订版）"中的下一步作战计划。谈判结束后，巴特勒

这些被法军伞兵抓获的埃及战俘是幸运的——因为法国人在埃及常常执行“不留俘虏”的信条

曾向联军指挥层递交了一份报告，在报告中他判断埃军立即投降的可能性极小——或许是这点激发了指挥层对于加速推进计划的兴趣。11 月 5 日黄昏的时候，联军庞大舰队的第一批舰只已经距离埃及海岸不远，提早抵达的原因是舰队的航速比预期的要快，而且天气状况良好。值得一提的是，美国第 6 舰队的潜艇“短剑”号和“锯鲉”号一直跟在联军大舰队后面不远处。在这种状况下，“火枪手行动（修订版）”的第三阶段作战可以立即开始，而不需要等到第二天。英国海军上将曼利·鲍尔（Manley Power）提出一个方案：利用布里斯托 -171“梧桐”和韦斯特兰“旋风”（即美国西科斯基 H-19/S-55“契卡索人”直升机的英国版）直升机将皇家海军陆战队第 3 突击旅空运至贾米勒机场，与先行抵达的英军第 3 伞兵营建立联系，之后共同推进到塞得港，并取消了计划中的两栖进攻。

虽然博弗尔将军一如既往地将快速行动当成第一要务，但也绞尽脑汁地想要降低风险，他建议采取两种方式夺取运河区。首先，他建议于第二天黎明来临时，在坎塔拉再实施一次空降。因为法军已经占领了拉斯瓦，坎塔拉成为博弗尔将军新关注的关键节点。对他来说，把这座位于苏伊士运河堤道南端的城市作为联军的下一个目标是合乎逻辑的，占领坎塔拉可以绕过一些埃军的坚固工事——这些潜在的威胁，可能会阻碍联军向运河区的快速推进。

博弗尔将军还建议将法国海军陆战队的登陆地点由富阿德港改为拉斯瓦，那样就可以节省几个小时的行军时间。从拉斯瓦出发，海军陆战队员们可以沿着苏伊士运河堤道向南挺进，协助伞兵夺取坎塔拉，或者替换第 2 殖民地伞兵营，将后者从围困塞得港的任务中解放出来，以便在更南的地区发动新的空降作战。根据博弗尔将军的说法，斯托克韦尔当时已经同意在坎塔拉再发动一次空降突击，但在穆古伊拒绝接受联军提出的条款之后，他又反悔了。如今，两人的谈话细节已经无从得知。不过针对其他要求修改作战计划的建议，斯托克韦尔都明确地表明了自己的立场：他不想在很短时间内就对“火枪手行动（修订版）”做出如此大规模的修改，也不愿意为这些可疑

英军伞兵与被埃军乘员废弃的 SU-100 坦克歼击车

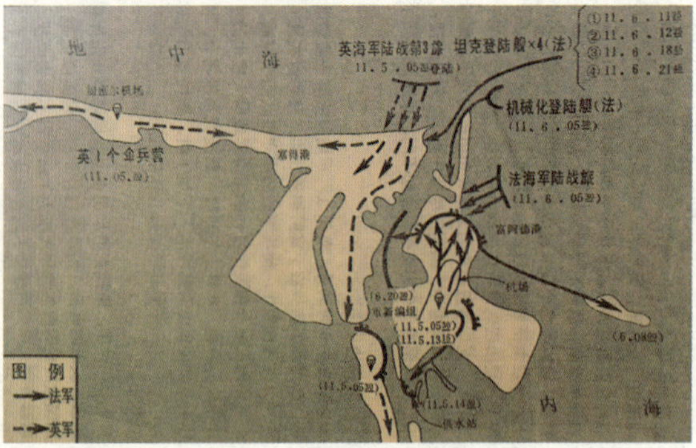

1956 年 11 月 5 日至 6 日，英法联军在苏伊士运河区空降作战示意图

的“取胜捷径”承担额外的风险。因此，他否决了这些建议。

此外，还有一些因素促使斯托克韦尔否决了这些建议，其中之一是在夜间发起进攻会削弱联军的火力支援，这是一个很明显的不利因素，那些计划攻击塞得港的部队——海军陆战队和伞兵是天然的“光源”，很容易遭到己方战机的误炸。况且，尽管黑夜可以掩盖攻方的行动，使他们不易受到防御方的火力打击，但在黑暗中，塞得港错综复杂的街道和小巷却很容易使人迷路。在能见度极低的条件下，当地居民凭借对这个“迷宫”的熟悉程度，相比攻方具有更大的优势。至于鲍尔海军上将提出的利用直升机将部队直接输送到战区的方案，在当时还从来没有过先例。虽然贾米勒机场早已经在联军手上，直升机疏散伤员的行动也一直在进行，但在机场外围，敌人的炮火仍时不时地炸响。在不利的条件下使用一种未经测试的新战术，由此产生的风险超出了斯托克韦尔可以接受的程度，因此他宣布“火枪手行动（修订版）”确定的时间表不可更改。

斯托克韦尔不想让联军位于富阿德港和塞得港业已标定的登陆区变得混乱，因此同样拒绝了博弗尔关于将法国海军陆战队调往拉斯瓦登陆的建议。他的决定表现出这位特遣部队司令与他的法国副手之间的关键差异。斯托克韦尔青睐现有的计划：指挥官们有条不紊地设计，再由基层官兵认真地实施，可以最大限度地降低风险。相比之下，博弗尔则是一位机会主义者，他认为计划仅仅是达到目的的一种手段，其本身并没有多少内在价值。对博弗尔而言，实施计划的环境或假设发生改变，就有充分的理由摒弃部分或者全部原始计划。

正当斯托克韦尔和博弗尔为修改作战计划而争论时，回到塞得港的穆古伊已经与位于伊斯梅利亚的埃军最高司令部取得了联系。英军和法军错误地以为连接这座城市与外部世界的所有通信线路都已经被切断。实际上，纳赛尔虽然不知道穆古伊与联军谈判的细节，但他显然意识到双方正在进行谈判，并且他坚决反对投降。他试图将穆古伊就地免职，提拔一个营长取代他的位

塞得港，位于苏伊士运河通往地中海的入口处

置，但当时埃军的指挥和控制系统已经陷入一片混乱，纳赛尔的命令很难传达。穆古伊则通过埃军最高司令部获悉继续抵抗的重要性，他随后于 11 月 5 日晚上 9 点 30 分宣布拒绝巴特勒的意见条款。塞得港内，机敏的苏联总领事已经意识到巷战不可避免，他利用短暂的停火时间出来协助给平民分发枪支的管理工作。作为回应，巴特勒提议再延长 1 个小时的临时停火时间；每一分钟临时停火都对穆古伊有利，因此他毫不犹豫地同意了。但此后双方都没有意愿再延长停火时间，因此，到夜间 10 点 30 分，停火协议到期了。

苏伊士运河战争之后，一些要员谴责了巴特勒决定临时停火的协议，声称这一决定使联军的努力付诸东流。这些批评人士称，在掌握主动权的时候主动暂停作战行动，这导致联军赢得进一步胜利的可能性大大下降。实际上，这种批评是站不住脚的，因为在谈判开始之前，巴特勒就已经因为其他原因叫停了第 3 伞兵营的推进。此外，位于拉斯瓦的联军部队也已经在 11 月 5

日下午 3 点左右进入了防御模式，他们已经大体上完成了最初确定的作战目标，也缺乏足够的兵力来发起新的攻势。

当天晚上，布尔加宁给艾登、摩勒和本 – 古里安分别送去了措辞非常强硬的照会，施以强大的外交压力。苏联在致英国和法国的照会中称："如果拥有各种现代化毁灭性武器的更强大国家向英国和法国进攻的话，那么英法两国会处于何种境地？"这被看作是苏联要进行核打击的前奏。在致以色列的照会中称：以色列的战争行为"将使以色列是否能继续作为一个国家而存在发生问题"。第四个照会向艾森豪威尔建议，苏联和美国应当联合干预中东问题，必要时大概再采取一次"隔离交战部队"的办法。曾经全神贯注于匈牙利事件的苏联，用了 6 天时间了解到美国确实是反对英法行动的。虽然艾森豪威尔拒绝了苏联的建议，但是一种"惊慌失措的"情绪弥漫在处于大选前夕的华盛顿，国务院有人哀叹，"在我们全都被（核弹）烧成灰烬以前，我们必须停止这场战争"。对苏联参战的忧虑可能最终影响了美国的政策。美国不得不一方面让美军做出全面警戒姿态，警告苏联不得进攻英法；另一方面照会英法，表明只有当苏联进攻欧洲或者埃及进攻英法舰船时，才可能保护英法，并且要求英国在 12 小时内停火。对艾登和摩勒来说，虽然他们不相信苏联导弹威胁的真实性，但也不能完全忽视苏联采取某种干预的可能性——譬如使用志愿军。对于美国的呼吁更是不可能置之不理的。

（3）英法对塞得港发动两栖攻击的准备

显而易见，11 月 5 日深夜，塞得港的战火又被重新点燃。最重要的是，尽管有时候会动摇，但埃及军队还是扛住了联军的空降进攻，没有发生全面崩溃或耻辱性投降的状况。他们的坚韧使得博弗尔准将早先的乐观情绪烟消云散。埃军明智地采取"以空间换时间"的战略，诱使联军迅速取得战术胜利，但与此同时，他们的兵力也在逐渐被稀释，处于骑虎难下的境地。因此，只要埃军守住对联军至关重要的后勤基地——塞得港，那么联军就无法前进至坎塔拉和伊斯梅利亚。11月5日，由于联军伞兵无法占领塞得港这座城市以及港口本身，英法不得不继续推进“火枪手行动（修订版）”，这导致两国在这次战争中的最终损失。事实上，对一个约20万人口的城市进行两栖进攻的前景令人沮丧，这迫使英军开始考虑塞得港附近的其他登陆地点。贾米勒是一个颇具吸引力的选择，因为埃军无法靠近那里。然而，埃军曾在贾米勒的陆地和海上布设了雷区，此地也缺乏合适的港口，从拉斯瓦前往运河区也意味着行军距离将会大幅增加，而且在最后一刻更改作战计划将会产生不利影响，这些因素都促使斯托克韦尔反对将登陆地点改为贾米勒。

尽管另寻登陆地点的尝试纷纷失败，但伞兵的空降作战还是为联军带来了一些优势。法军伞兵现在已经控制了港口的关键区域——自来水厂、机场和南端出口，还控制了富阿德港。此外，虽然斯托克韦尔决定不让海军陆战队在贾米勒登陆，但还是命令英军第3伞兵营占据塞得港以西的土地，并防止埃及军队在这座城市的北部登陆，从而切断联军的侧翼。

11月6日清晨，当黎明的曙光微露时，塞得港上空烟云密布，使得海上的视野变得模糊不清。海面上，来自第3突击旅的1000名海军陆战队员已经整装待发，他们将要在塞得港北部的一片三分之一英里宽的海滩上登陆。当天凌晨4点，D.G.特威德（D.G.Tweed）中校和彼得·诺尔科克中校带领手下——第40和第42突击营就已从睡梦中醒来，他们是英军中的精锐力量。除了皇家海军陆战队外，将要在塞得港登陆的还有来自英国陆军的两个主力团，其中第6皇家坦克团负责为陆战队员们提供装甲支援（另一个原因是担心苏联人或者埃及人驾驶的坦克会对登陆进行抵抗）；装备LVT-3“水牛”履带式登陆车的第7皇家坦克团则负责把第40和第42突击营运送上岸。但是，第6和第7皇家坦克团严重缺编，整个8月份，英国国防部一直紧急从全国调集物资来支援这几支部队，尽管如此，这两个团所属车辆仍缺乏无线电设备以及弹药等必需品。

作为主力部队，第 1 皇家坦克团在装备接收和训练设施使用上都拥有优先权，他们挑剩下的才会拨付给第 6 皇家坦克团。截至部队开拔时，这两个团都只在国内索尔兹伯里平原训练场进行过一天正规演练，随后就搭乘坦克运输车赶往出发港口——朴次茅斯和波特兰。值得一提的是，由于专门负责运输的皇家军事勤务司令部司机不够，再加上坦克运输车辆也不够，所以上述两支皇家坦克团的“百人队长”坦克和“水牛”履带式登陆车都请民用运输公司帮忙运输。但这样做有很多弊端，负责运输的英国公路运输与匹克福德公司（PICK FORD）很不负责。有一次几辆满载坦克弹药的卡车整个周末都停在路边无人照看，而卡车司机们却都在附近一家酒馆里厮混。即便到了出发港口，各运输部门也是混乱不堪。因为出发命令前后矛盾，第 6 皇家坦克团到港后只有 45 辆“百人队长”MK5 坦克被装上 4 艘皇家海军的坦克登陆舰。上不了船的坦克不得不暂驻在马尔莎俱乐部的二号马球场，散落各处的“百人队长”坦克让在这里玩乐的贵族们惊诧不已，因为完好的场地转眼间便被坦克履带蹂躏得体无完肤。随后，两支皇家坦克团在马耳他岛开始了长达数周的战前训练，直到 10 月 27 日，“进入战斗状态”的命令才从伦敦传来。

11 月 6 日清晨 4 点 15 分，搭载着陆战队员和皇家坦克团的“苏瓦拉（HMS Suvia）”号、“萨勒诺（HMS Saierno）”号、“破坏者（HMS Ravager）”号和“打孔工（HMS Puncher）”号 4 艘坦克登陆舰（LST）在燃烧的储油罐的浓烟掩护下，缓缓行驶到与埃及海岸线相距半英里远的地方。陆战队员们开始各就各位，他们已经在海上漂流了近一个星期。在这 6 天内，从马耳他启程的联军舰队共航行了 1609 公里。

一天前，在英法伞兵成功空降之后，当地的天气状况陡然恶化，地中海的海面开始变得高低起伏，碎浪翻滚，就两栖登陆而言，这种海况勉强可以接受。坦克登陆舰抵达指定位置后，第 40 和第 42 突击营的官兵们相继登上了外形丑陋的 LVT-3“水牛”履带式登陆车。同时，英法海军航空兵和从塞浦路斯起飞的陆基攻击机利用火箭弹和机炮对塞得港北部的预定登陆区域进行了地毯式清扫，以减小城内埃军（兵力达到3个营）对登陆区的威胁。

空中力量短促但迅猛的打击刚一结束，联军驱逐舰上的大炮就开火了，他们的目标不仅是塞得港的海滩，还包括海滩附近的一排100米长的木制棚屋。尽管联军舰队中威力最大的武器——各艘巡洋舰和法国战列舰“让·巴尔（Jean Bart）”号上的大炮缺席了这次攻击，但驱逐舰的火力足以取得良好的战果，几间棚屋被点燃，里面的埃军士兵不得不放弃他们已经准备好的早餐，向内陆逃跑。由于联军伞兵部队事先报告海滩上埋有地雷，因而这里受到了炮火的重点关照，整个海滩一时间“淹没在炮火中”，埃军的全部火力点都被摧毁，海岸警卫队陷入瘫痪，未被英国政府列入炮击和轰炸目标的塞得港政府大楼也毁于轰炸。

开战前，英国内阁对参与此次行动的海军做出了严格的限制：只能使用4.5英寸（114.3毫米）及以下口径的火炮，仅这一项就使联军舰队的火力缩水为原来的十分之一。而且，在炮击开始前的两小时，塞浦路斯的“英国之音”就连续不断地警告塞得港平民进入掩体。这还不够，11月5日夜间，内阁又通过联军指挥部宣布了一项新规定——禁止海军进行任何舰炮射击。无可奈何的皇家海军舰队指挥层只好通过曲解这项规定的字面意思来规避限制。按照海军术语，“舰炮射击”意味着“向目标开火”，与此相似但不同的另一个解释是“海军炮火支援”，即“向那些可能威胁友军安全的目标开火”——按这个意思理解，英军驱逐舰在遵守内阁规定“字面意思（而非精神内核）”的同时，展开了岸轰行动。

（4）关键的11月6日：皇家海军陆战队在代号“绿山”和“红山”的滩头成功登陆，并建立桥头堡

在登陆舰的甲板下等待了近一个小时后，第一波进攻部队——约占第40

和第 42 突击营总兵力的五分之一——分乘 12 辆“水牛”履带式登陆车驶入了地中海。每辆“水牛”搭载着 20 名陆战队员，车底的螺旋桨推动着这些全副武装的两栖战车向南驶去。晨曦中，这些登陆车不断闪躲着从岸上断断续续飞过来的埃军子弹，阵型逐渐变得混乱。熊熊燃烧的赌场皇宫酒店码头照亮了“红山”和“绿山”两片海滩的分界线，这两片海滩分别是第 40 和第 42 突击营的登陆场。随着联军最后一轮火力支援结束，战场上突然出现了奇特的宁静。至此，第 40 和第 42 突击营的官兵们只能依靠自己了，直到他们建立起桥头堡为止。联军发起进攻的时间是在 11 月 6 日早上 7 点左右，在离开了相对安全的坦克登陆舰半个小时后，“水牛”履带式登陆车载着第 40 突击营的官兵在“红山”海滩顺利登上陆地。

10 分钟后，在距离“红山”以西不远处的“绿山”海滩，第 42 突击营的 A 连和 B 连也乘着“水牛”缓缓地登上了陆地，内陆燃烧的木屋喷出的火焰和浓烟刺痛了他们的双眼，陆战队员们只能眯着眼睛注视着他们的第一个目标——一栋高耸的石砌塔楼。占领这座坚固的建筑，可以为联军带来很多优势。首先，它可作为登陆桥头堡外围的火力点，为登陆场的防御发挥潜在的关键作用。另外，英军陆空联络小组可以在这座建筑物的顶部实时观察埃军的动向，并根据这些情报直接安排空中或海上打击。

就在 A 连和 B 连向内陆挺进的时候，发生了一场始料未及的猛烈爆炸，弹片像雨点一样袭向 150 名陆战队员，好在有惊无险，没有造成人员伤亡。惊魂未定的陆战队员们进行了调查，发现是火焰引爆了埃军存放在棚屋内部或埋藏在地下的弹药而引发的爆炸。此外，从埃军阵地（位于“绿山”海滩以西）发射的零星炮弹也偶尔在陆战队员的身旁炸响。尽管存在这些不利因素，第 42 突击营的 A 连和 B 连还是成功占据了海滩的建筑物，并在不久后控制了一条海岸公路，从而使“绿山”海滩与整个塞得港北部相隔离。作为联军的第一波攻击部队，这些陆战队员们以尽可能快的速度向内陆推进，并避开了埃军部署在港口与邻近海滩区域内的阻击阵地。从开战时刻起，第 42

突击营的座右铭就是“速度与机动性”。这支部队的意图是像锥子一样在敌军防线上钻出一道狭窄的缺口，然后通过这个缺口迅速向南进攻，一路占领塞得港的战略要地——桥梁、公路、公共基础设施以及其他关键节点，不但要确保对塞得港本身的控制，还要为突破坎塔拉和其他更深远的埃军据点创造机会。沿一条宽广的战线正面推进，或是停下来肃清敌军残余部队都会拖延这一进程，因此，皇家海军陆战队一直尽量避免遭遇这两种情况。

当 A 连和 B 连在塞得港北部发动“闪电战”时，第 42 突击营的其他部队也纷纷从海面靠近了“绿山”海滩。由于缺乏足够的坦克登陆舰，这些后续部队——包括 C、D、E 和 F 连只能乘坐攻击登陆艇（LCA）发起进攻。与“水牛”履带式登陆车不同，这些攻击登陆艇并不具备真正的两栖作战能力。因此，参与联军第二波攻势的陆战队员们只能在距离海岸 50 英尺远的地方跳下登陆艇，然后艰难地穿越起伏的海浪，徒步走向海滩。当他们笨拙地涉水前行时，稀稀落落的敌军炮火突然轰鸣了起来。实际上，由于他们认为之前 A 连和 B 连对内陆发动的突袭（能起到转移敌军注意力的作用），以及联军海上和空中力量进行的长时间火力攻击，使得后续部队遭到阻击的可能性大大下降。因此他们的防御非常脆弱，幸亏埃军的炮火杂乱无章，才没有造成较大损失。最终，第 42 突击营的全部兵力都抵达了这处桥头堡。先前登

英国皇家海军陆战队第 3 突击旅的战士们乘坐“水牛”履带式登陆车在塞得港抢滩登陆

陆的A连和B连不仅攻占了那座石塔，他们的主力还蔓延到更远处的公路上。自此，第42突击营已经实现了他们最初的目标——找到一个有足够防御力的立足点，使进一步的行动可以随时展开。

位于塞得港西部的斐迪南·德·雷赛布雕像，战争结束后，这座雕像被拆除

在距离“绿山”海滩以东半英里处的“红山”海滩，第40突击营同样顺利登陆，他们正在为接下来的内陆行动做准备。相比于第42突击营的战友，第40突击营的陆战队员们具有更大的优势。从他们的坦克登陆舰驶离的不仅有“水牛”，还有来自第6皇家坦克团C连的12辆“百夫长”坦克，其蹚着6英尺深的海水缓慢地冲上了“红山”海滩。坦克上岸后需要引爆炸药来解除车体上的防水设备，但这时候麻烦出现了，爆炸物安全栓要么因马耳他进行的实兵登陆演习短路，要么因受到海水的腐蚀而无法引爆。因此，导致首批抢滩登陆的12辆坦克中的6辆，其堵在进气口和排气口后面的防水密封盖无法自动脱落，坦克兵们只好拿着锤子和撬棍钻出坦克，冒着时不时飞过来的埃军子弹，自己动手卸掉这些防水装备。

覆盖了部分装甲的“水牛”履带式登陆车只能给乘员提供有限的防护，相比之下，这些“百夫长”坦克对进攻途中（包括海滩和塞得港北部地区）常见的冷枪和其他轻武器的攻击完全免疫。第40突击营充分利用了“百夫长”坦克超强的防御属性和进攻火力。不久后，两个排的“百夫长”坦克（共有8辆坦克）向西驶去，他们的任务是支援第42突击营。

第40突击营和剩下的4辆“百夫长”则开始努力完成他们的第一个作战目标：清理塞得港的港口附近区域。一旦第40突击营取得成功，联军更多的海军陆战队员和伞兵将会分别利用直升机和舰船在港口登陆。很快，第40突击营就在港口西部的防波堤附近清理出一个直升机着陆区，这附近矗立着一座巨大的雕像。雕像刻画的人物不是别人，正是对苏伊士运河的开凿做出巨大贡献的法国人斐迪南·德·雷赛布。然而，一旦陆战队员们沿着一条与海滨平行的公路走一段距离，他们头脑中任何速战速决的希望都会随之破灭的。

塞得港的海滨非常广阔，囊括无数港湾和码头。其中的渔港（Fishing Harbor）和赌场皇宫酒店（Casino Palace Hotel）码头尚存有限的港口设施，再向南走，在内港还有一个更大的码头，这意味着第40突击营面临着一个异常复杂的清理任务。此外，沿着海滨还有一大排建筑物——更增加了任务的挑战性。这些建筑物中有一些体积庞大、结构坚固，可以为内部的人提供理想的防御屏障。当时，在塞得港城内以及周边区域，埃军正且战且退——面对联军优势火力时缓慢地、有组织地进行撤退——但沿着海滨，埃及人依托一些孤立的据点进行着最激烈的抵抗。

坐沉在苏伊士运河内的阻塞船使得联军无法利用塞得港南部的码头，这在11月6日延缓了联军对坎塔拉的推进

由于沉船堵住了塞得港以南的运河，英军被迫在诸如渔港码头这样的地方卸货，尽管这些码头并不适合这项工作

（5）直升机进入战场：第45突击营搜寻登陆区

第40突击营第一次遭遇激烈抵抗是在位于内陆半英里处的一座警察俱乐部。当时，埃军用3门57毫米捷克制反坦克炮挡住了英军的去路，冲在最前面的C连9排的“百夫长”坦克在拉姆斯顿军士长的指挥下，用机枪击中了所有埃及炮手，清除了前进的通道。最终，这些“百夫长”坦克帮助第40突击营拿下了至关重要的塞得港警察俱乐部。但是，陆战队员们遭遇的抵抗越来越顽强，这种状况引起仍停留在海上的第45突击营将士们的不安，他们聚集在英国皇家海军“海洋”号（Ocean，属于“巨像级”航母）和“忒修斯”号（Theseus，同属“巨像级”航母）航母的甲板上，要求搭乘直升机去增援与自己同属第3突击旅的战友，这一要求很快就得到了上级批准。当时，没有任何一支军队曾利用直升机将部队直接送往战区，因此，这次试验性的行动成了军事史上的一座里程碑，其创新之处很快就凸显出来。但作为首次尝试，行动选用的装备和程序安排上存在严重缺陷。事实上，在直升机降落在塞得港之前，甚至在他们从“海洋”号和“忒修斯”号航母的甲板起飞之前，

英军“百夫长”坦克在渔港码头登陆的瞬间，背景中斐迪南·德·雷赛布的雕像依稀可见

参与这次具有首创性行动的人都面临着诸多挑战。

首先，第45突击营乘坐的“梧桐”和“旋风”直升机来自第845海军直升机中队和联合实验直升机部队（JEHU），这两种直升机的结构设计不佳，内部空间狭窄，本来是为前线部队运送弹药，而不是用来运送人员的。因此，第45突击营的官兵只能勉强挤在这些直升机驾驶舱后面的一个小型露天货舱内。挤在这样的地方做长时间飞行很可能会感到严重不适。不过幸好，从“海洋”号和“忒修斯”号航母飞往塞得港只需要几分钟。

一旦直升机起飞，另一个严重影响乘客和机组成员安全的问题又出现了。11月6日清晨，塞得港的情况十分复杂，战线游移不定，数十栋建筑物燃烧产生的浓烟在强风的作用下不断扩散，笼罩了整个港口上空。此时，一架“旋风”直升机率先从“忒修斯”号航母起飞，飞往混乱的港口上空，上面搭载着身先士卒的第45突击营指挥官——N. H. 泰勒扬（N. H. Tailyour）中校。由于烟雾弥漫，这架“旋风”直升机的飞行员无法得知地面的确切情况，他们原本打算将泰勒扬中校放在塞得港体育馆内，但这座体育馆仍然牢牢地控制在埃及人手中。随后，正在悬停、准备降落的“旋风”直升机遭到了轻武器的密集攒射。飞行员赶紧拉起直升机，带着泰勒扬中校重新飞往安全的地方，但在那之前，直升机已经身中数十弹。现在，对这架直升机的机组人员和乘客来说，急需一个清晰且容易识别的着陆区。手忙脚乱的空中撤退之后，飞行员终于在“红山”海滩以南选定了一片区域。这一着陆区刚好位于斐迪南·德·雷赛布雕像的西南方，靠近赌场皇宫酒店。事实证明，在这里着陆远比塞得港体育馆要妥当得多，第45突击营史无前例的直升机空运行动便最终在此地展开。

（6）第40突击营和后续部队对塞得港港区的进攻

在第45突击营的着陆区附近，第40突击营的陆战队员正在向塞得港南部推进，他们已经深刻了解到清理海滨地区所要花费的时间和代价。在粉碎塞得港警察俱乐部抵抗的过程中，第 40 突击营只有轻微的人员伤亡，因此，他们没有意识到在前方会遭遇更艰苦的战斗。联军最初估计第 40 突击营在“红山”海滩登陆几个小时后就可以确保塞得港的安全。但事实证明，这个判断过于乐观了。

实际上，直到下午，陆战队员们距离港口南端还有相当长的距离，围攻塞得港海关大楼的行动耗费了他们不少时间，而且几次尝试都无功而返，直到“百夫长”坦克使用抵近射击的战术才摧毁了这栋建筑。攻占海关大楼的时候，第 40 突击营遭遇了一个更大的战术难题。有超过 100 名埃及武装人员躲在这栋宏伟的建筑物当中，即使“百夫长”坦克的抵近射击也没法把他们赶出来。最后，第 40 突击营只能呼叫空中支援，由英国海航战机对大楼发射了密集的火箭弹。这座巨大的石砌建筑曾是英国占领期间皇家海军的总部。随着海关大楼被摧毁，其内部的埃军火力点也陷入了沉默。但是，埃军在塞得港海关大楼和其他海滨据点的顽强抵抗，不但导致了英军的伤亡，还消耗了他们宝贵的时间。而时间是当天夜间联军孤注一掷向坎塔拉推进时最缺少的东西。

费时费力的围攻战不但消耗了联军的兵力，还破坏了港口设施。后者对于联军后续部队的快速登陆至关重要，但这种战斗造成的时间延误只是联军面临的众多难题中的一个。此时，掩护第 40 突击营推进的坦克部队只剩下第 6 皇家坦克团 C 连第 12 排。尽管有“百夫长”坦克的重甲利炮相助，第 40 突击营在肃清海滨居民区里的武装人员时仍然进展缓慢。因为居民区街道狭窄，周边建筑物密密匝匝地挨在一起，复杂得跟迷宫一样，埃及人可以打一枪换一个地方，轻松溜走。战至早晨 7 点 30 分，第 40 突击营才向前推进了 914 米，慢慢接近了塞得港商业区。就在此时，两辆标有“可口可乐”标志的大卡车载着埃军士兵突然从一个街角冲出来，向第 12 坦克排的“百夫长”发起突袭，一发从 200 码外发射的高爆榴弹直接摧毁了一辆“百夫长”坦克，另一辆“百夫长”坦克的驾驶员惊慌失措，连人带车翻进了路边的河道里。最后，第40突击营靠呼叫空中支援才得以继续前进。另外，数十艘埃及阻塞船横七竖八地倾覆在内港南部，对皇家海军的行动造成了很大的障碍。这一情况是海军陆战队于“红山”和“绿山”海滩登陆后，联军派出两栖舰艇对港口进行全面侦察才得知的。这些两栖舰艇的报告，再加上不久后强行突入港内抵近侦察的驱逐舰发回的信息，使联军高层差点打消了在塞得港这座位于运河河口南部的内港进行登陆的念头，尽管他们更倾向于在此登陆，因为这里的设施更完备，而且更接近塞得港以南的交火区域。

然而，不久后，驱逐舰发回一个好消息——内港北部目前还是畅通无阻的，因此在这里登陆的可能性依然存在。塞得港的内港中，最重要码头是渔港码头和赌场皇宫酒店码头。为了利用这两个码头，联军的参谋人员不得不

苏伊士运河战争中，停泊在塞得港附近的地中海海面上，为联军地面部队提供空中支援的英军航母

进行一些“现场发挥”，例如将一座海堤当作卸货平台，这样坦克登陆舰才能靠近。11月6日上午10点左右，一批生力军和重型装备离开英军登陆舰，进入塞得港的内港。在内港登陆的联军部队中还包括一批来自第6皇家坦克团的“百夫长”坦克：率先赶到的是A连的坦克；大约一个小时后，团部和B连的“百夫长”坦克也先后抵达。在向拉斯瓦大桥和更远的坎塔拉挺进的过程中，作为联军装甲矛头的A连遇到了一个尴尬的状况：途经当地高尔夫球场的时候，由于土地太过松软，沉重的“百夫长”坦克在上面寸步难行。

当天早些时候，埃军曾在这座高尔夫球场内集结，随后对据守拉斯瓦的法军第2殖民地伞兵营发起了猛烈的反攻。但英军在港区大举登陆后，这些埃军部队面临被围歼的风险，于是连忙“转攻为退”，往坎塔拉方向逃跑。尽管兵力和装备处于劣势（埃军在反攻中动用了装甲车和自行火炮），法军

聚集在“忒修斯”号航母甲板，准备登上直升机的第45突击营官兵

1956年11月6日，英国皇家海军陆战队第45突击营搭乘直升机在塞得港进行垂直登陆，这是此种战术的第一次实战应用

第2殖民地伞兵营还是挡住了埃军缺乏组织的进攻，此外，法军伞兵还呼叫"海盗"战斗机对埃军队列进行了空中打击。因此，当第6皇家坦克团的"百夫长"陷入高尔夫球场的草地上无法动弹时，几乎没有遭到敌人的骚扰。

（7）第42突击营在塞得港的战斗与第45突击营的空运行动

在向南方迅速推进的过程中，第42突击营一举击溃了那些从高尔夫球场逃离的埃军残余部队。11月6日上午，第42突击营在"绿山"海滩设立防御阵地之后，其主力就迅速向南方挺进，努力扩展桥头堡，只留下D连在海滩继续清剿敌人。就在D连一个接一个搜索海滩建筑物，并点燃那些仍有埃及人负隅顽抗的木屋时，已经有400名皇家海军陆战队员（分属A、B、C、E和F共5个连）利用塞得港的公路网——尤其是利用莎丽·穆罕默德·阿里大街（Shari Muhammad Ali，一条贯通南北的主干道）最终抵达了内港水闸

（Inner Basin Lock）和拉斯瓦大桥。

沿着莎丽·穆罕默德·阿里大街不断推进，几小时内，陆战队员们就完成了交给他们的全部作战任务。C连停在了塞得港城的边缘，他们要防止来自各个阿拉伯国家的游击队员渗透到城市区域。同时，C连还与第42突击营的营部保持实时联系，并随时准备继续沿莎丽·穆罕默德·阿里大街机动。在这条大道上，陆战队员们曾路过了城市煤气厂和高尔夫球场，后者横跨两条主干道——莎丽·穆罕默德·阿里大街和塞得港的另一条南北动脉——莎丽·福阿德·埃尔·奥瓦尔大街（Shari Fuad el Auwal）。

这些道路在拉斯瓦大桥以北不远处交汇。第40突击营打算利用莎丽·福阿德·埃尔·奥瓦尔大街作为他们前往拉斯瓦大桥的主要通道，因此，为帮助这些同属第3突击旅的战友，也为给自己的推进扫清障碍，第42突击营派B连和E连攻占高尔夫球场。A连和F连则负责攻占煤气厂，他们遭遇的阻力最小，完成任务后，A连和B连继续向拉斯瓦前进。得到来自法军第2殖民地伞兵营团长查特-若贝尔的情报后，A连和B连在塞得港市政发电站

1956年11月5日，在英法的一次空袭中，苏伊士运河旁的油罐被击中，升起滚滚浓烟

一个英军反坦克排正在用他们的 17 磅炮向海上开火——这是临战训练的一部分，随后他们与第 40 突击营一起参加了塞得港的战斗

布下了天罗地网，只等撤退的埃军反击部队踏入陷阱。E 连和 F 连则留在后面，继续据守高尔夫球场和煤气厂。

当第 42 突击营一个接一个实现作战目标的时候，沿塞得港海滨进行的战斗却呈现出一种截然不同的样貌。在那里的“阿拉伯区”和“棚户区”，第 40 突击营正与建筑物中的埃及人进行着残酷、激烈的巷战。而且，随着兵力逐渐稀释，第 42 突击营也遇到了一些麻烦。目标本身——市政公共设施与高尔夫球场对善战的陆战队员们来说没有什么挑战，但在这些目标之间移动，使他们暴露在了狙击手的威胁之下，而他们甚至连一辆“水牛”都没有。十字路口受到的威胁最大，因为埋伏在周边建筑物中的埃及枪手可以朝着路口的四个方向同时开火。为解决这一问题，陆战队调来了第 6 皇家坦克团 C 连的“百夫长”坦克——C 连第 9 和第 10 排从海滨（第 40 突击营身边）赶来。当陆战队员冲过十字路口时，“百夫长”坦克不但可以提供支援火力，还可以作为一个移动堡垒，为陆战队员提供掩护。但也有“百夫长”坦克解决不了的问题。第 42 突击营沿莎丽·穆罕默德·阿里大街急驰时，突然遭到临街建筑物内自动武器的射击，猝不及防的陆战队员死伤惨重，而“百夫长”坦克装备的同轴机枪仰角不够，对来自高楼上的攻击无能为力。激战中，作

英军坦克登陆舰在波特兰港口装载“百夫长”坦克和其他车辆，这是战前集结行动的一部分

塞得港的战斗中，被英军摧毁的一座埃军防空炮

为尖兵的第 9 排一辆“百夫长”坦克在穿越一条公路与铁路的交叉道口时突然遭到一记凶狠的炮击，幸好只有右侧车体被装甲击穿，车长杰克·尼克上尉被震得晕了过去，后来才发现这次炮击竟是英军火力造成的误伤。慢慢地，除了在莎丽·穆罕默德·阿里大街和附近的公路遭遇到顽强的抵抗外，联军在塞得港的其他区域也陷入了苦战。为了清剿埃军残余部队和当地居民中的无数武装分子，联军派第 45 突击营前来支援，但他们从“海洋”号和“忒修斯”号航母甲板乘直升机赶到此地需要时间。

泰勒扬中校曾冒着生命危险在“红山”海滩以南选定了一片着陆区，现

英国皇家海军"飞龙"舰载攻击机，在塞得港的战斗中大出风头

在终于派上了用场。泰勒扬将部下分为4个攻击小组，每个小组包含120名陆战队员，分乘22架直升机起飞。所幸的是飞行途中有惊无险，队员都陆续安全抵达了着陆区。人员运输完毕后，"梧桐"和"旋风"直升机继续从航母前往塞得港，这次带来了装备和弹药，返回时，为最大限度利用这些直升机，机舱内被塞满伤员，这些伤员将被运往"海洋"号和"忒修斯"号航母进行治疗。行动中，有一架直升机因燃料耗尽在海上坠毁。这是第845海军直升机中队和联合实验直升机部队在11月6日的唯一损失，不过对整个塞得港战役来说，这点损失可以说是微不足道的。

第45突击营准备妥当后，就像先前登陆的第40和第42突击营一样，沿海岸公路徒步前进。当天上午10点左右，也就是在开拔后不久，第45突击营突然遭到了始料未及的空袭——一架来自"鹰"号航空母舰的"飞龙"攻击机对他们进行低空扫射，造成了十几名队员伤亡。由于程序出现错误，位于海上的联军火力支援控制中心（Joint Fire Support Control Committee）将目标位置发送给攻击机的时候，没有与英军在塞得港的陆空联络小组进行沟通，导致了这一悲剧的发生。

第五章

最后的赛跑

ZUIHOU DE SAIPAO

你们为什么停下来了？

约翰·福斯特·杜勒斯

第五章

最后的赛跑

ZUIHOU DE SAIPAO

01 蹩脚的指挥导致联军在塞得港失去了最后的机会

在入侵塞得港的行动中，各种各样自相矛盾的命令困扰着联军将士，其中有很多命令都是在传达的过程中出现了偏差。继第 45 突击营在塞得港北部遭遇友军误击后，11 月 6 日上午 11 点，斯托克韦尔和博弗尔将军突然接到埃及人想要再次谈判的消息。在未对这条信息进行核实的情况下，他们连同邓福德·斯莱特海军上将、巴尼特空军中将贸然离开了指挥舰“泰恩河（Tyne）”号，共乘一只登陆艇沿友军控制区向南驶去，准备前往华丽的运河公司大厦“接受投降”。但就在他们快要上岸时，突然从大厦上面的窗口中射出一颗子弹，在斯托克韦尔和斯莱特海军上将之间穿过，显赫的四人小组马上意识到他们准备上去的大厦里的人还没有屈服，埃军想要投降的消息也是一条谣言，差一点他们就全体被俘。随后，将军们乘着登陆艇匆匆忙忙逃到了渔港码头，斯托克韦尔在那里上了岸。他在港口附近徘徊，直到夜幕降临，这位地面特遣部队司令，几乎大半天都处于失联状态。是什么原因让斯托克韦尔置“泰恩河”号上堆积如山的命令和情况通报于不顾，至今没有答案。博弗尔的行为同样令人费解，他一直在法国占领区逗留，与富阿德港的法军指挥官商讨为随后向运河区进军做准备的事情，就好像塞得港的战事已经结束了一样。

与此同时，围绕运河公司大厦的血战还在继续，凭借密集的空袭和“步坦协同”战术，第 40 突击营展开了一轮又一轮猛攻，终于在一个小时后占领了整个大厦。但战斗并未结束，在与公司大厦咫尺之遥的塞得港海军基地内，殊死抵抗的埃军用炮火轰击英军阵地。由于海军基地本身就有一家兵工厂，所以埃军根本不用管对面是否有人，直接以炮火攻克，密集的弹雨压得徒步行进的英军陆战队员根本抬不起头来。紧急时刻，第 6 皇家坦克团 C 连 12 排排长里奇少尉驾驶一辆“百夫长”坦克，不顾街面上横飞的炮弹，猛地撞向基地的大门。混战中，里奇车组误打误撞地击中了基地内隐蔽的弹药库，顿时，整个基地化为了一片火海。值得一提的是，在塞得港城的战斗中，一辆“百夫长”坦克和一支皇家海军陆战队小分队奉命去英国领事馆解救被软禁的英国外交官，由于任务进行得非常顺利，坦克乘员们还忙里偷闲，享用了使馆管家通过窗户递出来的下午茶。最后，英国领事及其家人（还有他们最钟爱的宠物狗）一起乘坐一辆装甲救护车，在“百夫长”坦克的护送下安全撤离。

此时，如果联军地面特遣部队司令和他的副手在指挥舰“泰恩河（Tyne）”号上面坐镇，而不是忙于勇敢但漫无目的地“亲临前线”，他们就会知道国际政治风向已经出现了戏剧性的转折。就在皇家海军陆战队第 3 突击旅在塞得港布满狙击手和坚固工事的迷宫中血战时，艾登首相已经承受不住来自国内、美国、苏联和联合国的沉重压力，准备做出让步了。

10 月 31 日，也就是英法对以色列和埃及发出最后通牒的时候，美国总统艾森豪威尔（被说服取消他的得克萨斯竞选旅行）就友好但是坚定地打电报给艾登，以示惊讶。因为根据三国公约，如果一方越过 1949 年以色列和阿拉伯国家的边界，英国和法国应当在联合国指定的框架内采取包括武力在内的联合行动。但艾登提出最后通牒的电报却把公约一笔勾销了。在纽约，英法两国在联合国第一次使用了否决权，拒绝接受安理会号召所有国家不在中东使用武力的决议。此时，艾森豪威尔还不相信艾登会不经商量就在苏伊士运河使用武力。但同时，他也怀疑英法提出的“隔离交战部队”是一种文字游戏。

此后，随着英国和法国开始执行“火枪手行动（修订版）”第一和第二阶段作战，英国在外交方面遭遇的困难也开始逐渐增加。有些困难，可以用传统的傲慢态度来应付，英国外交大臣曾对反对战争的南斯拉夫大使说：“联合王国不习惯于接受巴尔干半岛小国的劝告。”但是正如麦克米伦所预言的，艾森豪威尔绝不会“隐忍不动”。由于以色列发动进攻时未曾与他商量，这位美国总统认为他的盟国破坏了三国声明，这也意味着同他本人关系破裂。艾森豪威尔曾对最后通牒发出后访问白宫的第一个英国人——皇家空军元帅斯莱塞爵士说：“前一天是我一生中最坏的日子。”艾森豪威尔显然对于他在大选前一个星期被出卖而大怒，尤其是他还曾在 1955 年大力支持过艾登的当选。杜勒斯根据间接证据，相信英法联军正在和以色列采取一致行动。同时，艾森豪威尔的回忆录表明，美国政府在 11 月 2 日听到他的驻巴黎大使说，“法国的全部勾当”已经一览无余，也证实了英国已卷入。美国在 10 月 30 日已经在联合国安理会提出一项决议，要求所有国家不在中东使用武力，以便能抢在苏联人之前插手。但英国和法国否决了这项决议。其后艾森豪威尔在电话中对艾登的语气是很不客气的。从此以后，英美政府之间的交往几乎断绝。

为解决苏伊士运河危机，艾森豪威尔总统取消了他的竞选活动。两天里，经过在联合国施展策略，杜勒斯决定抢在苏联人之前下手，同时决心向艾登证明，他不能离开美国独立行动，并因此提出了一份中东停火决议案。艾登则决心证明他能够做到。英法两国已经自绝于美国在外交上的两根主要支柱之一——联盟：一些阿拉伯国家像是叙利亚和沙特阿拉伯宣布与英法断交，约旦则宣布与法国断交；叙利亚和沙特阿拉伯甚至宣布全国总动员，准备出兵参战；但埃及为了避免战事扩大，婉言拒绝，不过苏丹仍向埃及派出了志愿军。叙利亚和约旦破坏了境内的石油管道，使得伊拉克的石油不能输往英国及欧洲等地。沙特阿拉伯则停止将原油输往英法两国。突尼斯及摩洛哥谴责以色列和英法入侵埃及。利比亚虽然与英国结盟，但不准英国把利比亚作为进攻埃及的基地（因此驻利比亚的英军第 10 装甲师无法参战）。苏伊士运河战争爆发后，阿拉伯人表现出自1948年以色列独立战争（或称“巴勒斯坦战争”）以来前所未有的团结与合作。其次，除了阿拉伯国家外，其他伊斯兰国家如土耳其、伊朗和巴基斯坦迫于国内人民的压力，也不得不谴责以色列的侵略，并请求英法撤军，甚至不让英国参加“巴格达条约组织”会议。

美国政府觉得在大选的时候必须特别依靠另一根支柱——联合国。杜勒斯（他本人因癌症于11月3日一早去医院动紧急手术）的中东停火决议案以64票对5票通过，英国和法国弃权。紧接着是对英国的行动极为愤怒的加拿大外长莱斯特·皮尔逊提出派遣一支联合国维和部队代替英法占领苏伊士运河的计划进行表决。这个提案也被通过。面对联合国的压力，艾登表示他早就声明过，如果埃及和以色列接受联合国的维和部队，他不会反对停火，只要让英法部队留在运河沿岸，直至将联合国接管该地为止。艾登甚至还奇怪地建议，可由英国人和法国人自己组成联合国维和部队。但是联合国维和部队在几天内就准备就绪的可能性很小。此外，尽管苏联在匈牙利声名受损，其却正在为埃及召集志愿军（至少表面上如此）。苏联一方面在联合国安理会上不惜以动用核武器来威胁以色列与英法三国；另一方面则假借国内和国外的报纸与媒体，故意泄露苏军招募志愿人员加入埃及军队充当坦克驾驶员、空军飞行员及炮手等消息，制造苏联将给予埃及具体的军事支援，派遣能够操纵俄制复杂武器的人员等信息来误导以色列、英法和西方国家。而以色列情报组织摩萨德甚至自认为接到了“可靠来源”的情报资料，据称苏联的飞行员已经到达埃及，并准备攻击以色列境内目标。

在英国国内，反对“火枪手计划（修订版）”的声浪也在不断升高。一个大约囊括15名保守党议员的集团正在组织一次抗议；外交部的一批在10多年来已经与埃及建立“特殊关系”的次官联名批评这次行动，其中有几个外交部低级官员辞去了职务。英国广播公司也对苏伊士运河的军事行动表示明确的反对，这也引起了政府和情报部门之间的关系问题。一整个星期，工党都在下议院猛烈抨击政府。由于面色苍白的艾登首相显然不能回答英国是否正处在战争中，也不能回答如果国家处在战争状态的话，日内瓦公约是否适用，下议院因此一片混乱，这导致11月1日的辩论不得不中止半小时（1924年以来的第一次）。大臣们成群结队地走进首相办公室，质问外交部法律顾问，英国当前处在怎样的法律地位。他回答说："我们现在的情况是法律上没有先例的，我希望我的国家永远不会再陷于这种情况之中。"随后，工党发动了一次以"要法律不要战争"为主题的运动，11月4日（星期日）在特拉法尔加广场举行的群众大会是这次运动的高潮。紧接着，在天气阴沉的11月中，工党发动群众在伦敦全市举行大规模游行，要求艾登辞职（"停止艾登的战争"）。

所有这些压力使艾登和英国内阁动摇起来。最终，英国内阁由于种种原因决定接受联合国停火决议，这份决议从埃及当地时间11月7日凌晨2点开始生效。尽管现在时过境迁，已经很难弄清楚哪一个是决定性的原因，但首先，以色列和埃及已经停火的事实，意味着英法军事干预的公开理由已经不复存在。艾登本人明白这个事实带来的压力，这个搬起石头砸自己的脚的人在他的回忆录中说，对此的顾虑在他的心里占了上风。加上当时以色列新任外交部部长梅厄夫人对英国内阁中的顽固分子和全体法国阁员构成了新的威胁，她渴望遵守联合国的决议。其次，虽然苏联人的干预是次要的。但在11月6日，有谣言说，苏联的喷气式飞机经过土耳其飞往叙利亚。第三，艾登的健康也是重要因素。他在发出最后通牒后头几天内应付各种挑战的沉着镇定状态已经消失，到11月6日，这位英国首相显然由于在夜间经常受到打扰而疲惫不堪。他为他周围盟友的溃散而感到苦恼，他意识到全国的不和，甚至保守党内部的分裂，也许内心也在怀疑自己是否做得对，他已经筋疲力尽了。国内政坛的反对声浪当然不是政府做出决定的主要原因，但是内阁一定懂得，如果不停火，他们会在国内面临更多的麻烦，可能有更多内阁成员、政府官吏和公务人员会辞职。

此外，美国在最后施加了最强的压力。艾森豪威尔曾经说过，如果英国和法国受到苏联攻击，美国将履行他的北约组织义务。但是这种说法是否适用于欧洲以外的英法行动，就不清楚了。当时美国总统在白宫的一次会议上，批准了大约20项措施来完成“高级备战状态”。因此，唯恐遭到核打击的恐慌在英国国内蔓延开来。

11月6日下午早些时候，英国内阁已经向位于塞浦路斯的联军司令部宣布了将遵守联合国停火决议的决定。几小时后，内阁进一步指示凯特利将军“立即停止进攻行动。”英国内阁最后同意停火，显然没有同三军参谋长商量。艾登在这个局势转变的时刻尤为痛苦。当天午餐前，艾登打电话给摩勒，告诉他这个既成事实，然后就把电话挂断。摩勒身边的亲历者曾回忆“永远不会忘记这次谈话的戏剧性紧张情况”。摩勒和他的全体阁员一样，渴望继续战斗下去，尽管法郎依旧坚挺，但他不同意在没有英国参与的情况下继续战斗。

在塞浦路斯以南100英里处的塞得港战场，斯托克韦尔和博弗尔还不知道，他们的后续作战计划已经成了一项纯粹的“学术演练”。当天下午3点，联军召开了一次由高级将领参加的军事会议。在会议中，联军决定于11月7日在坎塔拉和伊斯梅里亚再进行一次空降作战。法军伞兵于当天黎明时分在前者上空跳伞，几小时后，英军伞兵再对后者进行空降攻击。

实际上，联军仅在塞得港部署的部队就足以在停火协议生效之前完成占领上述城市的目标。除了驻守在拉斯瓦的第2殖民地伞兵营以外，法军部署在塞得港的地面部队还包括3支特种部队、1支AMX-13和M-47“巴顿”坦克混编部队（隶属于法国陆军第7轻机械化旅第8龙骑兵团）、法国外籍军团第1伞兵团（1er Regiment Etranger Parachutiste）第2营和法国海军陆战旅一部。其中，坦克部队、外籍军团第1伞兵团第2营和海军陆战旅是于11月6日早晨在富阿德港登陆的，与英军在塞得港登陆几乎同时。这些生力军进入战场后，不但巩固了法军对富阿德港的控制，还立即对该城以东一所警察局内的埃及抵抗者发动了进攻，造成后者近100人伤亡。英军方面，本来皇家海军陆战队第 45 突击营利用直升机成功登陆塞得港后，也应该和第 42 突击营一起向港口南部进发。但 11 月 6 日下午，这些陆战队员都在港口西部战斗——那里看上去有比南部更重要的任务，包括从臭名昭著的危险地区清除狙击手，以及与城市西部郊区的英军第 3 伞兵营建立联系。实际上，这些任务仅具有一点微不足道的战术价值。

“火枪手行动（修订版）”最重要的战略目标是向坎塔拉推进，而不是确保塞得港的每一栋建筑的安全。因此，不久后第 45 突击营改变了作战方针：利用少量部队——或许只是一两个连，在关键路口设置路障来封锁一整片地区。这样第 45 突击营的主力就可以继续向南推进，并在 11 月 6 日下午

11 月 6 日，法国海军陆战队员在毫无阻碍的情况下在富阿德港登陆，这座港口已经在前一天被法军伞兵占领

晚些时候与拉斯瓦以南的联军装甲部队会师了。毫无章法的巷战一直持续到11月6日下午1点45分，在法军第8龙骑兵团的AMX-13坦克和“巴顿”坦克的配合下，英军才基本控制了塞得港城的主要街区。

下午3点左右，第6皇家坦克团A连终于从塞得港高尔夫球场这个“危险地带”中挣脱出来，与第2殖民地伞兵营和第42突击营在拉斯瓦大桥会师。与此同时，搭乘坦克登陆舰从赌场皇宫酒店码头登陆的第6皇家坦克团B连和团部也在向拉斯瓦前进，他们在A连到达之后几个小时才抵达大桥。当时，在拉斯瓦没人意识到停火协议即将生效——留给联军发动进攻的时间已经所剩无几，因此下一步行动进展得十分缓慢。只见A连的“百夫长”坦克和第2殖民地伞兵营的伞兵们悠闲地沿着通向坎塔拉的公路前进，花了好几个小

斯托克韦尔将军、博弗尔将军和马苏将军视察了塞得港的法军伞兵部队，并对他们表示祝贺——尽管太早了一点

时才走了 16 公里。

夜幕降临的时候，第 6 皇家坦克团 A 连率先赶到了一处很小的运河站——阿尔 - 蒂纳（al-Tinah）。连长 T.H. 吉本（T.H. Gibbon）中校按照标准程序，先命令队伍停止前进，全部坦克进行登陆后的首次修整维护，然后在车站就地设立防御阵地。吉本中校在没有步兵支援的情况下，不愿意冒险在夜间带着他的装甲部队继续前进，但是他不知道，成千上万联军步兵在这时已经基本占领了塞得港，他们可以随时赶过来支援 A 连的进攻。这些部队中，包括英军第 16 独立空降旅的第 1 和第 2 伞兵营，他们已经利用坦克登陆舰在赌场皇宫酒店码头登陆上岸。但这次延误也不能全怪吉本，因为他没有接到上级要求继续向南方挺进的命令。不论是斯托克韦尔还是博弗尔都没法下这样的命令，因为他们这时候都在岸上“亲临前线”，还不知道即将停火的事情。

当吉本中校和他的坦克连在塞得港南部的阿尔 - 蒂纳裹足不前时，位于城市西部的第 45 突击营和第 3 伞兵营仍然没有实现会师。11 月 6 日一整天，伞兵们执行的任务是重复的，他们对前一天没有攻下的埃军据点展开了新一轮进攻。英军伞兵们从露营地——污水处理厂出发，对塞得港公墓和海岸警卫队兵营发起了突击，这次没有遭遇太大的困难，中午之前这两处据点就已经被英军占领。但是继续向东推进时，他们的进展就又开始变得缓慢。从海岸警卫队兵营以东的一个交叉路口开始，塞得港的海滨公路分成两条岔路，其中一条向北通往“红山”和“绿山”海滩，也就是联军在塞得港的主登陆区，另一条则向南通往城市的居民区。这个交叉路口有几座建筑物阻碍了英军伞兵的前进，包括一座医疗中心和一座警察局。利用这些建筑物的掩护，埃及保卫者们最大限度地发挥了他们的火力，而且他们作战非常勇敢。因此，英军第 3 伞兵营向塞得港城区的进军被迫中断。

以往遇到这种情况，英军伞兵或皇家海军陆战队一般会呼叫空中支援，这是对付埃及防御工事屡试不爽的办法。然而，当时英国皇家空军和海军航空兵正在塞得港城的其他区域（尤其海滨居民区）超负荷地战斗，无暇立即

1956 年“火枪手行动”，法国第 8 龙骑兵团的 M-47“巴顿”中型坦克在驶往埃及前不久，法军装甲部队在平时的草绿色外壳上涂了一层淡土黄色。联军的识别标志包括涂在炮塔顶部前方的白色、大写“H”，用于航空识别，以及围绕炮塔的一圈黑带，用于地面识别。其他标识包括传统的法式燃烧手榴弹标志，在这张图片中是红色的，用于标志坦克的重量级别，在其下方是一个时尚的部队标识，是为了苏伊士运河战役而特别加上的

对海滨公路旁的建筑物实施高强度的打击。因此，整个下午，第 3 伞兵营一直无法逾越这些障碍。到了夜间，第 3 伞兵营更加无法对付潜藏在暗处的埃及武装人员，况且在黑暗中执行任务也是非常危险的（随时有被误炸的风险）。直到第二天（11 月 7 日）早晨，第 3 伞兵营才与第 45 突击营建立联系，那时候停火协议已经生效了。

02 “百夫长”坦克突向坎塔拉并建立了最后阵地

前往塞得港执行占领任务的英军步兵

联合国停火决议生效前夕，英国军方高层主张继续战斗，占领整个苏伊士运河，虽然他们没有运用一个利于他们的论据，即如果他们控制整个运河，他们至少能够在埃及问题被移交给联合国之前把它清理好。三军参谋长对需要多少时间才能到达坎塔拉和苏伊士还不清楚，艾登在回忆录中说，他认为至少需要5天，而军方的估计是“大约7天”。但是前线官兵都认为最多不会超过48小时，并且还可能更短些，这也是法国政府的意见。但英国财政大臣麦克米伦得到的一个消息称“如果在午夜停火的话，美国愿意支持国际货币基金组织，贷款3亿英镑来维持英镑汇率”。这或许成了压倒骆驼的最后一根稻草——战争必须在11月6日凌晨0点（伦敦时间）结束。

英军距离坎塔拉最近的一支部队——第6皇家坦克团A连于11月6日夜间就赶到了阿尔－蒂纳，但他们在那里休息了整整一个晚上，第二天黎明才继续前进。11 月 6 日晚上 9 点左右，斯托克韦尔终于回到了他的指挥舰“泰恩河”号上，然而，他得知的第一件事就是距离停火协议生效只剩下 5 个小时了。因此，他命令吉本中校立即向坎塔拉前进。但 A 连的指挥官吉本中校认为：夜间，他的部队起码要在一处防御阵地中露营，才能确保安全，运河站阿尔－蒂纳就是一个好地方。4 小时后，英军才组织混乱的队伍开始继续向南进军。晚上 9 点，搭乘另一批运输舰的第 7 皇家坦克团在吉布森上校的率领下在塞得港赌场皇宫酒店码头登陆，并与先前登陆的部队会师。一些英军第 2 伞兵营的士兵爬上了第 7 皇家坦克团的“百夫长”坦克，组成了联军发起最后攻势的先锋队（第 16 独立空降旅旅长巴特勒准将亲自加入了这支队伍）。紧随其后的是另一支第 7 皇家坦克团“百夫长”纵队，坦克上搭载着工兵。第 2 伞兵营的其余部队跟在这些装甲先锋后面步行进军。

此时，关于英国、法国和以色列要与埃及马上停战的消息在英法军队中迅速传播。为了粉碎这些“谣言”，稳定军心，更重要的是利用停战前最后一点时间突向坎塔拉，从而为日后的谈判赢得更大筹码，斯托克韦尔下令继续向南进军。于是，英军第 1 和第 2 伞兵营利用缴获的埃及卡车和其他运输

战争结束后，在塞得港街头执行巡逻任务的英军伞兵，他们时常和埃及抵抗分子发生小规模交火

工具，在第 7 皇家坦克团“百夫长”的支援下于夜间 11 点继续南下。运河堤道当时还笼罩在一片黑暗中，路面布满弹坑，崎岖不平，英军没有充足的照明设备，再加上由混编部队执行临时任务所产生的混乱，推进速度极其缓慢。在没有任何抵抗的情况下，英军用了 45 分钟才前进 7 英里，直到 11 月 7 日凌晨 2 点（即停火协议生效期，因为开罗和伦敦的时差是 2 小时）还没有赶到坎塔拉。

停火协议生效前夕，作为联军先锋的“百夫长”坦克和伞兵抵达了阿尔－卡普（al-Cap）——一座位于他们最终目标坎塔拉以北 4 英里、距塞得港以南 25 英里（40 公里）的运河站。在此处，英军伞兵在一片黑暗中掘壕据守，利用少量兵力——只有两个排——来保护他们狭窄的防线。第 6 皇家坦克团 A 连的“百夫长”还停在他们后面很远的地方。坎塔拉的埃军一了解到英法军队已经停止了前进，并打算遵守停火协议，就在阿尔－卡普和坎塔拉之间、距离英军阵地不到半英里的地方设置了一道封锁线。

与此同时，法军也进行了最后一搏。法国国防部长布尔热·莫努里努力劝说摩勒继续战斗下去，但是没有效果。于是他试图制定一个和以色列人继续保持联盟的策略。以色列当时已经沿运河东岸做好准备，能轻而易举地进击苏伊士和伊斯梅利亚。达扬将军甚至建议穿着法军制服去攻取这两座城市。如果不是关键指挥权都掌握在英国司令手中，而且实际上在法国内阁中只有少数人愿意在没有英国参加的情况下这样做的话，法国人确实会将战事继续下去。但是，不仅指挥一元化使单独继续作战有困难，富阿德港的法军通往运河东岸公路的桥梁也已经被破坏，所以部队只能从西岸前进。但是在西岸，英国的坦克又在法军纵队的前面，而且那边的道路狠狭窄，在泥沼地又无法改变路线。据《泰晤士报》所说，这只是一条“骆驼的走廊”。虽然最终法国没有实施这个计划，但如果实施的话，英国人大概不会让法国人通过。尽管有一辆法军装甲车到达过距离苏伊士城只有几英里的地方，不过在 6 日下午已返回。法国司令官们和他们的英国同行抱有完全相同的态度，勉勉强强接受了停火。第二天天气骤变，海军将领们便以反正不可能在 7 日登陆来安慰自己。

随着“火枪手行动（修订版）”的结束，联军现在面临着两项挑战。首先，他们要保护位于阿尔－卡普的阵地；其次，他们希望维持对塞得港的统治，那里现在已经处于无政府状态。保护阿尔－卡普阵地的行动从 11 月 7 日黎明之前——即大地尚处于一片黑暗的时候就开始了，当阳光普照运河区的时候，这块阵地立即得到了加强。英军将坦克和反坦克武器部署在阵地的指定位置，足以抵御埃军的大规模进攻。

停战后的第一个清晨，英法联军开始了紧急的修整工作。虽然双方实现了停火，但零星的交火事件仍然层出不穷，其中就包括著名的“杰克·尼克的战争”。实际上，准确地说这只是一次小规模武装冲突而已。当时，杰克·尼克上尉的坦克（就是登陆之初遭到友军误伤那辆坦克）正前往运河区巡逻，突然发现其正前方两点钟方向出现了埃军，已成惊弓之鸟的尼克车组立刻用机枪射击，结果打死两名试图对英军进行火力侦察的埃及特种兵。这也是“百夫长”坦克在“火枪手行动（修订版）”中的最后一次开火。

在接下来的近 5 天内，英军第 2 伞兵营和第 7 皇家坦克团都在保护他们的南部边界，以应对零星的、令人厌烦的轻武器偷袭（大多数时候是轻武器，偶尔也有炮击），而且鉴于埃及的立场并不稳定，他们也时刻防备着埃军的

战后的塞得港，两名英军伞兵抓获了一名埃及抵抗分子

11 月 12 日，在阿尔 - 卡普掘壕据守的英军士兵

大举进攻。不久后，来自英国陆军第 3 步兵师第 29 步兵旅的部队换下了筋疲力尽的伞兵，他们是在“火枪手行动（修订版）”第一阶段的时候，乘运兵船离开英国本土赶往埃及的。11 月 11 日，英国陆军皇家西肯特团第 1 营抵达阿尔 - 卡普，承担了为期 10 天的保卫阵地的任务。此后，皇家燧发枪团、约克郡团第 1 营和兰开斯特郡团第 1 营相继以一周为间隔前来阿尔 - 卡普前线守卫阵地。

此外，塞得港城的巡逻任务由第 3 步兵师的另一个旅——第 19 步兵旅承担。由于城内人口众多，建筑物密集，为狙击手和游击队提供了无穷无尽的藏身之所，因此在塞得港城内执行任务远比在阿尔 - 卡普危险。塞得港城内最危险的地方就是位于西北部的居民区，也就是第 45 突击营在“火枪手行动（修订版）”结束前夕（11 月 6 日夜间至 7 日凌晨）占领的部分区域。然而，更多对英国和法国怀有敌意的游击队队员仍在潜伏中，他们耐心等待着向大意的联军士兵开火的机会。不久后，第 3 伞兵营和第 45 突击营撤离了塞得港前线，接替他们进入居民区清剿武装分子的是皇家苏格兰团。在塞得港城的其他区域执行巡逻任务，尽管不像在西北居民区那样危险，但仍有一定挑战性。英国陆军阿盖尔郡团、英国陆军阿盖尔萨瑟兰高地人团和西约克郡团承担了这项任务。

战后的塞得港，法国伞兵护送埃及工人前往工作地点

战后的塞得港，英军装甲车驶过一辆埃军 SU-100 坦克歼击

03 "联合国紧急部队"进入运河区和西奈半岛

停火两周后，英国和法国军队一直试图维护他们在埃及占领区内的秩序并保护他们的阵地，同时等待"联合国紧急部队"（UNEF，是联合国成立的第一支维和部队）的到来。"联合国紧急部队"是一支国际维和部队，根据加拿大外长莱斯特·皮尔逊在11月初的建议而成立。为了争取时间，艾登同意"联合国紧急部队"进入埃及。他希望联合国错综复杂的官僚机构能拖延这支部队的成立，到时候，英法就可以继续推进"火枪手行动(修订版)"，直到实现全部战略目标为止。不过，他低估了推动"联合国紧急部队"的动力，实际上，11月5日召开的联合国大会就已经以决议的形式宣布了这支部队的成立。

两天后，联合国大会的另一项决议宣布禁止英法两国军队参与"联合国紧急部队"。在就这一部队的构成进行了激烈的争论之后，联合国大会宣布决议——将由丹麦和挪威这两个中立国派遣部队接替占领苏伊士运河北部地区的英军和法军。11月下旬，大约200名丹麦军人和同等数量的挪威军人抵达运河区，隔离了交战双方。前者部署在阿尔－卡普，后者负责执行在塞得港和富阿德港的巡逻任务。停火是永久性的，而不是暂时的休战。自从17世纪80年代以来，英国从没有像在苏伊士运河事件之后的几个星期里那样丢脸。在这期间由于美国的压力和油源被切断，英国被迫逐步后撤。

但直到当年12月，敌对双方仍然在一处狭窄的区域保持对峙状态，即阿尔－卡普以南的苏伊士运河地带。在这一地区，据守运河东岸的以色列军队面对着西岸的埃军部队。相比于他的英国和法国盟友，本－古里安对（从西奈战争攫取的埃及领土）撤军的问题进行了更深入的研究。

英法将他们在苏伊士运河的占领区视为可以牺牲、可以讨价还价的筹码。与之相反，本－古里安将西奈半岛视作能使祖国免遭来自阿拉伯国家攻击的关键缓冲区。因此他强烈反对联合国将以色列军队全部驱逐出西奈半岛并沿1949年停火线部署维和部队的决议。但最终，在联合国和美国承诺确保以色列在蒂朗海峡的航行自由后，他还是妥协了。1957年3月，以色列从西奈半岛撤军，撤回到原来的边界，“联合国紧急部队”占据了交战双方之间的阵地，接管了加沙地带并保持亚喀巴湾的开放。至少从领土角度看，在发动“卡代什行动”，将成千上万部队派往西奈半岛腹地的4个月后，以色列已经占据了上风。

1956年12月23日，在联合国监督下的撤军，一辆AMX-13轻型坦克正撤离富阿德港，它可能隶属于法国外籍军团的第2外籍骑兵团

在“火枪手行动”中，英军地面部队由第 6 皇家坦克团的“百夫长”Mk.5 坦克支援。照片中的这辆坦克隶属于 B 连，代号“炸弹”，照片拍摄于 1956 年 12 月 22 日由联合国监督的、从塞得港的撤军行动。这次行动中，涂在坦克上的联军识别标识包括顶部一个大号的字母“H”。来源于这次夺取苏伊士运河的作战行动的最初代号：“哈米尔卡”行动。此外，在炮塔的周围还涂有一圈黑色，以便地面部队互相识别

在“火枪手行动”中，法军由第 8 龙骑兵团的装甲部队支援，包括照片中的这些 M–47“巴顿”坦克。为了这次作战行动，这些坦克做了一些改装，其中包括在侧面加装钻孔钢结构外衬，目的是在必要时将坦克从松软的流沙中拖出来

对西奈半岛维持军事占领的以色列军队

04 大英帝国的阿喀琉斯之踵

11 月 7 日的停火表明，“火枪手行动（修订版）”已经失败了。英国和法国不但没有推翻纳赛尔，也没能占领整个运河区。实际上，英法联军只控制了塞得港、富阿德港和运河区的北部，两国最初希望维持对这些区域的占领，以此作为未来就运河问题进行谈判时的筹码。但国际社会最终颠覆了他们的计划。美国对英法两国施加了沉重的政治和经济压力，特别是瞄准英国政府的财政弱点实施了精确打击，这一点尤其令人印象深刻。自从艾登发出最后通牒以来，纽约就一直在大量抛售英镑。从 10 月 31 日到 11 月 6 日，一周之内，英国的黄金储备就下降了 1 亿英镑。纽约市场上，英镑正在被以百万磅为单位一批一批抛售，美国财政部也反对英国从国际货币基金组织提回资金的要求。任何提回资金的请求，都要国际货币基金组织执行董事会核准，由于表决权按存款多少分配，因此美国董事有决定性的影响。英国财政大臣麦克米伦因此在内阁里像是个受责罚的人。他用悲伤的但显然是真挚的语调宣布：除非停火，他“不能再对女皇陛下的财政部负责”。总之，曾经积极支持战争的麦克米伦现在也成为那些愿意停止战事的人的领袖，他还领导着一种基本上可以说是反抗艾登的活动。麦克米伦现在觉得艾登在“挥霍”国家的资财，因此必须制止他，甚至推翻他。

战争期间，英国的石油荒加剧了这种危机。运河阻塞迫使从阿拉伯半岛向英国本土运送原油的油轮改走非洲好望角航线，这是一条昂贵且耗时的航线。叙利亚的输油管道遭到阿拉伯激进分子的破坏，进一步限制了石油流向欧洲。汽油的消费很快就超过了供给，这导致英国国内出现了大范围的经济混乱。尽管英国在12月实行的汽油定量配给制度在一定程度上缓解了问题，但也带来了明显的政治后遗症。当月，英国发生了长期收支差额危机，不得不采取以下措施来克服：新增三笔国际货币基金组织贷款（5.615亿美元），两笔进出口银行抵押贷款（7.38亿美元和10亿美元，以英国政府的美元抵押品为担保），以及延期偿还1948年所借分期付款的美国贷款的到期付款额。但美国非但自己不给英国援助，还阻挠国际货币基金组织给英国贷款，直到11月19日美国仍然态度强硬，拒绝中东石油应急委员会实施援助计划。艾森豪威尔对助手们说："本人认为，挑起这次行动的人应当自己去解决他们的石油问题，自己去下油锅。"艾登后来说，他"从来没有预计到美国几乎在每个细节上都强烈地反对我们，而且在停火以后更为强烈"。

美国国务卿杜勒斯，在病榻上对英国人发出了嘲讽："你们为什么停下来了？"

到了11月中旬，艾登已经濒临崩溃。为了平衡他的内阁、工党、美国和联合国相互矛盾的要求，艾登心力交瘁，身体每况愈下。为了恢复健康，他决定前往牙买加进行为期一个月的疗养。在他不在的时候，英国掌玺大臣R.A.B.巴特勒（R.A.B. Butler）和英国首席大臣兼财政大臣哈罗德·麦克米伦选择了从埃及无条件撤军，以换取美国的援助，从而挽救英国岌岌可危的经济局面。内阁的决定是在12月3日做出的。此时，艾登已经成了有名无实的首相——不久后发生的事情证明了这一点。12月中旬，在艾登从牙买加回国后，他只保住了几个星期的权力。1957年1月初，麦克米伦成为首相，与此同时，艾登30年的政治生涯就此终结。R.A.B.巴特勒则因为在艾登缺席期间负责指挥撤军，从而承担了这次最后的“匆忙撤退”的罪责，因而丧失了继承艾登之职的机会。正如艾登所想，后来再次出现了“漫长的投降潮”。他在回忆录中认为这是“缺乏远见”的。英国外交大臣劳埃德则在11月间去医院探望杜勒斯时受到了有关这次战争的最后一次打击，“你们为什么停下来了？”杜勒斯问道。

整个苏伊士运河战争中，英国花费的钱财到底有多少众说纷纭。一种说法是只有500万英镑，但显然是低估这一数值；艾登说要花1亿英镑，这也未必不可能。工党考虑到远征埃及直接造成的出口损失和进口成本增加额，确实算出了3.28亿英镑的数字。不过，确切的数字现在已经无从考证了。

麦克米伦决定在苏伊士运河危机后修复与美国的关系，而法国却做出了一个相反的决定。法国从这个事件得出的结论是，不论英国还是美国都不是一个真正的盟友。毕竟，英国在战争进入最高潮的时候动摇了，而美国的阻碍迫使法国占领运河区并推翻纳赛尔的努力付诸东流。因此，法国与其他北约成员国分道扬镳，进而寻求一条独立自主的道路，其中包括发展自己的核力量。

查尔斯·戴高乐将军领导法国完成了这一转变。在远离政坛多年后，由于“火枪手行动（修订版）”的失败引起了法国国内的政治分裂和军事冲突，这驱使他重新成为法国领袖。尽管怀有坚定的信念和充分的信心，戴高乐还是没能阻止一场反殖民浪潮，苏伊士运河危机只是其中一朵小小的浪花而已。冷战期间，法国在非洲和世界其他地方的殖民地纷纷独立。最初引起法国推翻纳赛尔兴趣的阿尔及利亚也在苏伊士运河危机爆发5周年后赢得独立。

以色列从苏伊士运河危机中吸取了与法国类似的教训。例如，以色列领导人从中认识到“独立行动的能力对国家的生存至关重要”。依赖其他国家提供直接军事援助——譬如摧毁埃军轰炸机——的风险太大，因为这些国家很可能会违背承诺。苏伊士运河战争也增强了以色列谋求“先发制人”能力的倾向。通过“闪电战”使埃军陷入首尾不能相顾的混乱境地，这是“卡代什行动”成功的秘诀。在11年后的“六日战争”中，以色列利用这些经验酣畅淋漓地赢得了胜利。

令人惊讶的是，纳赛尔从苏伊士运河危机中脱颖而出，成为埃及国内外的英雄。尽管埃及军队在冲突中表现平庸，但很多阿拉伯人都认为纳赛尔成功抵挡了欧洲殖民主义和犹太复国主义的入侵，应该是因为英国、法国和以色列撤出了运河区北部和西奈半岛。1958年，纳赛尔合并埃及和叙利亚，成立了“阿拉伯联合共和国”，朝着他的泛阿拉伯主义愿景迈出了戏剧性的一步。在中东其他地区，比如伊拉克，支持纳赛尔的派别试图通过推翻政府来实践他的观点。

纳赛尔作为“世界重要领袖”的时间持续了大约十年。在1967年的“六日战争”中，埃及的惨败让他的威望大大降低，并很可能是导致他在1970年53岁时英年早逝的重要原因。事实证明，“阿拉伯联合共和国”是令人失望的，持续近一千年的泛阿拉伯主义就此发生了转变，各政治实体重新变得支离破碎，伊斯兰运动已经取代它成为阿拉伯世界最具活力的一股力量。

平民的肖像——战争对埃及和加沙地带的破坏

大多数战争都严重影响了平民的生活，苏伊士运河战争也不例外，但它只影响了战争的一方。除了汽油定量配给制度带来的不便之外，这场冲突几乎对英国和法国的国内民众几乎没有什么影响。广泛的动员扰乱了以色列国内民众的日常生活，但以色列平民既没有在冲突中伤亡，也没有遭受财产损失。相比之下，埃及和加沙地带（埃及控制下）的居民受到战争的冲击最大。

战火在他们的房屋、学校和市场之间肆虐，留下了死亡和毁灭的痕迹。

对居住在加沙地带的平民来说，苏伊士运河危机是一连串不幸事件中最新的一起。这些不幸可以追溯到1948—1949年的阿拉伯—以色列战争。那场伴随着以色列建国的冲突，导致成千上万巴勒斯坦难民背井离乡。他们中的许多人都在加沙地带寻求庇护。1948—1949年的战争之后，埃及在英国的授权下强制接管了这片领土。

大多数难民，包括那些如洪水般涌入加沙的巴勒斯坦人，都希望在战争结束后回到自己的家园。然而，他们并不能如愿。更糟糕的是，埃及政府既没有允许这些流离失所的难民进行自治，也没有赋予他们公民权，因此他们成了二等公民，几乎没有任何政治权利。此外，加沙的基础设施非常薄弱，完全不足以支撑如此庞大的人口。希望难民返回家园的埃及政府，也没有多少动力去改善加沙难民营的生活条件。就连巴勒斯坦人自己也不想花费时间

背井离乡的巴勒斯坦难民

和精力发展他们认为自己暂时寄居的地方。联合国认识到这一人道主义灾难，于1949年成立了“近东巴勒斯坦难民救济和工程处（UNRWA）”。这个组织多少改善了加沙居民的生活，但是当埃及开始以加沙为跳板攻击以色列时，情况恶化了。可以预见的是，随着埃及和以色列对彼此发动突袭和反击，其居民在不断升级的冲突中处于越发尴尬的境地。

这些暴力事件在1956年将以色列和埃及推向了战争。11月，以色列国防军突袭了加沙地带。在其城市爆发了几场战斗，其中，汉尤努斯和加沙城的战斗最为激烈。记录的不完整使得对平民伤亡数量的精确统计变得困难。一个合理的估计是，战斗造成数十名平民伤亡，但也可能是数百名。尽管以色列决定不把攻击平民作为目标，但现代城市战的不加选择的火力使得这样的伤亡几乎不可避免。这一数据也没有表现出附近发生战斗对人产生的心理压力。对平民来说，在战火纷飞的加沙，死亡或受伤与他们如影随形。

同时，随着以色列入侵，当地社会也陷入了混乱。一些巴勒斯坦人趁机洗劫了难民救济和工程处的仓库，将食品和药品分发给需要的难民。而且，以军维持在加沙的军事占领长达5个月，他们像之前的埃及人一样统治着这个地区，把加沙变成了一个“警察国家”。以色列同样不允许巴勒斯坦自治，这让饱受压迫的加沙难民感到愤怒。以色列也没有改善加沙难民生活条件的意愿，而是任由他们继续在简陋原始的难民营中挣扎。

此时，巴勒斯坦民族主义的萌芽破土而出（在几十年以后茁壮成长），尽管缺乏组织，但针对以色列占领军的零星抵抗已经开始。被以色列征服的耻辱和绝望，在当地巴勒斯坦难民心中埋下了仇恨的种子，导致日后持续多年的反以斗争。苏伊士运河战争期间，以色列对这片土地的蹂躏使之成了孕育危机的土壤。在1957年3月撤离加沙之前，以色列曾摧毁了当地大部分基础设施，以防其在未来成为阿拉伯人发动袭击的集结地。然而，对大部分当地居民来说，这种破坏似乎除了让他们产生更多的怨恨以外没有其他的作用。

苏伊士运河战争对加沙的平民造成了影响，但埃及遭受了更大的破坏。

埃及境内，不仅在塞得港和其他许多地方都爆发了激烈的战斗，而且非战斗人员也在一场更大的政治斗争中成为被动的棋子。纳赛尔、英国还有法国，都想要利用平民来达到他们的目的，让埃及民众直接暴露于危险中。纳赛尔认为，埃及的平民是反抗欧洲殖民主义的先锋和基础；而英国和法国则认为，这个群体是发动反对纳赛尔起义的主力。然而，纳赛尔的策略在某种程度上取得了成功，英国和法国发动埃及民众的计划却彻底失败了。

纳赛尔将埃及平民视作最后的武器。尽管他更倾向于使用训练有素、装备精良的军队，但如果情况恶化，他计划让平民投入战斗。在这种情况下，埃及将发动一场针对侵略者的“人民战争”。到那时，埃军士兵将抛弃除了武器之外的所有个人装备——例如军服等，化整为零混入平民中。然后，在纳赛尔的领导之下继续抵抗英法占领军。

对纳赛尔而言，“人民战争”的优势在于它混淆了军民之间的界线。随着这个界线的模糊，英国和法国士兵将面临一个难题：谁是我们的敌人？我们在什么情况下使用致命武力？纳赛尔深知英法在埃及联合行动的微妙政治本质以及他们面临的强烈的公众监督；对英法来说，问题会更加棘手，因为他们无法找到一个合适的交战规则。

如果英法联军对埃及民众的抵抗展开积极的反击，那么大量平民，甚至那些没有参加“人民战争”的平民都会死伤枕藉。平民伤亡率的陡增会给英国和法国带来巨大的内外压力，迫使他们停止敌对行动，从埃及撤军。此外，这样的高伤亡率会令更多埃及人奋起反抗占领军，从而使冲突的规模继续扩大。

或者，如果英法选择谨慎地应对“人民战争”，埃及游击队员就可以躲在成群的平民中发动偷袭而不受到惩罚。由此给英法士兵造成的伤亡或许会迫使两国撤军。本质上，纳赛尔希望复制阿尔及利亚革命采取的不对称战略，尽管苏伊士运河危机爆发的时候，这一战略仍处于初级阶段。但它仍显示出一种可能性，即军事力量弱小的国家也可以击败强大的对手。

1956年10月31日，当英法战机空袭埃及时，纳赛尔实践了这一理念。意识到入侵迫在眉睫，纳赛尔号召所有埃及人，不论是军人还是平民，共同抵抗英法联军。得知联军将要对塞得港发动进攻后，纳赛尔命令当地驻军向平民散发突击步枪和手榴弹，并指示他们要利用任何机会袭扰占领军。

大多数埃及平民并不熟悉复杂的军事技术，这影响了他们作为游击队员的效率。然而，一些基本武器，比如手榴弹还是很容易掌握的。11月5日，几批武器通过铁路运抵塞得港，当地驻军将装满了手榴弹、捷克突击步枪和其他武器的托盘摆在街角，提供给任何一位想要抵抗外敌入侵的市民。

可能只有一小部分塞得港居民参加了战斗。尽管如此，他们发动的“人民战争”还是具有重要的意义。在城市的街道上移动的时候，不断遭受冷枪袭击的皇家海军陆战队被迫寻找装甲防护，这阻碍了他们的推进。武装平民大都躲藏在塞得港城区的建筑物中。为消除他们的威胁，联军派出大量士兵进行清剿，这进一步消耗了联军的兵力和时间。最终，这些延误使得联军从塞得港迅速突破的计划失败，直到11月7日，联合国停火决议生效的时候，英法联军还没有赶到下一个目标——坎塔拉。这是一座位于塞得港以南的重镇。停火后，埃及武装分子并没有停止对占领军的袭击。他们对巡逻的联军士兵开冷枪，并朝他们投掷手榴弹，有时能造成伤亡。这为英法做出从埃及撤军的决定提供了额外的压力。

对纳赛尔来说，埃及人民有一个明确的作用：抵抗敌军入侵，延缓他们前进的步伐，把世界舆论拉到自己身后。相比之下，在英法的战略中，埃及平民所扮演的角色模糊不清。在某些方面，联军尤其是英军，试图将埃及人民的苦难降到最低。事实上，对潜在的平民伤亡的担忧曾迫使艾登放弃了入侵亚历山大港的计划。在策划远征埃及的行动时，蒙巴顿和其他英军高层也担心，进攻城市会破坏他们的形象，使他们成为“杀人犯和婴儿杀手”，同时担心破坏英国的国际形象。在“火枪手行动（修订版）”的第一阶段，轰炸机袭击了埃及的机场，艾登曾反复对目标清单进行修改以避免误伤平民。

就在英军和法军对塞得港展开两栖进攻之前，英国内阁还对联军使用的炸弹重量和大炮口径进行了限制，甚至命令取消舰炮射击，尽管他们知道这些限制可能会增大联军的损失。虽然一些前线指挥官最后忽视了这些规定，但这些限制表明：英国人在政治、道德或其他方面存在担忧是不容置疑的，他们想尽可能地保障埃及平民的安全。

然而，“火枪手行动（修订版）”要想成功，恰恰要建立在对埃及平民进行威吓的基础之上。在行动的第二阶段，凯特利将军希望通过轰炸来迫使埃及民众屈服，从而实现埃及政权更迭这个关键目标。制定“空中心理战”的英国皇家空军计划人员对此胸有成竹，日常生活被严重扰乱的埃及民众将推翻纳赛尔政权。对通信和运输网络进行空中打击就是要使埃及社会陷入瘫痪，以促成这一事件的发生。

或许是了解到英国战略中的矛盾之处，并最终认识到恐怖轰炸将带来的恶劣政治影响，艾登删除了“火枪手行动（修订版）”第二阶段中的大部分激进战术。轰炸机机组人员的抵制和技术方面的问题则削弱了这次空中进攻的其他方面作用。然而，仍有不少炸弹落在埃及，造成开罗及附近地区大约数百名平民伤亡。当时，英军飞行员们操纵着自己还不太熟悉的武器系统，并且还沉浸在“面积轰炸”的战术当中，而不是力求提高轰炸的精度，因此他们经常向目标清单以外的区域投下炸弹，导致平民伤亡。国际社会的舆论压力，以及认识到“火枪手行动（修订版）”第二阶段的目标是为了“打击埃及士气”，而非“摧毁埃及”，凯特利将军在行动第二阶段开始之后不久就取消了它。

塞得港与开罗不同，这座城市虽逃过了“火枪手行动（修订版）”第二阶段的破坏，却承受了第三阶段的全部打击。11 月 5 日，随着塞得港周边爆发激战，当地居民中甚至连那些反对“人民战争”的人，都凭着民族主义情感拿起武器投入到这场为期 2 天的激烈战斗中。实际上，塞得港城的居民区非常脆弱。木制棚屋很容易被炮火和空袭炸弹引燃。从 11 月 5 日下午开始，

战争结束后，被大火烧毁的塞得港城区

塞得港上空刮起了强风，一直持续到11月6日，凭借风势，大火最终烧毁了当地大部分建筑。几万埃及人生活在这里，这场大火令他们中的很多人无家可归。

11月5日早晨，法国伞兵占领了市政自来水厂，切断了塞得港城的水源，这令城内居民再次受到了打击。在接下来的12个小时内，全城一直处于断水的状态，居民们无法准备食物，生活大受影响，而且他们不知道联军要用断水这种方式围困塞得港多久。不过，在当天晚上的谈判中，英法联军的指挥官们终于同意恢复供水。

11月6日，也就是联军在塞得港的登陆日，战斗更加激烈。整个城市的街区，尤其是那些临近海滨和沙滩的街区，都遭到猛烈的空袭和炮击，损毁非常严重。而且整座城市的空气都弥漫着飘飞的碎屑。在这种致命的雾霭中，希望避免受伤或死亡的平民只有两种选择：一是待在室内，祈求炮弹不要落在他们的头顶；二是逃离这座城市。可以理解的是，许多人都选择逃走，尤其是那些因肆虐的大火而无家可归的人。但他们无处可去，即使他们有目的地，除了步行之外，也没有其他的交通方式。有大量难民在塞得港南部转来转去，因为他们发现这个区域似乎相对安全一点。

对塞得港城居民生活的另一种侵害发生在这座城市被联军封锁之后，也就是发生在“火枪手行动（修订版）”第三阶段及后来的一段时期。塞得港城内数万居民必须依靠城外的补给才能生存，但在联军登陆日，这个补给网络崩溃了，大部分城市道路都无法通行，运河和港口也都关闭了。在三个星期的时间里，城内居民仅能糊口。面对这种情况，联军并没有采取有组织的救援行动，英国曾进行过一些零敲碎打的救助，但成效有限。随着城内杂货商耗尽了他们库存的粮食，很多居民开始挨饿。11 月下旬联合国紧急部队的到来，在一定程度上缓解了这座城市的供应危机，不过直到 1957 年 4 月运河重新开放时，市民才算恢复了正常生活。

总的来说，苏伊士运河战争给阿拉伯平民带来了深重的苦难。尽管英国、法国和以色列希望避免这一结果，但这些破坏是可以预见的。在人口稠密的地区爆发战斗总是会造成大规模的破坏，而平民在这种没有固定战线的城市战（也是苏伊士运河战争的主要特点）中通常既没有办法也没有能力保护自己。

第六章

没有终结的战争

MEIYOU ZHONGJIE
DE ZHANZHENG

我宁愿见大英帝国一下子垮台，不愿见他被蚕食而亡。

洛伊·亨德森

第六章

没有终结的战争

MEIYOU ZHONGJIE
DE ZHANZHENG

01 以色列因何而胜？埃及因何而败？

（1）以色列克敌制胜的因素

①大胆利用伞兵的机动作战特性，在战场上夺得先机。

在苏伊士运河战争的西奈战场上，以色列成功利用伞兵快速机动作战的特性，成为其击败埃及取得胜利的关键之一。以色列伞兵先后在米特拉山隘和托尔机场发动了空降作战，两次空降作战都是先于地面部队抢占战略要点，成功运用了伞兵空降的快速机动性。尤其是米特拉山隘一役，该山隘是进入苏伊士运河区的一个重要隘口，谁先占领米特拉山隘，谁就掌握了主动权。因此，以色列大胆使用伞兵实施了大纵深空降作战，抢在埃军之前占领山隘，为主力部队会师歼灭西奈半岛的埃军部队创造了有利条件。

其次，以色列在进攻沙姆沙伊赫时，为了保障道路的通畅，伞兵在托尔实施空降，并突袭了埃及军队驻守的要塞，然后伞兵与步兵旅内外夹攻，顺利攻下了沙姆沙伊赫。这些都是以色列成功利用伞兵机动作战特性的实例。

②预备役军人平时训练有素，战时表现英勇果敢。

苏伊士运河战争是一场验证以色列建国以来，其国防战略规划与实施是否成功的一场战争。尤其以色列因为国小民寡，其正规部队的规模远远不及敌对的阿拉伯国家，因此对预备役部队的动员与战力便非常重要。在苏伊士运河战争期间，许多进攻敌人防御阵地的重大任务，都是由以军的 3 个预备役旅负责的。虽然这些预备役军人的年龄比新兵大得多，在一线战斗单位中，甚至有年龄超过40岁的士兵，而且在战前，预备役军人每年仅接受过1个月的集中训练，没有从事战前的针对性训练。但是以色列的预备役军人在战争期间却表现得十分英勇果敢，能及时完成上级赋予的作战任务。这是以色列克敌制胜的关键之一。

③成功欺骗了埃军。

以色列在苏伊士运河战争中的欺敌作战是十分成功的。以色列出兵西奈半岛前，先将兵力集结在约旦边界，让外界误认为以色列是要预防伊拉克的军事威胁。因此当以色列伞兵空降在米特拉山隘时，埃及、美国和苏联的情报部门对以色列此次攻击的性质、范围、时间及目的地都没有怀疑。结果以色列军队出敌意料，使西奈半岛的埃及驻军措手不及，来不及反击，从而使其能在此计划预期的时间或更早的时间内达成作战目标。

（2）以色列在苏伊士运河战争中所暴露的缺点

在苏伊士运河战争爆发前，以色列国防军长久以来便存在着一些问题，这些问题在战争爆发后便一一浮现，或多或少影响了以色列在战争中的表现。

①达扬个人指挥过于随性、专断与偏执，不肯下放指挥权。

在苏伊士运河战争期间，达扬的指挥方式过于随心所欲，不遵循正规的指挥系统。他强调个人领导而忽视了集体决策的作用，他很少待在总参谋部里。把督导工作交给别人去做，从而把大部分的时间都花在前线指挥上，而不是留在后方来协调总参谋部与部队，或者部队与部队之间的行动。

其次，以色列对于战争的全盘战略指挥工作，亦由达扬亲自执行。达扬不时乘坐飞机、汽车或其他交通工具与各集群、各旅或地区指挥部联系，并就地下达命令。有时他临时决定到各处行动，而常常与后方的总参谋部失去联络。虽然达扬有时候会用无线电与设在特拉维夫的总部联络，但更多时候处于失联状态。由于达扬个人的随性、专断与偏执，以及不肯下放指挥权，导致以色列国防军总参谋部不容易系统地掌握前方部队的行动，也让总参谋部原订的计划不受重视。

此外，达扬过于急切地加强国防军有利于攻击的部队或单位，忽视了技术兵种和支援兵种，其结果是在西奈战役中，以色列国防军在通信与后勤方面不断发生失误。探究其原因并非装备的问题，而是人为的因素造成的。

②以色列国防军各层级之间的指挥过于松散。

苏伊士运河战争期间，以色列国防军各旅级部队实际上犹如独立部队，仅名义上在集群（师）指挥部（北线第 1 步兵旅和第 27 机械化旅设有一个师级司令部，中线第 10 步兵旅和第 37 机械化旅设有一个师级司令部）松散的指挥下行动。而地区指挥部（负责整个攻击正面）和设在特拉维夫的总参谋部的指挥控制则更为松懈。旅长和参谋们都不遵守上级事先制订的详细计划，也不太接受上级不断传来的命令，而是自由地决定他们自己的战术行动。虽然以色列集群（师）、地区和总参谋部阶层的高级司令部可以时常介入来协调前线各支战斗部队的行动，可是实际上他们的作用只限于确保这些部队在战场上遵守上级原定的“作战目的、目标和时间表”而已。

③达扬对装甲兵的偏见、忽视及不信任，导致未能妥善运用这些部队。

以色列在苏伊士运河战争中获得胜利，很大程度上应该归功于国防军总参谋长达扬在战前对国防军进行的改革，但苏伊士运河战争也暴露出达扬在军事上过度的偏见与疏忽造成的过失。虽然达扬深知陆军步兵摩托化甚至机械化的重要性，但是一直到 1956 年苏伊士运河战争爆发前，他还不懂得如何运用装甲部队。就像以色列国防军总参谋部的许多人一样，达扬对于纯物理方面的机动能力和敌人火力之下的实际战术机动性混淆不清，误认为缓慢而笨重的坦克是一种障碍，这是他对装甲兵的错误认识，其结果是延误了以色列装甲兵的发展。

苏伊士运河战争爆发前，达扬认为埃及装甲兵的任务是在以色列部队与埃军第一道防线发生激战时实施反击，埃及装甲部队应该不会离开驻防在苏伊士运河沿岸的基地。因此，以色列只需使用快速机械化部队通过西奈半岛就可以了，无需用装甲部队的坦克来对付埃及装甲兵。

即使在苏伊士运河战争期间，以色列国防军的总参谋部和达扬仍然认为坦克最好是用于支援摩托化和机械化步兵作战，而不肯倚重坦克作为他们的开路先锋。在他们的观念中，机械化步兵装备有速度较快的半履带式运输车，其作战能力较强。因此在战争期间，以色列装甲部队的全部 350 辆坦克，并没有集中组成 3 个强有力的装甲旅。相反，仅有第 7 装甲旅编有 2 个坦克数量齐全的装甲营，其余的坦克则是以连及营为单位分散使用，被配属或部署在南线的 4 个旅和留守承担防御任务的两个地区指挥部里（北区和中区）。即使是第 7 装甲旅这个可以独立战斗的装甲部队，在以色列总参谋部的作战计划中，也仅被赋予支援性的任务，而不是作为一支独立作战的部队。虽然第 7 装甲旅的军官曾试图说服达扬交给他们独立作战任务，却遭到了拒绝。甚至可以说达扬对第 7 装甲旅不是很信任，因此有人建议他使用装甲部队时，他不屑地说：“我们用拖车将一些坦克向前移动，只是作为一种战斗力的显示，我们不应该使用坦克而妨碍了摩托化和机械化步兵的迅速推进。”

有人警告过达扬和以色列高层忽视埃及装甲部队是一件冒险的事，并且认为以色列的快速部队应由装甲部队的坦克来保护。果然，在苏伊士运河战争期间，埃及出乎意料地派遣了一个装甲旅进入西奈半岛，而且并未像达扬预期的那样——埃及装甲部队将对以色列实施反攻。更令达扬意外的是，将进入西奈半岛的埃及装甲部队击溃的并不是他原先预期的快速机械化纵队，而是第 7 装甲旅和第 27 机械化旅。这两个旅分别在西奈半岛的中央与北方战线击溃了埃及装甲部队，并取得决定性的胜利。其中第 7 装甲旅的坦克部队甚至渗透到了敌军阵地的后方，经过几次激战，第 7 装甲旅攻克了埃及在西奈半岛构筑的“刺猬阵地”。然而第 7 装甲旅成功歼灭敌人，乃是实施标准的装甲攻击作战的结果，这种作战方式与成就同达扬的命令以及以色列高层的作战计划是相违背的。

④以色列空军未能全面出击，作战任务遭到限制。

苏伊士运河战争爆发后，以色列空军的指挥官们要求争夺主动权，对埃军机场实施全面打击。但是本－古里安和达扬都拒绝了这个建议，因为在战前与英法签订了秘密军事协定。根据协定，攻击埃及机场与空军的任务是由英法两国空军负责的，以色列空军不得进入距离苏伊士运河以东10英里之内的上空，不过空军指挥官们对此并不知情。

这个军事协定使得以色列空军在整个苏伊士运河战争期间，只能采取防御性的作战方式，也就是说以色列空军只能支援以色列地面部队在西奈半岛的掩护与攻击。除政治方面的因素外，本－古里安似乎还怀疑以色列空军的能力。他不仅否决了以色列空军对埃及空中武力的攻击任务，还坚持请求法国空军保证以色列的国土防空安全。本－古里安在军事上的另一个错误便是高估了埃及空军轰炸机部队的能力，事实上埃及空军当时能够作战的伊留申轰炸机并不会对以色列构成很大的威胁（其每次攻击的总载弹量不到50吨）。

由于本－古里安对以色列空军的不信任，以及坚持由法国空军派遣拦截中队进驻以色列机场来负责以色列城市的防空任务，使以色列空军在苏伊士运河战争中沦为十足的配角，仅能执行西奈半岛上空的防空、遮断战场的轰炸及地面部队的近距离支援等战场支援任务（在苏伊士运河战争期间，以色列空军大部分对敌人的攻击都属于“战场遮断”攻击，其攻击的目标是敌人的后方设施，因此当埃及的运输车辆越过苏伊士运河向西奈半岛挺进到第一道防线的时候，立即遭到以色列空军的攻击）。于是以色列空军便将可以作战的战斗机与轰炸机集中起来执行上述的任务。

不过以色列空军在西奈战场上并没有采取自西向东的战术，以协同向苏伊士运河方向挺近的地面部队，对向苏伊士运河方向溃逃的埃及军队形成铁锤与铁砧式的前后夹击，反而采取了自东向西尾追攻击的方式。这样一来，仓皇溃逃的埃及军队并没有遭到以色列空军的阻碍，反而是被以色列地面部队所追击。这项战术上的错误可能是受到达扬订下的战略目标影响而造成的。

如果战略目标不这样含混笼统，以色列空军便不会受到限制，从而可以按照标准的空对地战术将西奈地区的埃及军队予以歼灭。但是达扬的目的并不是要杀伤埃及士兵，而是要破坏其装备和部队组织，使埃及在西奈的驻军崩溃瓦解。

此外，以色列空军还低估了埃及地面防空炮火的实力，因而遭受了若干损失。例如以色列空军虽然击落了 8 架埃军战机，但自己却被埃及地面炮火击落了 10 架飞机。可见埃及地面防空炮兵的火力是十分强大和精确的。

⑤动员制度不周及运输效率低。

苏伊士运河战争爆发前夕，当以色列政府召集全国车辆的通知发出之后，实际上向国防军报到的民间卡车和吉普车的数量比预计的 13013 辆要少得多。一方面是因为动员程序本身的缺失（司机和他的车辆是分别召集的，许多人在服役报到之前未能将他的车辆送至国防军中）；另一方面则是因为检查不周，未能将损坏的车辆从动员表上删除。同时许多车辆都缺乏修理包和重要零件，以致有些车辆一旦车胎被刺破，就只能被弃。这种窘境反映出以色列国防军在运输效率及参谋作业经验上的不足。

⑥通信管理欠佳。

在整个苏伊士运河战争期间，以色列国防军在通信管理方面出现了严重的问题。当以色列部队进行远程挺进时，部队与部队之间的通信经常中断，有时甚至整个旅都与后方总参谋部失去联络。另外，空军与地面部队之间的无线电联络也经常失灵，因此空军误击、误炸地面部队的情况时有发生。

（3）埃及战败的因素

①纳赛尔错误估计国际形势。

纳赛尔在做出收回苏伊士运河并将其国有化的决策之前，曾通过他的密友——塞浦路斯大主教马卡里奥斯（Makarios）探听英国在塞浦路斯及马耳他的驻军实情，并预判英国驻地中海的兵力分散，在两个月之内不可能进攻埃及。而美国因 1956 年正值总统大选年，也不会卷入与美国利益关系不大的战争中。

但出乎纳赛尔意料的是，被阿尔及利亚独立战争搞得筋疲力尽的法国会腾出手来对付埃及，更没有料到英法两国会孤注一掷，与以色列联手攻击埃及。在纳赛尔宣布苏伊士运河国有化时，他认为只要熬过 1 个月，英国就不会再干预，苏伊士运河国有化便大功告成。因此当联合国安理会通过 6 项原则时，纳赛尔踌躇满志，喜形于色，坚信战争的危险性已经降至最低。这种轻敌麻痹与过于乐观的误判，使得埃及三军的战前准备严重不足。

此外，当 1956 年 10 月 29 日傍晚，以色列不宣而战，出动 4.5 万名官兵，兵分 4 路向西奈半岛发起全面进攻。2 小时后，以色列伞兵部队在距离苏伊士城以东 40 公里的米特拉山隘空降，直逼苏伊士运河区的时候，纳赛尔再次错估形势。他认为这只是以色列发起的一次规模较大的袭击，因而未宣布全国总动员，仅派一些兵力增援西奈半岛，结果让以色列军队日后在整个西奈战争中完全取得了主动权。

②换装尚未完成，装备使用率低，士气不高及战力薄弱。

在 1956 年春天（苏伊士运河战争爆发前的几个月），埃及总统纳赛尔虽然已经将大军部署在西奈半岛，准备对以色列发动一波大攻势。但因为埃及部队大量配备的是苏联军援的新式武器与装备，而且士兵们尚未完成换装训练，并不能熟练地操纵这些新装备，这种情况到了苏伊士运河战争爆发前夕仍未改善。例如埃及向苏联购买的 200 辆 T-34/85 坦克，只有 50 辆被使用；80 架米格 -15 战斗机中，只有 30 架可以飞行；45 架伊留申轰炸机中，仅有 12 架能投入战斗。造成装备使用率偏低的原因是，埃及陆军大批坦克手及空军飞行员正在苏联进行换装训练，尚未结束训练回国。

埃及军队装备使用率偏低的情况令当时部分埃及高层人士深感忧虑，因而在纳赛尔宣布苏伊士运河国有化的第二天，当时担任革命委员会委员的萨达特（1970年在纳赛尔之后出任埃及总统）把埃及部队尚未完成换装的实情向纳赛尔做了汇报："我们尚未准备好作战，我们只从苏联那里得到了武器，武器协定是去年（1955年）9月才确定的，我们对新武器的使用，还没有足够的训练。我们过去的训练都是英国式的，我们没有时间改变我们的军事思想，而我们的军事方针也是从西方来的。"

除了换装尚未完成，装备使用率偏低外，埃及军队士气不振、战力薄弱也是一大致命伤。埃及军队里的士兵待遇很差，所招募的士兵大多是来自乡村的农民，他们普遍文化素质低，对政治不感兴趣，因此士气低落，战斗力薄弱，以致当以色列入侵西奈后，埃及军队很少积极主动地进攻敌人，甚至稍与敌人交战便自行溃退。

此外，战前埃及政府曾号召18岁至50岁的青年和中年人踊跃参军，一时间埃及人民积极响应，在很短时间内就募集了8万人。但埃及政府并未认真去组织，并严格训练这一批志愿兵，因此其作战能力十分有限。

③战术僵硬，只顾防守，缺乏攻击精神，处于被动挨打的劣势。

苏伊士运河战争初期，埃及军队由于受到固定防御作战形态的限制，并被局限在暴露的西奈沙漠中缺乏天然掩蔽的少数几条狭窄的道路上，结果遭到以色列空军的攻击，招致惨重的损失。

另一方面在西奈战役期间，以色列空军对埃及军队的攻击，大部分是"战场遮断"攻击，其轰炸和扫射的目标是埃及后方的军事设施。当埃军的运输车队向东前进增援一线阵地的时候，便不断地遭到以色列空军的轰炸和扫射。当埃及军队一旦开始向西溃逃时，又再度遭到攻击，所以西奈各条道路上尽是被以色列炸毁的埃及车辆。一名参与苏伊士运河战争的埃及军官纳吉布（Neguib）中校回忆道："埃及军队甚至在以色列国防军到达他们防御阵地的四周之前，地面上的战斗就已经失败了。"

此外，埃及军队的车辆在夜间行驶时，仍将车灯大开，结果遭到以色列空军的攻击。

④空军平时战备不佳，战时反应迟钝失常，几乎全军覆没。

埃及空军非常腐败，内部的人事升迁完全要看政治裙带关系，而且平时的战备可以说是松懈散漫。除了平时战备不佳外，其在战时的反应也是异常的迟钝与失常。例如在苏伊士运河战争第一阶段（指以色列发起西奈战役时）埃及空军并未十分积极地与以色列战斗机在空中交战。

10 月 29 日，当以色列空军于白昼在米特拉山隘空降伞兵时，其距离埃及最近的空中基地仅 35 英里。埃及空军雷达应该在以色列空军尚未抵达米特拉山隘的时候，便可以侦察出以色列的战斗机群（雷达探测距离为 100 英里），但是埃及空军却未采取任何行动。当以色列空军 16 架“达科他”运输机搭载一个伞兵营飞抵米特拉山隘进行空降时，以色列空军的“神秘”战斗机正沿着苏伊士运河上空进行巡逻飞行，这时埃及的机场已被以色列空军侦察得一清二楚，而埃及空军的战斗机也没有起飞予以拦截。直到埃及发现以色列国防军对西奈半岛发动的是全线攻击而非局部突袭时，埃及空军才开始行动，对以色列伞兵实施空中攻击，不过结果却是 12 架埃及喷气式战斗机被以色列战斗机击落。

到了战争的第二阶段，英法联军的空军于 10 月 31 日突然轰炸埃及的机场，除了 12 架伊留申埃及轰炸机暂时逃走，幸免于难以外，其余飞机均在地面遭到摧毁。

此外，以色列空军飞行员的说法是埃及空军在各种高度做密集编队飞行，遇到目标时，以上升转弯的方式分离，但埃及飞行员不喜欢做急转弯，这意味着他们飞行技术欠佳。而且以色列空军对埃及空军的印象是，埃及空军飞行员的射击技术也不太好。

02 没有终结的战争

（1）以色列重创埃及，肃清“费代因”突击队的恐怖威胁

在苏伊士运河战争中，以色列仅花了 8 天时间便歼灭了埃及在西奈半岛所有的部队，征服了一处大于自身领土 3 倍的半岛。原先埃及在西奈地区辛苦经营的坚固防御工事和藏匿在西奈沙漠的部队，也全都被以色列摧毁殆尽。而且战前接受埃军支援的“费代因”突击队设在加沙走廊的巢穴也被以色列彻底地肃清。

埃及在苏伊士运河战争中人员伤亡与武器装备损失十分惨重，不包括平民，仅埃及三军就阵亡 1600 人，4500 人受伤，被俘与失踪 6100 人。另外，苏联军援埃及数十万件的武器及上百万发的弹药，几乎全部成为以色列的战利品。反观以色列则伤亡率很低，三军仅阵亡 189 人，另有 899 人受伤。英法联军的伤亡人数也仅为 150 人。从以上数字可见，埃及在这场战争中是兵败如山倒，其狼狈之状况，在世界近现代军事史上都是很少见的。而且若非事先以色列与英法两国已经达成了军事协议，以色列甚至可能直驱开罗，导致纳赛尔下台，造成埃及亡国。但以色列最终遵守了协议，在达到重创埃及军队的战略目的后，并未再扩大战果，没有越雷池一步（越过苏伊士运河）。

（2）以色列的安全暂时获得保障，国际地位提升

苏伊士运河战争结束后，联合国派遣维和部队进驻西奈半岛和加沙走廊，联合国驻军设在以埃边境埃及境内的检查哨所开始运行，巡逻行动也随之展开。这也就等于联合国已经确保以色列有通过蒂朗海峡航行与飞越其上空的权利，同时也防止了“费代因”突击队的恐怖袭击死灰复燃。但以色列在1956年苏伊士运河战争中的胜利却没能促成以埃两国进行和谈，更不用说相互承认对方了，而且埃及也根本不承认以色列有通过苏伊士运河的权利。但是由于联合国的介入以及维和部队的进驻，迫使埃及必须对以色列做出一些让步，而且埃及也无力再对以色列继续发动袭击，直到1967年的“六日战争”爆发为止。此外，以色列在苏伊士运河战争后，还有一些具体的收获，像是联合国维和部队进驻以埃边境后，可省去以色列国防军繁重的边界巡逻警戒工作，并暂时解除了以色列可能再度遭受阿拉伯邻国攻击的威胁。

不过以色列在苏伊士运河战争中取得的更重要的无形收获是：战争结束

以色列总理本－古里安，以色列才是苏伊士运河战争最大的受益者

后，以色列的国际地位明显提高了，并且证明了其是西方一个坚定而且可靠的战略伙伴，同时也证明以色列的军事实力是强大的。战前以色列被认为不过是孤立在阿拉伯世界的一个犹太人小国，随时可能被阿拉伯国家吞并。但其却在苏伊士运河战争中重创埃及，之后便被国际社会公认为是中东地区一个新兴强权。这一点对以色列国防军日后的发展有着重大影响，因为它有利于以色列增加国防预算以采购新式装备来强化军力的政策与实践。

此外，由于获得战争胜利，以色列人重拾信心。在以色列独立后最初的几年里，以色列人的特点是贫穷与缺失安全感。对许多老犹太移民而言，其憧憬日益破灭，而新移民则感到失望透顶。然而1956年苏伊士运河战争的胜利，让以色列重拾强大的信心，对以色列人的心理建设而言这是一个重要的转折点。

（3）以色列军事准则的转变

苏伊士运河战争后，以色列总结了经验和教训，对其军事准则做了大幅度的修订。例如在预防战争方面，由于苏伊士运河战争期间，美苏两个超级强国的干预与介入，迫使以色列军队从西奈半岛撤离，使得以色列丧失了它在战争中所获得的广大领土。这个惨痛的经验与教训，让以色列高层领悟到一个残酷的现实，那就是为了达到政治目的而主动发起的战争，必须取得美国的支持，否则将是徒劳无功的。

其次，阿拉伯国家日渐壮大的军事力量，迫使以色列国防军对于先发制人的战略日益重视。于是在苏伊士运河战争结束后，先发制人成为以色列军事行动的一个基本准则。

此外，虽然以色列在苏伊士运河战争中缔造了不平凡的成就，但是以色列政府高层并没有被胜利所迷惑，他们敏锐地感觉到自己在这场战争中的军事准则与战术上所犯的错误和组织上的缺点。所以在战争结束之后立即开始进行检讨，并且很快发展为对军事准则和方法的广泛批评，进而转变为全面改革。

（4）纳赛尔被神话与个人的偏执，加深了日后中东动荡不安的局面

纳赛尔在苏伊士运河战争中率领埃及“不胜而胜”，成为阿拉伯人的民族英雄，但他的日益骄狂也为下次“六日战争”的惨败埋下了伏笔

1956年苏伊士运河战争对日后中东地区甚至整个国际局势造成了十分深远的影响。纳赛尔领导下的埃及虽然在战争中遭受了人员与物资上的重大损失，但埃及却从英法手中收回了苏伊士运河的主权，完全将英法势力逐出了埃及，并且在联合国的介入下，又迫使以色列撤出已经占领的西奈半岛。因此苏伊士运河战争有助于进一步巩固埃及国家的主权及增加埃及的财政收入，所以埃及在这场战争中赢得了政治与精神上的胜利。埃及总统纳赛尔更是凭借这场战争名声大噪，成为阿拉伯世界的英雄人物，甚至被誉为“当代的萨拉丁”。

苏伊士运河战争结束后，随着声望日渐上升，纳赛尔变得骄傲自负，不分是非，诚如萨达特所言：“纳赛尔背道而驰，把苏伊士运河战争的英、法、以三国联军之所以失败，归功于苏联的‘警告’，因此称赞苏联所扮演的角色，而完全忽视了美国总统艾森豪威尔的努力，以及他直接命令英法两国从

埃及撤兵的事实。纳赛尔的想法很奇怪，正如我说过，我们能转败为胜（此为萨达特的观点），完全是因为美国所表明的态度。纳赛尔如果能抓住这个机会，加强埃及与美国之间的关系，就可以破坏以色列想使埃及与美国交恶的策略。不过这是纳赛尔的天性，他的视野被蒙蔽了，从而失去了观察力和远见卓识。其中最重要的一点是，纳赛尔深受他周围那伙人的影响。而那伙人并不是真心诚意地告诉他实情，他们对纳赛尔尽可能地谄媚，并夸大纳赛尔的个人神话，借此维持他们自己的职位和权威。”

由于纳赛尔的自大狂妄与政治上的误判，造成他在外交与军事上疏远美国与西方国家，一味地向苏联靠拢，借着苏联的军事援助来重整军备，企图统一阿拉伯世界及消灭以色列，来巩固自己的地位与声誉，结果是种下了埃及在后来 1967 年的阿以“六日战争”中再度被以色列重创的恶果。

（5）苏联势力深入中东地区，美苏之间展开核武器竞赛

苏伊士运河战争对于战后中东地区的国际外交与军事角力具有深远的影响。它结束了英法两国长期在中东地区扮演的“帝国角色”，将这两个大国“外强中干”的状况暴露无遗；它向欧洲人表明，他们不再享有外交政策上的特权，因而削弱了大西洋联盟的政治凝聚力；它提升了纳赛尔在阿拉伯世界的尊严，并且他成为第三世界国家根除欧洲殖民主义残余的斗争代言人。在苏伊士运河战争进行到最高潮时，苏联虽然饱受波兰、匈牙利事件的困扰，但仍愿意为即将全面溃败的埃及挺身而出，及时拉了埃及一把，甚至不惜以核武器恐吓威胁英法和以色列等与埃及交战的国家。苏联因此赢得了埃及与阿拉伯世界的好感。从此，苏联成了阿拉伯国家对抗西方列强的盟友。而美国在苏伊士运河战争期间却没有在军事、外交与经济上援助他的盟友（英法两国）。此外，因为以核武器相威胁，造成大西洋两岸的紧张气氛，尤其是西欧国家对于苏联的军事威胁日益恐慌，因而更加依赖美国的军事保护以对抗苏联。

而美国也致力于发展核吓阻战略，来对抗苏联对西欧国家的军事威胁。因此苏伊士运河战争结束后，美苏两国的核武器竞赛日趋白热化，也就不足为奇了。

英法在苏伊士运河战争中“不败而败”，从此沦为二流强国，图为战争结束后讽刺两国的漫画

（6）战术的创新

苏伊士运河战争在世界军事发展史上具有很深远的意义。在这场战争中，交战国家应用了一些前所未有的新战术。例如英法联军在这场战争中采取了空降与登陆相结合的战术，企图速战速决。此外，英法联军还使用了一些新的作战手段和方法，像是在登陆塞得港前，英法联军实施了一系列的佯动战术，空投了大量的木头人与橡胶人，让埃及军队误以为是敌人的空降部队而射击，因此暴露了自己的火炮阵地。其次，英军给第一波登陆艇涂上了埃及军队的标志，成功欺骗了埃及海岸防御部队。同时，英法联军在登陆塞得港的作战中还首次采用了第一梯队登陆部队以登陆艇抢滩上岸，第二梯队登陆部队则乘坐直升机着陆的方法，增加了登陆的速度，使传统的登陆作战方法有了新的突破。

附录一　苏伊士运河战争大事记

1948 年

5 月 14 日，以色列建国；

5 月 15 日，第一次阿以战争爆发。

1949 年

1 月 31 日，以色列和埃及签署停战协议。

1952 年

7 月 23 日，埃及革命指导委员会推翻法鲁克王朝。

1953 年

1 月，德怀特·戴维·艾森豪威尔当选美国总统。

1954 年

7 月，英国和埃及签署《英埃条约》，结束对埃及的军事占领。

1955 年

2 月 28 日，以色列空袭加沙；

4 月，罗伯特·安东尼·艾登就任英国首相；

9 月，埃及加强对蒂朗海峡的封锁；埃及宣布与捷克斯洛伐克达成武器交易；

12 月，以色列国防军总参谋长达扬建议对西奈半岛发动进攻；

英国将约旦拉入巴格达条约组织的企图最终失败。

1956 年

3 月 1 日，约旦国王侯赛因解除约翰·格拉布将军阿拉伯军团指挥官的职务；

3 月，美国和英国启动削弱埃及的计划；

7 月 19 日，美国宣布中止对埃及建设阿斯旺大坝的经济援助；

7 月 26 日，埃及宣布将苏伊士运河收归国有；

8 月 10 日，英国和法国计划先攻占亚历山大港，再推进到开罗；

8 月 11 日，查尔斯·凯特利将军被任命为联军总司令；

9 月 9 日，英国和法国改变了战略重点，“火枪手行动”发展为“火枪手行动（修订版）”；

10 月 5 日，以色列为征服西奈半岛制订了一份作战计划“卡代什行动”；

10 月 22 日至 24 日，以色列、法国和英国在巴黎郊外的塞夫勒召开会议，讨论对埃及的战争计划；

10 月 24 日，以色列开始动员预备役部队；

10 月 25 日，以色列对“卡代什行动”计划进行了修改，以符合塞夫勒协议；

10 月 26 日，以色列开始紧急动员；

英军航母“堡垒”号、“鹰”号和法军航母“阿罗芒什”号驶离马耳他；

10 月 29 日，以军对米特拉山隘发动空降攻击，并占领纳布角；

10 月 30 日，以军攻占阿尔－库赛马；

以军被乌姆希汉的埃及守军击退；

英法对以色列和埃及发出最后通牒，要求双方从苏伊士运河后撤 16 公里（10 英里）；

以军绕到了鲁瓦法的西翼；

以军第 202 空降旅在米特拉山隘附近会师；

10 月 31 日，英法的最后通牒到期；

以军攻占海坦山和鲁瓦法；

英法战机开始轰炸埃军机场；

英国皇家海军陆战队搭乘坦克登陆舰离开马耳他；

11月1日，英法战机摧毁了埃及空军，夺取了制空权；

以军占领乌姆希汉和乌姆卡泰夫；

联合国大会投票通过了关于中东立即停火的决议；

11月2日，以军占领加沙城、该城以北的加沙地带以及托尔；

11月3日，英军战机对埃及信号发射器发动了空袭，使开罗广播电台暂时瘫痪；

以军控制整个加沙地带；

英国皇家海军陆战队搭乘“海洋”号和“忒修斯”号航母离开马耳他；

11月4日，法军战机摧毁了埃及空军疏散到卢克索的“小猎犬”喷气式轰炸机；

11月5日，以军攻占沙姆沙伊赫，西奈战役结束；

英法伞兵对塞得港发动空降突袭，占领贾米勒机场和拉斯瓦大桥；

英法大舰队抵达埃及海岸；

11月6日，英国皇家海军陆战队发动两栖进攻，夺取了塞得港；

英法接受联合国停火决议；

英军先头部队在阿尔－蒂纳停止前进，但不久后另一支英军部队向坎塔拉推进；

艾森豪威尔再度当选美国总统；

11月7日，停火决议生效，英法联军在坎塔拉以北的阿尔－卡普停止前进；

11月23日，艾登离开英国前往牙买加疗养；

12月3日，英国宣布立即从埃及撤军；

12 月 17 日，艾登自前往牙买加后，第一次发表演说；

12 月 22 日，最后一支英法联军部队撤离埃及。

1957 年

1 月 9 日，艾登辞去首相职位；

3 月，以色列从西奈半岛全面撤军。

附录二 以色列、埃及和英法军队战斗序列

1. 以色列军队战斗序列

国防部长　戴维·本－古里安

总参谋长　摩西·达扬少将

副总参谋长　梅厄·阿密特准将

南部军区司令　阿萨夫·辛霍尼准将

北部集群 / 第 77 集群　哈伊姆·拉斯科夫准将

第 1 步兵旅　本杰明·吉弗利上校

第 11 步兵旅　阿哈龙·多龙上校

第 27 机械化旅　哈姆·巴列夫上校

中部集群 / 第 38 集群　犹·沃拉赫上校

第 4 步兵旅　约瑟夫·哈帕兹上校

第 10 步兵旅　什穆埃尔·古迪尔上校

伊斯雷尔·塔尔上校

第 7 装甲旅　伊扎克·本－阿里上校

第 37 机械化旅　什穆埃尔·戈林达上校

独立旅

第 202 空降旅　阿里尔·沙龙上校

第 9 步兵旅　亚伯拉罕·约菲上校

第 12 步兵旅　戴维·艾拉扎尔上校

空军司令　丹・托尔科斯基准将

海军司令　什穆埃・坦库斯准将

第202空降旅编制（1956年）

旅长　阿里尔・沙龙上校

第1/第890伞兵营，营长　拉斐尔・艾坦中校，全营共计395人，下辖：3个伞兵连；1个机动侦察连（装备8辆吉普车、3门法制106毫米无后坐力炮、2门120毫米迫击炮）

第88后备伞兵营，营长　莫德凯・古尔少校

第771伞兵侦察营，营长　伊斯雷尔・科恩少校

摩托化侦察连（以卡车作为运载工具）

加强支援兵力：

2个M-3半履带车机械化步兵营

1个坦克连（13辆法制AMX-13轻型坦克）

1个英制25磅炮营

1个120毫米迫击炮营

2个"纳哈尔"后备连

2. 埃及军队战斗序列

国防部长兼总司令　阿卜杜勒・哈基姆・阿密尔元帅

东部军区司令（负责西奈半岛）　阿里・阿密尔少将

东部军区参谋长　萨拉赫・穆古伊准将

第3步兵师　安瓦尔・阿尔-卡迪准将

第4步兵旅　萨德顿・穆塔瓦雷上校

第6步兵旅　萨米・亚萨上校

萨德顿・穆塔瓦雷上校

第8巴勒斯坦师　尤塞夫・阿格鲁迪少将

第86巴勒斯坦步兵旅

第 87 巴勒斯坦步兵旅

第 26 国民警卫队旅

第 4 装甲师　阿里・贾马尔・穆罕默德准将

第 1 装甲旅　塔拉特・哈桑・阿里上校

第 2 装甲旅　易卜拉欣・穆古伊上校

第 2 步兵旅　瓦吉・塔海尔・舍尔比尼准将

第 2 侦察团　艾哈迈德・阿里・阿赫泰中校

沙姆沙伊赫守备队　拉乌夫・马赫福兹・扎基上校

加沙守备队　穆哈迈德・富阿德・杜贾维准将

塞得港守备队　萨拉赫丁・穆古伊准将

海军司令　苏里曼・埃扎特上将

空军司令　穆罕默德・西得基・马哈茂德中将

3. 英法军队战斗序列

英法联军总司令　查尔斯・凯特利上将

英法联军副总司令　皮埃尔・巴尔若海军上将

联军地面特遣部队司令　休・斯托克韦尔中将

联军地面特遣部队副司令　安德烈・博弗尔中将

联军空中特遣部队司令　丹尼斯・巴尼特空军中将

联军空中特遣部队副司令　布里格・布罗翁上将

联军海上特遣部队司令　邓福德・斯莱特海军上将

联军海上特遣部队副司令　朗斯洛海军中将

英国陆军

第 3 步兵师（一部）　J. 丘彻少将

第 16 独立空降旅　M. A. H 巴特勒准将

皇家海军陆战队第 3 突击旅　R. 梅多克准将

法国陆军

第 10 空降师（一部） 雅克・马苏少将

第 2 殖民地伞兵营 查特－若贝尔中校

第 1 空降侦察营

第 7 轻机械化旅（一部）

海军陆战旅（一部）

英国海军

运输舰队 曼利・鲍尔海军上将

支援舰队 德里克・霍兰德・马丁海军中将

法国海军 Y. 卡伦将军

英国红海警备队 J. G. 哈密尔顿上校

英国空军

　　9 个轰炸机中队

　　4 个战斗轰炸机中队

　　1 个侦察机中队

法国空军

　　4 个战斗轰炸机中队

　　3 个运输机中队

后 记

苏伊士运河战争的起源是以色列自从1948年的独立战争结束后，长期饱受阿拉伯国家压迫与威胁的一种强力反击。尤其是埃及总统纳赛尔上台后，为提升个人在阿拉伯世界的威望，转而与苏联亲善，获得军事援助大肆扩张武备，破坏了中东区域的军事平衡。其次，纳赛尔支持恐怖主义分子攻击以色列并封锁亚喀巴湾，严重危害了以色列人民的生命安全与经济发展。此外，纳赛尔将苏伊士运河国有化，触犯了英法两国长期在中东地区的经济利益与威望，最终迫使以色列与英法联手，以武力来教训埃及。

以色列是苏伊士运河战争最大的赢家，以色列借由这次战争肃清了由埃及支持的、加沙走廊的“费代因”突击队的基地，终止了“费代因”突击队对以色列人民进行的恐怖暴力袭击，使以色列人民暂时得以安居乐业。另一方面以色列在战争中迅速击败了中东军事大国埃及，打通了亚喀巴湾，解除了埃及在红海对以色列的海上封锁，也使以色列的国际地位大幅提升。更重要的是，以色列人不畏惧阿拉伯邻国的军事挑衅，以色列国防军主动出击并重创拥有苏制新型装备的埃及军队，让以色列人重新拾回了信心。

埃及虽然在苏伊士运河战争中惨败，但是埃及在经济与政治上却是赢家。埃及借由这场战争从英法手中收回了苏伊士运河的主权，使埃及的国家主权更加完整，也增加了埃及财政上可观的收入，促进了埃及经济的发展。更重要的是纳赛尔领导埃及人抵抗以色列与英法联军的军事入侵，使他成为阿拉伯世界的英雄及阿拉伯国家的代言人。但纳赛尔也因此狂妄自大，他结交苏联对抗以色列与西方国家，自此苏联势力深入中东地区，再加上纳赛尔怀有统一整个阿拉伯世界的野心，使得苏伊士运河战争结束后，中东地区的阿以纷争不但未能缓解，反而愈演愈烈。

苏伊士运河战争对西方历史的发展也具有重大的意义。它结束了英法两个老牌欧洲殖民国家长期在中东地区政治与经济上的影响力，取代英法两国的是美国与苏联。在苏伊士运河战争爆发前与战后，埃及积极与苏联交善，以获取军事援助扩张武备，使苏联势力得以深入中东地区，苏联也就此成了许多阿拉伯国家最主要的军火输出国。而以色列则借由苏伊士运河战争的胜利成为中东区域的新强权，并且从战争的经验中学习到若要对抗苏联军援的阿拉伯国家、求得生存，就必须改善与美国的关系，与美国亲近并获得美国在外交与军事上的援助才行。

因此，在苏伊士运河战争结束后，以色列一方面积极增加国防预算，强化国防力量，以防范阿拉伯国家的军事威胁；另一方面以色列透过犹太裔美国人在政治与经济上的影响力，改善与美国的外交与军事关系。于是，中东国家在苏伊士运河战争后成为美苏军火输出的重要市场，美苏两国也往往借由军事援助或经济援助介入中东国家的政局，其结果是使得原本已经复杂纷乱的中东政局更加混乱。以色列与阿拉伯国家相互以美苏这两个超级大国作为后援，彼此竞相扩充军备挑战对方。阿以之间的纷争与冲突最终只有再诉诸武力来解决，于是在苏伊士运河战争结束十余年后，1967 年以色列与阿拉伯国家之间又爆发了震惊世人的“六日战争”。

苏伊士运河战争对欧洲政治的影响超过对中东的影响。这次事件既驱使英国放弃了想独立于美国行事的打算，也使得英国中产阶级开始了一个对保守主义失去幻想的时代。苏联没有从苏伊士运河战争中得到原来期望的好处，并且可能是在危机影响问题上的争执，导致苏联外交部长谢皮诺夫于 1957 年初下台。这次危机暴露了英国对这种有限战争缺乏准备，表现在缺乏从防水布料到运输飞机等各种装备。10 月 29 日前一个星期中那种荒谬的在政治和军事上的胡搞，在英国历史上实在是没有先例。同时在实际运用中屡次变更“火枪手行动”计划，无论是否出于人道主义的动机，都是破坏了战争的基本准则：一次突击必须既迅速而又猛烈。而且塞浦路斯也终于证明不足以代替运河区的基地，虽然它在应急时的效能是英国在 1954 年从苏伊士撤退的主要战略理由。英国人和英国的领导人已经被太多年的强权和胜利冲昏了头脑，以至于他们事前不能想象美国会阻挠他们的计划，尤其在中东——这成为英法两国在这场战争中犯的最主要的错误。

总之，“日不落帝国”在一种“喜剧的形式”中结束了它的抱负。

参考书目

（1）Derek Varble, The Suez Crisis 1956［M］. Botley: Osprey Pubishing, 2003.

（2）Love Kennett, Suez: The Twice-Fought War［M］. London, 1970.

（3）Steven J. Zaloga, Tank Battles of the Mid-East Wars:（1）The Wars of 1948-1973［M］. Concord Publications Company.

（4）Dayan Moshe, Diary of the Sinai Campaign［M］. London, 1967.

（5）Dupuy Trevor, Elusive Victory: The Arab-Israeli Wars, 1947-1974［M］. New York, 1978.

（6）Lucas Scott, Britain and Suez: The Lion's Last Roar［M］. London, 1996.

（7）田上四郎 . 中东战争全史［M］. 军事科学院外国军事研究部，译 . 北京：解放军出版社，1985.

（8）乔恩·金奇，戴维·金奇，等 . 中东战争［M］. 上海《国际问题资料》编辑组，等编译 . 上海：上海译文出版社，1979.

（9）摩西·达扬 . 沙漠中的和平: 达扬回忆录［M］. 上海: 上海译文出版社，1986.

（10）雷钰，苏瑞林 . 中东国家通史：埃及卷［M］. 北京：商务印书馆，2003.

（11）摩西·达扬 . 达扬自传［M］. 上海：上海译文出版社，1981.

（12）谢善骁．中东战火［M］．北京：世界知识出版社，2005.

（13）陈位昊．征服系列3：以色列装甲战车秘史［M］．上海：上海辞书出版社，2004.

（14）沃尔特·拉克尔．争夺中东——1958至1968年苏联和中东的关系［M］．上海市“五七”干校六连翻译组，译．上海：上海人民出版社，1972.

（15）然·罗南（彼克尔）准将．中东之鹰——一位以色列著名飞行员的作战经历［M］．张立功，译．北京：航空工业出版社，2015.

（16）赫尔曼·沃克．以色列的诞生——希望1［M］．辛涛，译．长沙：湖南文艺出版社，2016.

（17）海人社．英国航空母舰史［M］．徐岭，章骞，译．青岛：青岛出版社，2013.

（18）布鲁斯·奎利．空降战史［M］．曾祥颖，译．台北：麦田出版，2001.

（19）钮先钟．以色列的奇迹：战争与国防［M］．台北：军事译粹社，1967.

（20）李鸿谷．中东的形成——苏伊士运河引发的权力变迁史［J］．三联生活周刊，2011（11）.

（21）田隼，张艳明，科比．百人队长的征战——火枪手行动：冲向运河区［J］．军事评论，2011（8）.

（22）胡自伟，廖新华．大卫王的飞鹰——以色列伞兵部队的历史、训练与作战［J］．国际展望，2004（12）.

（23）苏耿辉．1956年苏伊士运河战争之研析［J］．军事史评论，2006（6）.

（24）刘怡．法兰西杜鹃——拿破仑三世与法兰西第二帝国的兴亡［J］．战争史研究，（46）.